普通高等教育“十一五”国家级规划教材
北京高等教育精品教材

细胞生物学实验技术教程

（第四版）

印莉萍　李　静　于　荣　主编

科学出版社
北　京

内 容 简 介

生命科学的进展日新月异，在培养创新型人才的背景下，本书在第三版的基础上，补充更新了实验，并整合成8章，共56个实验。第一章详细介绍了显微镜技术；第二章到第七章涵盖了细胞器的形态与结构、细胞培养与DNA提取、细胞工程与转基因技术、转基因细胞的检测、细胞电生理技术及细胞的生命活动与调节，各章均有实验目的、实验原理、结果与分析及思考题等；第八章立足于全书实验的总结和对学生综合创新能力的培养，提出了综合实验的设计原则和指导思想，并尝试给出了4个综合实验的例子。

本书适合作为普通高等院校生命科学领域教学用书，也可作为农林、医学、综合型大学本科生和研究生相关课程的实验教材，同时可供相关科技人员参考使用。

图书在版编目（CIP）数据

细胞生物学实验技术教程/印莉萍，李静，于荣主编. —4版. —北京：科学出版社，2015.5

普通高等教育“十一五”国家级规划教材　北京高等教育精品教材

ISBN 978-7-03-044357-1

Ⅰ.①细…　Ⅱ.①印…②李…③于…　Ⅲ.①细胞生物学-实验-高等学校-教材　Ⅳ.①Q2-33

中国版本图书馆CIP数据核字（2015）第107435号

责任编辑：席　慧　赵小林/责任校对：张怡君

责任印制：赵　博/封面设计：迷底书装

科学出版社出版

北京东黄城根北街16号

邮政编码：100717

http://www.sciencep.com

北京凌奇印刷有限责任公司 印刷

科学出版社发行　各地新华书店经销

*

2001年1月第　一　版　　开本：720×1000　1/16

2005年8月第　二　版　　印张：14 1/2　插页：2

2009年3月第　三　版　　字数：310 000

2015年6月第　四　版　　2023年11月第八次印刷

定价：48.00元

（如有印装质量问题，我社负责调换）

《细胞生物学实验技术教程》（第四版）编委会名单

主　　编　印莉萍（首都师范大学）
李　静（首都师范大学）
于　荣（首都师范大学）

副 主 编　祁晓廷（首都师范大学）
盛仙永（首都师范大学）
李周华（首都师范大学）

参编人员　吴建永（美国乔治城大学）
郑彩霞（北京林业大学）
左元梅（中国农业大学）
刘维仲（山西师范大学）
李　鹏（清华大学）
张　敏（首都师范大学）
张　成（首都师范大学）
胡　勇（首都师范大学）
张　鹏（首都师范大学）
李　双（首都师范大学）

第四版前言

实验教材是培养学生创新能力和自主训练的有效指导，我们充分利用自编实验教材进行探究性实验教学和创新型人才培养。细胞分子生物学的研究技术发展迅猛，日益增多。其几年前的新方法现在已过渡成为常规的技术，广泛应用于教学科研，并成为最终检测和解决人类疾病和农业重大问题的重要手段，如转基因材料的PCR鉴定及衍生技术。1992年6月我们有机会与中国医学科学院基础医学研究所在首都师范大学生物系联合举办了全国分子生物学实验技术学习班，并配套编制了相应的实验教学讲义。此后历经10来年的本科生选修课、研究生必修课和研究生主要课程班必修课的教学第一线的实践，2001年第一版《分子细胞生物学实验技术》在首都师范大学出版社问世了。本书较为系统地介绍了当代细胞分子生物学领域中，培养人才急需的、最常用的，也是比较先进的实验技术和方法。

高质量完成教学任务是教师的天职，不从事科学研究绝不可能成为合格的高校教师，也无法提高教材和教学的质量。在这样背景的迫切要求下，我们的细胞分子生物学课程始终坚持把科研转化成教学的理念。将科学研究的思想方法带进课堂，提高学生发现问题的能力；把课题研究的成熟技术转化成实验，提高学生动手操作的能力。在提高教育教学质量的新形势下，在实验方法介绍的基础上，我们增加了新的科研成果转化的实验方法，2005年和2009年再版的《细胞分子生物学技术教程》相继在科学出版社出版。

微观领域的技术发展速度太快，大量的新实验不断涌现，国际国内的实验教材均将细胞与分子分开。根据形势的需要，我们也将第三版的《细胞分子生物学技术教程》改版为第四版《细胞生物学实验技术教程》，删除了分子生物学实验技术部分。但我们的实验教学理念仍然是“以科研向实验教学转化为实验教学改革的方向和动力，以培养创新人才为实验教学的核心目标”。例如，我们结合2003年诺贝尔生理学或医学奖（Nobel Prize in Physiology or Medicine）得主Peter Agre等的工作，开发了水孔蛋白抑制剂（氯化汞）的渗透影响实验；根据2002年诺贝尔奖得主布伦纳（Sydney Brenner）、苏尔斯顿（John E. Sulston）、霍维茨（H. Robert Horvitz）的器官发育的基因调控和程序性细胞死亡（genetic regulation of organ development and programmed cell death），开发了植物细胞程序性死亡的诱导效果和凋亡细胞的观察；完成了科研向本科实验的转化，即植物细胞质膜的内吞作用及内膜系统的荧光检测；根据2013年诺贝尔奖得主詹姆斯·罗斯曼（James E.

Rothman)、兰迪·谢克曼（Randy W. Schekman）、托曼斯·苏德霍夫（Thomas C. Südhof）的工作，即“细胞内的转运（交通）系统——‘膜泡转运’的调节”（the discovery for their discoveries of machinery regulating vesicle traffic，a major transport system in our cells regulating vesicle），完成了质膜蛋白的膜泡运输与质膜的定位观察的科研转化。在原有转一个质膜蛋白基因的基础上，我们又将膜泡运输的基因 *sec24* 转入同一个细胞（双基因转化），观察细胞内的膜泡运输途径。对于 GFP-tubulin 转基因拟南芥的无菌培养及荧光观察；间接免疫法观察细胞有丝分裂器的形成与功能；干细胞的研究方法等，其主要目的是将细胞生物学课堂上所讲述的基础理论知识通过实验现象的展示使之具体化、形象化；使学生在学习和掌握经典实验的基础上，接触和了解前沿细胞生物学技术领域，见识大型精密仪器。避免了“只唯书，不质疑；只唯师，不发问；只顺藤摸瓜，不逆向思维”的不良现象。

“细胞生物学实验技术课程”是面向生物专业本科生开设的一门与细胞生物学必修课同步进行的课程。就目前国内的这门实验课而言，其实验水平与理论课内容相差太大，亟待改革。我们做了十几年的尝试，将实验教材和课程分层次、分模块、有选择地优化整合，如基本实验技术模块即验证性实验（3 学时左右）、经典大实验模块即综合性实验（4 学时左右）及探究性开放实验模块（2 天左右）。我们的主要目的是将细胞生物学课堂上所讲述的基础理论知识和假说通过实验现象的展示使之具体化、形象化；给学生提供一个复习和消化细胞生物学课堂相关知识的平台。在此过程中，重点培养学生动手能力和创新能力，提高学生综合科研素质。

总之，目前第四版从以下几个方面进行了改革。

（1）由于分子和细胞生物学技术发展太快，内容剧增，因此本次再版需要删除一部分分子生物学的实验，更名为《细胞生物学实验技术教程》。

（2）2009 年后，我们逐年加入与生命科学相关的诺贝尔奖高层次内容，提升原有实验的质量和学生的兴趣。

（3）2014 年增加了果蝇干细胞、上皮细胞、果蝇 S2 细胞培养，以及拟南芥基因稳定表达等新实验，平衡动物细胞和植物细胞实验在书中的比例。

（4）大型仪器的本科生实验继续开设：如激光扫描共聚焦荧光显微镜、非损伤微测技术实验和流式细胞仪。

本版书是在第三版的基础上修订、增编而成，谨向第一版、第二版及第三版的编写人员和出版人员表示衷心的感谢。对在本书第四版的出版过程中给予了大力支持的席慧编辑在此一并致谢。本书的参编人员都是教学、科研一线的教授、副教授，各项实验技术均融入了大家的智慧和经验。

细胞生物学实验课和理论课的内容相差甚远，其中一个重要的因素就是细胞生物学的实验时间很长，而学生的实验学时有限，任重而道远，这需要同仁不懈的努力。另外，书中难免存在一些不足之处，敬请广大读者批评指正，以便再版时更正。

印莉萍　李　静

2015 年 1 月于首都师范大学

第三版前言

改革开放30年来，我国高等教育取得了巨大成就，但和发达国家相比，还有很大差距。生命科学领域的人才培养在课程体系、教学内容和教学方法上还有很多值得探讨的方面并有着极为广阔的发展空间。当前，"以人为本、以学生为中心"的教育教学理念为更多高校所共识。"创新人才培养"方案是这一教学理念指导下的重要议题。

实验教学是培养学生动手能力和创新能力的重要途径，而实验教材是培养学生创新能力和自主训练的有效蓝本。《细胞分子生物学技术教程》自第二版出版以来，深受广大读者的欢迎，成为了参与细胞、分子实验教学实践教师的有用参考书。目前本书已被列为2007年度"北京市精品教材建设项目"；同时第三版教材被列为教育部"十一五"国家规划教材建设项目。

分子生物学和细胞生物学既是基础学科又是前沿学科，两门学科相互渗透，相关技术几乎渗透到生命科学研究的各个领域。由于细胞和分子生物学实验技术发展快速，技术不断推陈出新，因此在教学上需要不断地将科研成果转化成新实验，以适应学生创新能力的培养。另外在我们及一些热心读者使用本书作为实验教材过程中发现了一些缺陷和不足，为了打造精品，我们进行了再版。

本次再版，继承了原版的风格，除保留了绝大多数经典实用的技术外，还对实验内容进行了大幅度的修改、整合和更新。删除了部分本科生难以完成的实验内容（如文库构建、RACE、λ噬菌体DNA提取、毛细管电泳、质膜分离和纯化等），整合了DNA克隆和分子杂交实验内容。新增的实验技术包括了分子间的互作技术。细胞生物学部分从编排到内容都有了较大变化，本着重基础、重创新的目标，将显微镜、细胞培养与转基因技术列为基本实验技术（第八章、第九章）；在分层次的实验教学背景下，将原有细胞实验分为基础实验（第十章）和探究性质实验（第十一章）。使学生在掌握基本实验技术的基础上，再从经典传统实验到综合性实验、探究性实验，锻炼了动手能力的同时完成学生创新思维的训练。第十一章的实验还设有推荐阅读文献，使学生养成查阅资料、规范写作的良好习惯。同时，本着从科研向教学转化的原则，结合学科发展趋势、特点及科研特色，还添加了如电生理膜片钳技术、流式细胞仪的使用等实验。为适应培养学生的科研创新能力这一趋势的需要，在本书再版中，我们还在分子和细胞部分新增了综合性和创新性实验设计实例以利于教学的顺利开展。本书在第二版基础上插编、更新了实用图表，力求图文并茂；每章节还设有实验原理、技术理论、结果与分析、思考题等，便于学生对实验内容的分析与理解。

本次在第二版的基础上修订、增编而成，谨向第一版、第二版及出版过程中付出大量心血的参编、出版人员表示衷心的感谢。再版扩大了编委的单位和有经验的学者、专家。主编为印莉萍，祁晓廷，李鹏（清华大学）；副主编为于荣，刘祥林，刘维仲（山西师范大学）；参编的人员有左元梅（中国农业大学教授，实验 4，实验 43），古丽巴哈尔·阿巴拜克力（新疆师范大学副教授，实验 9），李艳红（实验 15），李静（实验 23，实验 31，实验 32），申卫红（实验 24），柴小清、郑彩霞（北京林业大学教授，实验 19～实验 21）；盛仙永、王彩华、汪洪捷（实验 25～实验 27），杨光（实验 33，实验 34），李利（实验 39），臧越鹏（实验 42，实验 49），吴建永（美国乔治城大学终身教授，实验 44），王进征（实验 50）。这里也向为本书积累了原始素材的学者、专家表示谢意。科学出版社在第二版、第三版的出版过程中给予了大力的支持，编辑单冉东做了大量的工作，在此一并致谢。

本书的编写都是教学科研一线的教授、副教授、教师和具有相应技术专长的博士、研究生等，在编著的各项实验技术中融入了每个参编人员的经验、体会和实践技巧。由于水平和经验所限，本书难免存在一些不足，敬请广大读者批评指正，以便再版时更正。

印莉萍　祁晓廷　李　鹏

2009 年 1 月 8 日于首都师范大学

目　录

第四版前言
第三版前言
第一章　显微成像技术 ………… 1
实验 1.1　普通复式显微镜 ………… 1
实验 1.2　相差显微镜和微分干涉显微镜 ………… 11
实验 1.3　荧光显微镜和激光扫描共聚焦显微镜 ………… 15
实验 1.4　电子显微镜 ………… 19
实验 1.5　电子显微镜样品制备 ………… 24
第二章　细胞及细胞器的形态与结构 ………… 34
实验 2.1　质膜的通透性和水孔蛋白通透效应的观察 ………… 34
实验 2.2　植物细胞质膜的分离和纯化技术 ………… 38
实验 2.3　离心技术与叶绿体和细胞核的分离 ………… 41
实验 2.4　核酸（DNA 和 RNA）的细胞核定位观察 ………… 44
实验 2.5　细胞质骨架的光学显微镜观察——考马斯亮蓝染色 ………… 46
实验 2.6　微丝骨架的特异性标记 ………… 48
实验 2.7　转基因 GFP-tubulin 拟南芥的无菌培养及观察 ………… 50
实验 2.8　果蝇中肠干细胞的形态与观察 ………… 53
实验 2.9　线粒体的观察 ………… 55
实验 2.10　线粒体的特异性荧光标记观察 ………… 58
第三章　细胞培养与 DNA 制备 ………… 61
实验 3.1　细菌质粒的提取和分析 ………… 61
实验 3.2　酵母细胞的培养、计数与观察 ………… 67
实验 3.3　酵母 DNA 的提取 ………… 70
实验 3.4　线虫 DNA 的提取 ………… 72
实验 3.5　植物悬浮细胞的培养 ………… 74
实验 3.6　植物基因组 DNA 的提取和分析 ………… 76
实验 3.7　果蝇 S2 细胞的培养与转染 ………… 79
实验 3.8　果蝇基因组 DNA 的提取 ………… 83
第四章　细胞工程与转基因技术 ………… 86
实验 4.1　酵母细胞的乙酸锂（LiAc）转化 ………… 86
实验 4.2　HeLa 细胞的传代培养 ………… 93

实验 4.3　脂质体介导的外源基因转染 HeLa 细胞 …… 94
实验 4.4　植物原生质体的制备及基因的瞬时转化 …… 97
实验 4.5　细胞的融合 …… 100
实验 4.6　农杆菌介导的叶盘法转化烟草 …… 103
实验 4.7　转基因拟南芥的创建 …… 109
实验 4.8　基因枪转化技术 …… 111
第五章　转基因细胞的检测 …… 117
实验 5.1　植物组织总 RNA 的提取 …… 117
实验 5.2　RNA 的定量和完整性分析 …… 119
实验 5.3　转基因细胞的 RT-PCR 检测 …… 121
实验 5.4　SDS-PAGE 和蛋白质分子质量的测定 …… 124
实验 5.5　Western 杂交 …… 130
实验 5.6　凝胶阻滞分析 …… 134
实验 5.7　免疫共沉淀技术 …… 138
实验 5.8　荧光素酶报告基因的检测 …… 140
第六章　细胞电生理技术 …… 142
实验 6.1　非损伤微测技术简介和 H^+ 微电极的操作 …… 143
实验 6.2　蟑螂巨大神经和空气振动感受器 …… 148
实验 6.3　电压钳系统和膜片钳技术 …… 152
实验 6.4　骨骼肌收缩综合实验 …… 154
实验 6.5　神经干电生理实验 …… 159
实验 6.6　蟾蜍心搏描记实验 …… 164
实验 6.7　蛙类心脏的神经支配 …… 168
第七章　细胞的生命活动与调节 …… 172
实验 7.1　酵母异源功能互补的功能鉴定 …… 172
实验 7.2　质膜蛋白分选的膜泡运输观察 …… 177
实验 7.3　植物细胞胞吞作用及内膜系统的荧光显微镜观察 …… 181
实验 7.4　HeLa 细胞有丝分裂的形态观察 …… 185
实验 7.5　植物细胞程序性死亡的诱导和梯状 DNA 的观察 …… 187
实验 7.6　流式细胞仪观察细胞周期 …… 190
第八章　细胞生物学综合探究实验 …… 195
实验 8.1　细胞生物学综合探究实验设计举例 …… 195
实验 8.2　植物细胞探究性实验设计方案举例 …… 197
实验 8.3　动物细胞探究性实验设计方案举例 …… 197
实验 8.4　基因实验设计方案举例 …… 198
主要参考文献 …… 202
附录 …… 206
彩图

第一章　显微成像技术

生物学，尤其是细胞生物学的许多重大发现与显微技术的不断创新、发展分不开。没有显微镜的发明就不会有细胞的发现，更不会有细胞学说的建立。同样，如果没有电子显微镜的发明，人们就不会认识到细胞内部结构的复杂性。因此，显微成像技术是生物学研究领域中一项常规的、不可缺少的技术手段之一。

从英国物理学家Hooke创制了第一架具有科学研究价值的显微镜到现今光、机、电一体化的各种高档显微镜已有350多年的历史了。为适应不同需要，目前有各种类型的显微镜，如可直接进行解剖及观察并具有立体感的体视显微镜；能观察活细胞的相差显微镜、微分干涉显微镜；对于双折射物质进行结构研究的偏光显微镜；既能作形态观察，又能作定位、定性分析的荧光显微镜；组织培养不可缺少的长工作距离的倒置显微镜；具高分辨率、可进行显微断层扫描的激光扫描共聚焦显微镜等。2014年诺贝尔化学奖授给了埃里克·贝齐格（Eric Betzig）、威廉·莫纳（William E. Moerner）和斯特凡·黑尔（Stefan W. Hell），其主要的贡献有：①超高分辨率光学显微镜STORM，使得在纳米量级分辨率上对细胞和组织成像；②单分子荧光显微镜成像技术，这是显微成像技术的巨大革命。

本章概述了几种常用的光学显微镜、激光扫描共聚焦显微镜和电子显微镜的原理、结构特点、应用及获得最佳观察及采集图像效果的实践要点。

实验1.1　普通复式显微镜

【实验目的】

1. 学习普通复式显微镜的使用。
2. 熟练掌握显微镜的操作。

【实验原理】

普通复式显微镜，即明场显微镜（bright field microscope，BF），可以说是最常用的一种显微镜，主要由3部分构成：①光学成像系统，由物镜和目镜组成；②照明系统，包括光源和聚光器；③机械装置，包括镜座、镜臂及载物台等，用于固定材料，观察方便。高级研究用显微镜往往还配有显微照相系统。根据照明系统和光学成像系统在显微镜中的相对位置不同，显微镜可以分为正置显微镜、倒置显微镜及体视显微镜（图1.1.1）。

正置显微镜是指光源和聚光镜等照明系统在载物台的下方，而物镜在载物台上方的

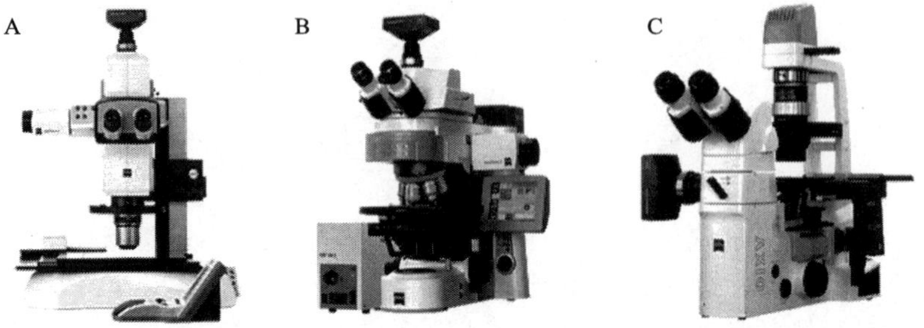

图 1.1.1　Zeiss 体视显微镜（A）、正置显微镜（B）和倒置显微镜（C）（Zeiss 提供）

一种显微镜。由于其工作距离相对较短，因而适合于观察放置在载玻片上的样品。

倒置显微镜和正置显微镜相比刚好相反，其物镜、聚光镜和光源的位置均颠倒过来，故称为倒置显微镜。由于其具有较长的工作距离，因此除了载玻片之外还可用于生物学中的组织及原生质体培养、浮游生物检验及流质沉淀物等的观察和研究。有的标本要求其工作距离更长的超长工作距离的聚光镜。为了达到较好的观察和成像效果，一般要求使用皿底为 0.17mm 厚度玻璃的专用培养皿。

体视显微镜又称“实体显微镜”或“解剖镜”，是一种具有正像立体感的仪器，其双目镜筒中的左右两光束不是平行的，而是具有一定的夹角（体视角一般为12°～15°），因此，成像具有三维立体感。像是直立的，便于操作和解剖，这是由目镜下方的棱镜把像倒转过来导致的。放大率最高为 200 倍左右，但其工作距离长，有的体视显微镜在物镜前加上 0.5×附加镜后，工作距离更长，便于操作。焦深大，易于观察标本的断层，具三维结构。视场直径大，配上荧光装置和自动数字照相系统，可直接对大样品进行荧光观察、图像采集及分析。体视显微镜标准物镜的倍率为1×，为了改变它的倍率还附有几种不同倍率的附加物镜，如 2×、0.75×、0.5×、0.3×等，以适应不同样品镜检要求。

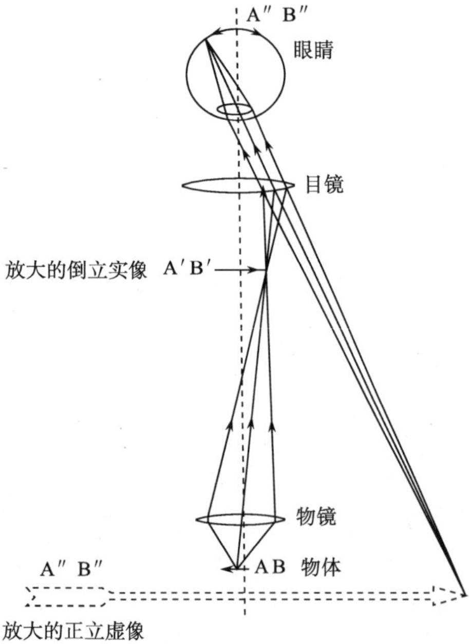

图 1.1.2　显微镜的成像原理图

（一）普通复式显微镜的成像系统

如图 1.1.2 所示，显微镜主要由两组放大系统组成，一组为焦距很短的物镜，另一组为焦距较长的目镜。为了减少像差，显微镜的目镜和物镜各由多组透镜构成，其中物镜的构造尤为复杂，有的由16个透镜组成。为了便于说明，图中的物镜和目镜都简化为单透镜。物体AB位于物镜的前焦点外但很靠近焦点的位置上，首先经过物镜形成放大的倒立实像A′B′，这个像位于目镜的物方焦距内但很靠近焦点的位置上，作为目镜的物体。目镜将物镜放大的实像又二次放大成虚像A″B″，位于观察者的明视距离（距人眼250mm）处，供眼睛观察。在视网膜上形成的是实像A″B″。

由于显微镜所要观察的标本往往几何尺寸很小，小至可与光波的波长相比较；根据光的电磁波理论，此时不能再近似地把光线看成是直线传播，而要考虑衍射的影响。因此显微镜的成像过程是个比较复杂的衍射相干过程。由于衍射因素的影响，显微镜的分辨能力和放大率都受到一定限制。因此，常规的光学显微镜一般最小可观察到0.2μm左右的标本，有效放大率最大为1500～1600倍。

（二）普通复式显微镜的照明系统

英国人，爱德华·尼尔逊（Edward Nelson）根据阿贝原理，发明了临界照明法（critical illumination）或称尼尔逊照明法（Nelson illumination）。原理是利用阿贝聚光器，将光源的发光体形状的像聚焦于样品平面上，使样品能接受最高亮度的照明，故称临界照明。这个方法多用于自然光，这种显微镜一般装置较简单，不具备视场光阑及孔径光阑，随着钨丝灯的发明后，这种照明法就逐渐被改进，但因钨丝灯的发光体形状是条状，聚焦于样品平面上，有灯丝的部分明亮，其他地方则暗，使照明不均匀。

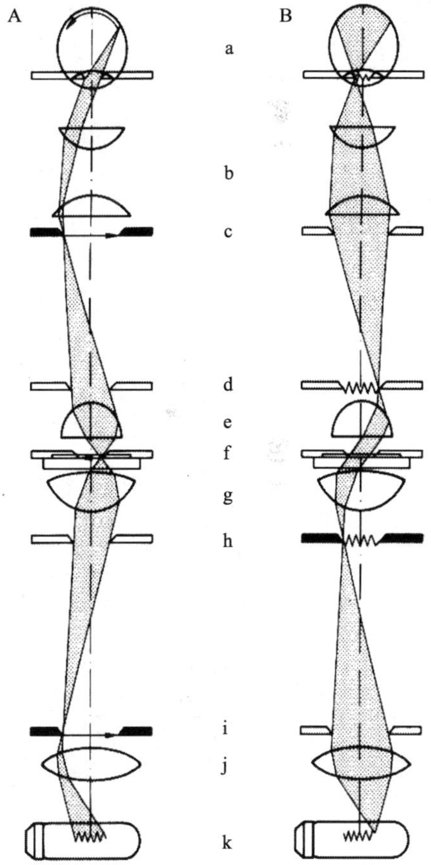

图1.1.3　柯勒照明成像光路图（A）及柯勒照明法照明光路（B）

a. 真实像；b. 目镜；c. 目镜光阑；d. 物镜后焦面；e. 物镜；f. 标本；g. 聚光镜；h. 孔径光阑；i. 视场光阑；j. 光源聚光镜；k. 灯丝

柯勒照明系统是1893年，德国的一位年轻的动物学家柯格斯·柯勒（August Köhler）在临界照明法的基础上改良的照明法，是在聚光器与光源之间，加上一个光源聚光器（lamp condenser）及视场光阑（field diaphragm）。利用光源聚光器将光源发光体形状的像聚焦于孔径光阑的平面上，而聚光器将视场光阑的像聚焦于样品平面上（图1.1.3）。这样，无论光源灯丝形状如何，视场光阑均受到最亮、最均匀的照明，并且样品平面上照明区的大小和位置可以通过调节视场光阑的大小和位置来调控。柯勒照明的优点在于可使较小的钨丝灯达到更高的照明亮度，光源的光束尽量利用，减少了内部散射光，而且控制了反差和深度，最重要的是样品能得到平均照明，这在显微照相中至关重要（图 1.1.3）。

（三）显微镜的主要光学技术参数

显微镜的光学技术参数包括：数值孔径、分辨率、总放大率、焦深、视场宽度、复盖差、工作距离、图像亮度、视场亮度。每个参数本身都有一定的合理极限，同时它们之间是相互联系又相互制约的，并不是每个参数越高越好。这些参数有的标在光学部件上，使用时应根据实验的目的和实际需要，充分考虑显微镜的各项技术指标及参数的关系，合理选择及调节好显微镜各个部件，只有这样，才能充分发挥显微镜应有的性能，获得满意效果。

1. 数值孔径

数值孔径（numerical aperture）又称“镜口率”，简写 NA 或 A，一般标刻在物镜和聚光镜的外壳或转盘上（图 1.1.4）。数值孔径是物镜和聚光镜的主要技术参数，尤其物镜的数值孔径大小是判断显微镜性能高低的重要标志。物镜的数值孔径（NA）是物镜前透镜与被检物体之间介质的折射率（n）和孔径角（$2u$）半数的正弦之乘积，用公式表示为：$NA = n\sin u$。

孔径角又称“镜口角”（图 1.1.4），是物镜光轴上的物体点与物镜前透镜的有效直径所形成的角度。孔径角越大，进入物镜的光通量就越大。它与物镜前透镜的有效直径成正比，与焦点的距离成反比。

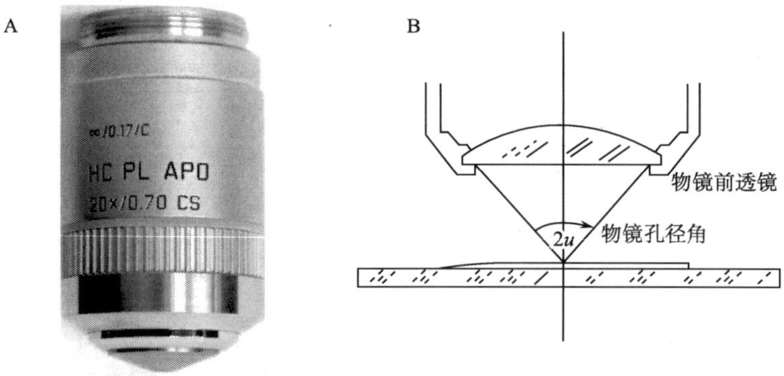

图 1.1.4　物镜的数值孔径与孔径角

A. 盛仙永拍摄；B. 印莉萍，2005

干燥系物镜，因物镜前透镜与被检物体之间的介质为空气，空气的折射率为 1，孔径角小于 180°（否则物镜的工作距离等于零，无法工作），因此，干燥系统的物镜的 NA 值始终小于 1。

基于这一原理，若想增大NA值，由于孔径角是无法增大的，唯一的办法是用较大折射率的介质，如水的折射率为1.333，香柏油的折射率为1.515。因介质的折射率值大于1，NA值就能大于1，故水浸系物镜的NA值最大约为1.2，浸油系物镜NA值最大可达1.45。

聚光镜的类型不同，其NA值的大小也不同，一般说来为0.05～1.4，它可通过调节孔径光阑的大小来改变NA值的大小，从而达到与物镜NA值相匹配的使用效果。有的聚光镜还可以把上透镜推出光路，即摇出摇入式聚光器，当低倍镜检时将上透镜摇出光路，NA值则下降。当换成高倍物镜时，将上透镜推入光路。

为了充分发挥物镜数值孔径的最大作用，注意调节聚光镜的孔径光阑。一般观察时，使其数值孔径NA值等于或大于物镜的NA值，在显微照相及数码采集时，则应小于物镜的NA值。

数值孔径还与其他技术参数有着密切的关系，它几乎决定和影响着其他各项技术参数，它与分辨率成正比，与放大率（有效放大率）成正比，与焦深成反比，NA值的平方与图像亮度成正比，NA值越大，视场宽度与工作距离都会相应地变小。

2. 分辨率

显微镜的分辨率（resolution）是指两点能清楚分开的极限距离。在显微镜的设计中，规定当一个圆斑像的圆心刚好落在另一个圆斑像的圆周上，则认为两物点的像刚刚能够被分开，如图1.1.5所示，就是分辨的最小距离。

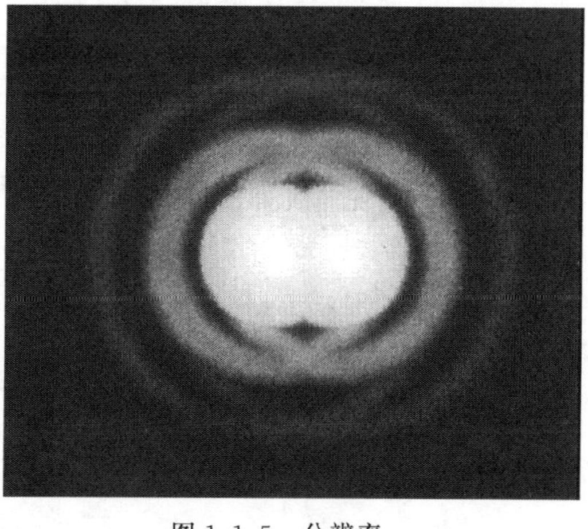

图1.1.5　分辨率

分辨率的大小决定了显微镜分辨试样上细节的程度，具有高分辨率的高质量的物镜是产生清晰准确图像的关键。因显微镜的物镜是使物体放大成一倒立实像，目镜的作用是使这个实像再次放大；这就是说目镜只能放大物镜已分辨的细节，物镜未能分辨的细节绝不会通过目镜放大而变得可分辨。因此，显微镜的分辨率主要取决于物镜的分辨率。

物镜分辨率的表达式如下：

$$D=0.61\lambda/\mathrm{NA}$$

式中，λ为入射光的波长，NA为物镜的数值孔径。由表达式可知，对于一定波长的入射光，物镜的分辨率完全取决于物镜的数值孔径，即数值孔径越大，分辨率越高。

在显微镜下看到的图像，不论是什么结构，都可以看作由亿万个物体点组成，各点的颜色、位置、亮度各有不同。由于光波的衍射特性、光学系统残留的像差、玻璃的质量及杂散光等多种因素的影响，每个物体点经物镜成像后，不可能是一个清晰的点像，而是呈现一定大小衍射斑的弥散圆像。这种衍射效应严重阻碍分辨率的提高。

3. 放大率

放大率（magnification）就是放大倍数，是指被检物体经物镜放大再经目镜放大后，人眼所看到的最终图像的大小与物体原大小的比值，是物镜和目镜放大倍数的乘积，即总放大率 = 物镜放大率 × 目镜放大率。物镜和目镜的放大倍数均标刻在其外壳上。

显微镜的放大倍数是指长度的放大，而不是指面积的放大。例如，1μm 的物体，在显微镜下放大 100 倍，则长度为 100μm，若以面积计算，则为 10 000μm^2。

显微镜的放大率存在一定限度。其最适当的总放大率，原则上是在标准筒长下，所使用的物镜 NA 值的 500～1000 倍，这个范围内的总放大率称为“有效放大率”或“合理放大率”；超越这个范围的放大率则称为“无效放大”或“空虚放大”。观察时应在有效放大率的范围内来选择物镜和目镜的配合。例如，使用 NA 为 1.4（100×）的物镜时，应在 700～1400 倍放大率的范围内选用目镜的放大倍数，即 7×～14×的目镜比较合适。若用 5×的目镜则达不到人眼所能分辨的大小；用 15×或 20×的目镜则为无效放大。因此在观察时，一般使用 10×的目镜为好。高级的研究用显微镜常只配一对 10×的目镜。10×目镜为“标准目镜”。作高倍镜检时，应首先考虑更换物镜，而不要盲目更换过高倍率的目镜。

4. 焦深

焦深（depth of focus）为焦点深度的简称，即在使用显微镜时，当焦点对准某一物体点时，不仅位于该点各平面上的点可看清楚，而且在此平面上下一定的厚度内，也能看得清楚，这个清晰部分的厚度就是焦深。焦深大，可看到被检物体的层厚甚至全层；而焦深小，则只能看到被检物体的某一薄层，如图 1.1.6 所示。

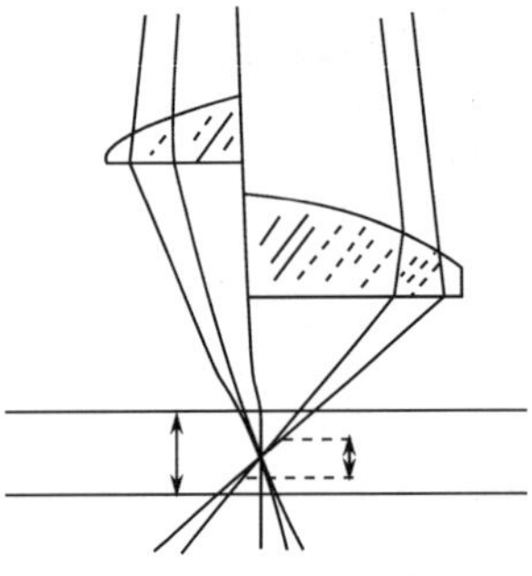

图 1.1.6　物镜倍数不同焦深不同

显微镜焦深的计算公式为

$$D = \frac{K \cdot n}{M \cdot \mathrm{NA}}$$

式中，K 为常数，约为 240μm；n 为被检物体周围介质的折射率；M 为总放大率；NA 为数值孔径。

从公式可以得知：焦深与总放大率及物镜的数值孔径值成反比。放大率高，数值孔径越大，焦深则越小。

显微镜的焦深一般很小，尤其使用高倍镜进行显微照相时，只能看清几个或几十个微米薄层内的物体。因此，在使用高倍物镜时（40×～100×），往往采用带光阑的物镜，可调节孔径角的大小，从而改变NA值，以调节焦深的大小。尤其作透射荧光观察时调节光阑大小至关重要，并能限制直射光进入物镜。

5. 物方视场范围

视场范围（field of view）是指在显微镜中观察到视野内所能容纳被检物体的区域，它的大小用所观察到的圆形视野直径来表示，受目镜里视场光阑直径大小所限制，故也称视场直径。直径越大，观察起来越舒适，所能容纳被检物体区域越大。但是为了减少像差，目镜的视场光阑直径不能设计太大。

物方视场直径数等于目镜的视场数FN（field number）除以所使用的物镜放大率。用公式 $\Phi=\frac{\mathrm{FN}}{\mathrm{Mob}}$ 表示。式中，Φ 为视场直径；FN为视场数；Mob为物镜放大率。

视场数标刻在目镜的镜筒外侧或端面上，不同类型的目镜，其视场数不同。而且倍率高的目镜，视场数则小。如标有10×/25目镜，其含义是指放大率为10倍，视场数为25mm（图1.1.7）。

图1.1.7 目镜视场数

由视场直径的计算公式可看出，视场直径与视场数成正比。目镜的视场数越大，视场直径也就越大，越便于观察。若增大物镜的倍率，则视场直径减小。因此，在低倍镜下可看到被检测物体的全貌，而换成高倍物镜（如100×物镜），就只能看到被检测物体的很小一部分。为了在高倍镜下看到被检物体的其他部分，只有缓慢移动载玻片，使被检物体的不同部位依次进入视场进行观察。如用10×/25目镜，放大率分别为10×、40×、100×物镜观察，其视场直径分别为2.5mm、0.625mm、0.25mm。

6. 复盖差

显微镜的光学系统也包括盖玻片在内。由于盖玻片的厚度不标准，会导致像差的产生，这就是复盖差（difference of cover glass）。

国际上规定，盖玻片的标准厚度为0.17mm，一般允许范围在0.16～0.18mm。物镜外壳上标刻的“0.17”即表明该物镜要求盖玻片的厚度。盖玻片太厚，不该进入物镜的光线会进入物镜；盖玻片太薄，则应该进入物镜的光线却不能进入。

放大率越高，NA值越大，复盖差越明显。尤其是盖玻片厚了，复盖差更为严重。消除复盖差最理想的办法，是通过带校正环的物镜来调节。尤其是倒置显微镜

图 1.1.8　40×带校正环物镜（盛仙永拍摄）

的高倍物镜，都装有可校正盖玻片厚度的校正环（图 1.1.8）。

7. 镜像亮度与视场亮度

镜像亮度是显微镜图像亮度的简称，指在显微镜下所观察到的图像的明暗程度。镜像亮度与物镜数值孔径值的平方成正比，与总放大率的平方成反比。使用时，对镜像亮度的要求，一般是使眼睛既不感到暗淡，又不耀眼，使眼睛不感到疲劳为好。

镜像亮度与视场亮度是两个不同的概念，镜像亮度是指显微镜下图像的明暗程度；视场亮度则是指显微镜下整个视场的明暗程度。

8. 工作距离

工作距离（working distance）是指显微镜准确聚焦后物镜前透镜的表面到被检物体之间的距离（图 1.1.9）。它与焦距是两个概念，平时习惯所说的焦距实际上是调节工作距离。

数值孔径大的高倍物镜，其工作距离小，如 40×物镜，工作距离不超过 0.6mm，100×浸油系物镜，工作距离一般不足 0.2mm，所以在使用高倍物镜时，有时因不慎而压碎切片，使物镜也受到损害。故研究用显微镜的物镜透镜前端多带有“弹簧装置”，粗微调部分也设有“限位装置”。

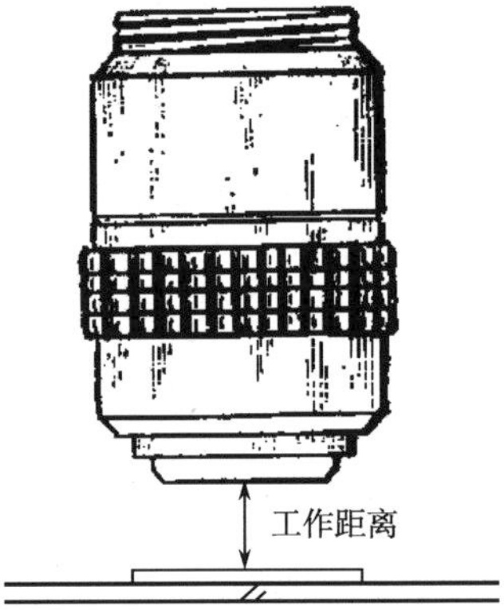

图 1.1.9　物镜的工作距离

【观察及图像采集的实践要点】

1. 柯勒照明（Köhler illumination）

要将光学显微镜调整到最佳分辨状态。首先应调整柯勒照明系统，这一步在显微照相中尤为重要。

由于视场光阑的像是聚焦于样品平面上，因此调节显微镜柯勒照明法如下：①首先将一样品在低倍下聚焦至物像清晰；②调整视场光阑控制转环，收缩视场光阑，调节聚光器升降旋钮，直至视野中看到清晰的多边形的图像视野光阑，再稍微降落聚光器，就可以看到图像逐渐清晰；③调整聚光器下的两个对中旋钮，使其聚焦于视野中心；④再调节视场光阑，使多边形的周边与视野周边相近；⑤调节聚光镜孔径光阑大小，先从镜筒取下目镜或使用伯特兰透镜可以看到物镜孔径光阑，缩小或扩大孔径光阑，通常孔径光阑是全开的，标准设定为聚光镜光孔等于物镜光孔；⑥调好后将目镜放回镜筒或脱开伯特兰透镜便可进行观察。对于低倍物镜，聚光镜光孔为物镜光孔的 0.6～1 倍为宜。方法是：观察并同时左右旋转光阑的孔径位置，调到图像最佳为止。

2. 明视野显微镜操作要点

1）滤色镜的安放　打开电源开关，调节电压从低到高至观察或照相的位置。将色温平衡滤色镜放在光的出口窗上。

放一块中性密度滤色镜于灯壳前的槽口中。选用哪种 ND 滤色镜为好，这要根据所用的不同倍率物镜和不同染色深浅的标本来决定。它使长时间观察标本的眼睛不易疲劳，同时显微照相时，可延长曝光时间以弥补曝光不足。

2）调节双目镜筒的光瞳间距　将标本放在载物台上，用 10×物镜观察。调节光瞳间距，使左、右两个视场像合二为一。

3）屈光度的调节　调节屈光度以适应不同观察者的视力。可使镜检者眼睛不易疲劳，同时也是显微照相前不可缺少的环节。调节的方法依实验目的及目镜的种类不同而不同。

分别调节左、右目镜筒上屈光度调节环，边观察边调焦，直至两目镜分别获得最清晰的图像为止。

显微摄影或图像采集时，首先调节目镜取景器或带十字线的观察目镜的转动环，使十字线清楚。方法是：先转动视度调节环清晰地看到取景框中心的双十字线分开为“╪”，然后再调节微调旋钮，使十字线与标本像两者同时在一个焦点平面上并清晰为止，如图 1.1.10 所示。

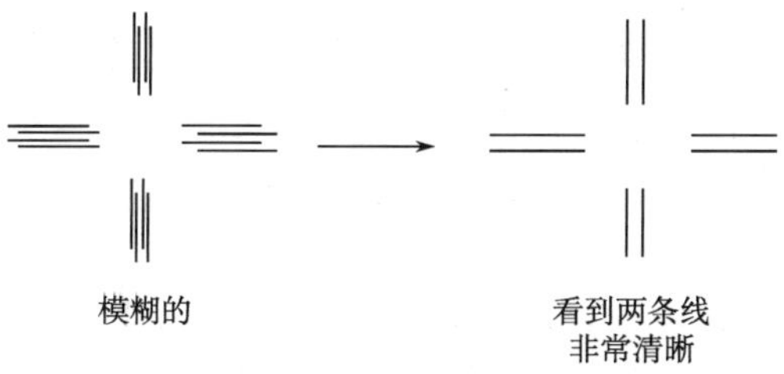

图 1.1.10　双十字线的调节示意图

4）聚光镜中心的调节　用 10×物镜观察标本对好焦点以后，将镜座上视场光阑收缩到最小。旋动聚光镜移动旋钮，慢慢地上升或下降，当视场光阑像出现后，调到最清晰时停止。然后旋动两个聚光镜定心螺钉，将视场光阑像调到视场正中。

开大视场光阑，进一步将视场光阑调到中心位置，作为一般镜检，使多边形与视场的圆外切或让视场光阑略大于视场，如图 1.1.11 所示。

5）视场光阑的调节　视场光阑的作用，一是根据物镜的倍率给予不同直径的光束面积；二是在显微摄影及图像采集时，起着增减图像反差的作用。当光阑扩大到一定的程度，照射到标本上的光，即会有反射与不规则的散射，造成影像反差的损失。当视场光阑收缩到取景框边缘外的时候，摄影图像的反差就会

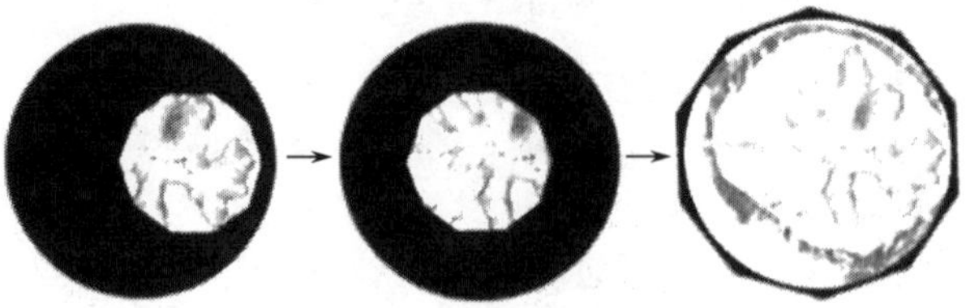

图 1.1.11　调节聚光镜中心示意图

改进。

如果视场光阑收缩得过于接近取景框，图像的四角将被切去。因此，视场光阑应比取景框稍微大一些（图 1.1.12）。

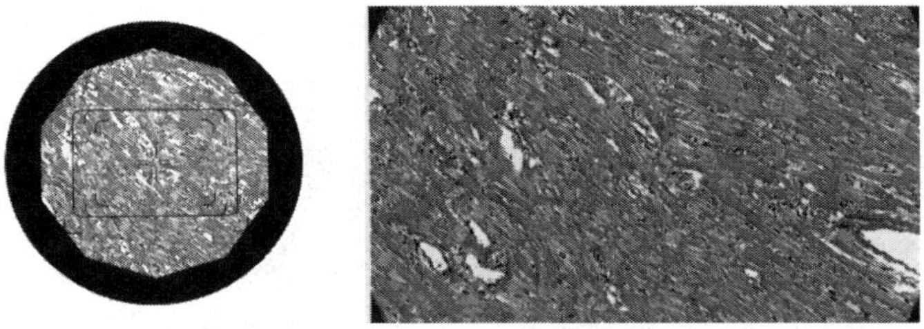

图 1.1.12　视场光阑

6）孔径光阑调节　　安装在聚光镜中的光阑称孔径光阑。它的作用是使图像的分辨率、反差和焦深处在最佳状况。这些最佳条件的取得，是根据所用物镜的数值孔径值来调节聚光镜孔径大小。如想得到高质量的图像，孔径光阑数值要调节到物镜数值孔径的 60%～80%。有如下两种调节方法。

（1）把标本对好焦点以后，取出左边目镜，用眼观察镜筒，边观察物镜的后焦点平面，边用手调节孔径光阑，大小为物镜数值孔径值的 80% 为宜（图 1.1.13）。

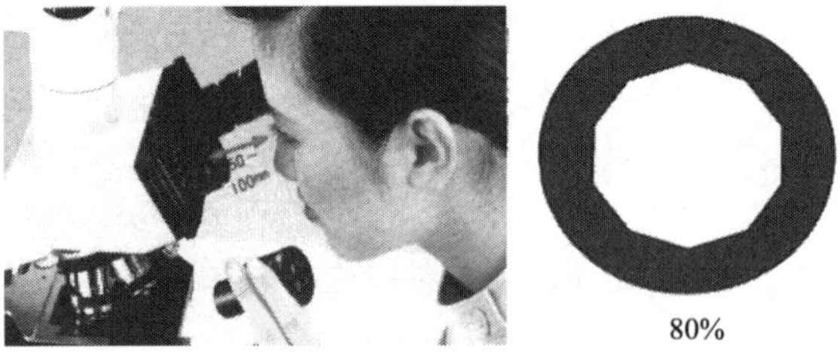

图 1.1.13　孔径光阑调节

图 1.1.14　聚光镜上数值孔径的标记

(2) 应用聚光镜上刻的数值孔径的标记来调节，例如，用数值孔径 0.25 的10×物镜，如让孔径光阑缩小到 80%，聚光镜上的刻度标记，应该放在 0.2 (0.25×80%=0.20) 位置（图 1.1.14）。

7) *浸油系物镜的使用*　浸油系物镜的数值孔径一般在 1.0 以上，物镜的透镜与标本之间要加专用镜油（浸油系物镜镜筒上，标有“oil”标记）。

怎样使用浸油：先用 10×或 20×物镜，将标本对焦直到细微组织清晰为止，然后将感兴趣区域移到视野中央。

转动物镜转换器，使所需要物镜进入光路，并准确定位。

将浸油滴在盖玻片的表面，转动物镜转盘，直到浸油系物镜的顶部与盖玻片上的浸油相接触为止，这时听到咔嗒一声，即表示浸油系物镜已转入光路。

如果不出现图像，应缓慢地旋动微调旋钮对好焦点。

物镜的前透镜不能太接近标本。假如浸油中混有气泡，即使焦点调得非常好，也将会损坏图像的质量。除去气泡的方法是：旋动物镜转盘，听到 1～2 次咔嗒声，让前透镜划动浸油，气泡即会移去。如果还有，可擦去物镜前透镜上的浸油，重新滴油。

8) *获取图像（以数字照相系列为例）*

(1) 调节光路转换拉杆，使显微镜处于照相状态。

(2) 启动数字照相系统。

(3) 启动计算机及图像采集处理软件。

(4) 启动实时预览图像。

(5) 设置白平衡、曝光时间、亮度、对比度、色彩等使图像达到最佳质量。

(6) 获取图像、插入标尺并保存图像。

【思考题】

1. 光学显微镜几何放大原理。
2. 显微镜主要技术参数有哪些？含义是什么？
3. 柯勒照明与临界照明主要特点是什么？二者有何区别？怎样调节柯勒照明系统？
4. 显微镜中的聚光器、孔径光阑、视场光阑作用是什么？如何调节？
5. 为什么使用高倍镜和油镜时要从低倍镜开始？

实验 1.2　相差显微镜和微分干涉显微镜

【实验目的】

了解相差显微镜和微分干涉显微镜的工作原理。

【实验原理】

（一）相差显微镜

人们在显微镜下观察被检标本时，只能靠颜色（光波的波长）和亮度（光波的振幅）的差别看到被检物的结构。活细胞近于无色透明，当光波通过它时颜色和亮度变化不大。因此在普通光学显微镜下，细致观察活细胞的结构是很难的。一般对于明暗对比很小的样品，多将样品染色，然后在显微镜下观察。但有些样品一经染色就会引起变形，染色也可以使有生命的样品死亡。对这些明暗对比很小而又不能染色的样品，用一般光学显微镜是看不到其细节的。但是只要样品的细节与其周围物质的折射率或厚度不同，就可以利用相差显微镜来进行观察。相差显微镜利用了光的干涉现象，将人眼不可分辨的相位差变为可分辨的振幅差，因此相差显微镜是一种应用在染色困难或不能染色的新鲜标本中，从而获得高对比图像的显微镜。

1. 相差显微镜的成像原理

相差显微镜的光路图如图 1.2.1 所示，光线从聚光镜下的环状光阑的圆形缝隙射入直射光，照射到被检物体上，产生直射光和衍射光两种光波。在物镜的后焦面上，设有相差板，直射光通过共轭面，衍射光通过补偿面。背景为直射光，成像为直射光和衍射光的合成波。

从光源射出的光通过标本时，如果标本是完全均质透明的物体，光将继续前进，即直射光；若遇到折射率不同的物质时，光的衍射现象则向周围侧方分散前进，这种光振幅较小，相位延后，称为衍射光。当直射光和衍射两个光波同时达到一点时，则相互干涉，形成合成波。合成波的大小取决于两个光波的振幅和相位差。如果振幅相等，相差为零，其合成波则有两倍的振幅，产生相长干涉，最为明亮；若一个光的相位推迟，其合成波振幅减小，光长渐暗；当一个光波恰好推迟半个波长时，则两个光波的振幅互相抵消，产生相消干涉，成为黑暗状态。如果合成波的振幅比背景光的振幅大，则称为明反差（负反差）；如果合成波的振幅比背景光的振幅小，则称为暗反差（正反差）。光线的相位差并不为肉眼所识别，通过光的干涉和衍射现象，相位差变成了振幅差，即明暗之差，肉眼因此得以识别。

2. 相差显微镜的特殊装置

相差显微镜装置包括：环状光阑（相差环）、相差板、合轴调中望远镜。

环状光阑是由大小不同的环状孔形成的光阑，安装在聚光镜下面。光线只能透过环状光阑的透明部分射入。不同倍数的相差物镜要用相应的环状光阑。

相差板安装在相差物镜后焦面位置。相差板分为两部分，一部分是通过直射光的部分，称共轭面，通常呈环状；另一部分是绕过衍射光的部分，称补偿面，位于共轭面的内外两侧。相差板上装有吸收膜及推迟相位的相位膜。相差板除推迟直射光或衍射光的相位以外，还有吸收光量使光度发生变化的作用。

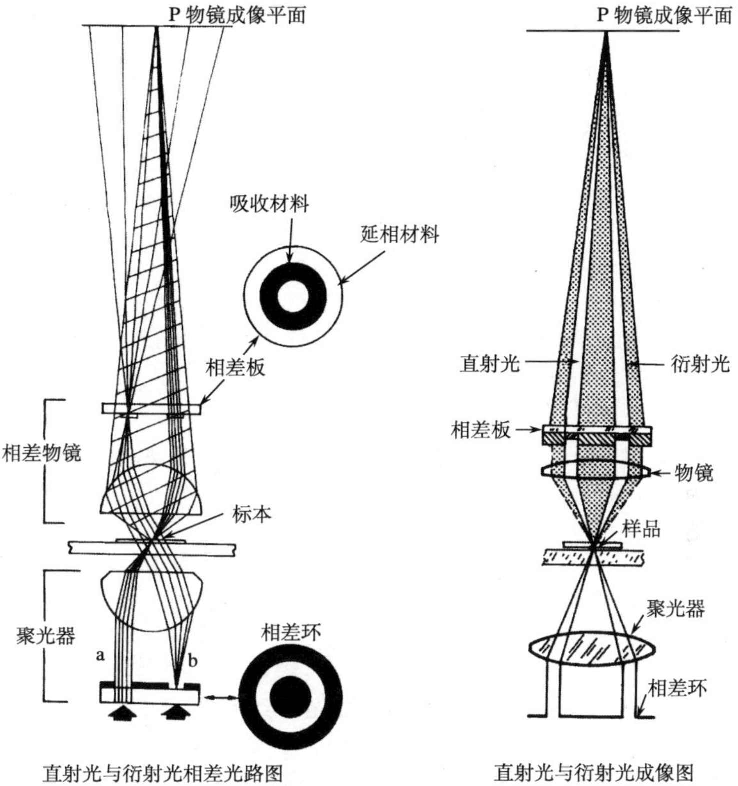

图 1.2.1　相差光路及成像示意图

a. 直射光；b. 衍射光

合轴调中望远镜，它是相差显微镜专用合轴工具，只有当聚光镜下面的环状光环与相差物镜中的相位环完全准确重合时，才算完全处于相差状态，否则将会引起低反差。有的多功能研究显微镜，不用拔掉目镜，直接转动伯特兰透镜调节钮即可合轴。

3. 相差显微镜的操作步骤

（1）将视场光阑完全打开，选择并放置合适的滤色片。

（2）将标本像调到聚焦点位置。

（3）合轴调整：从低倍开始，先用 10× 物镜，同时转动聚光器转盘，使环状光阑处在 10× 位置。拔出目镜，插入合轴调中望远镜，一边观察，一边旋转望远镜镜头上的调节旋钮，直至能看到清晰的亮环和暗色圆环为止。此时不要动显微镜的调焦部位。如果两环的中心不合轴，轻轻转动在聚光镜下两侧的调中旋钮，使两环达到同心，如图 1.2.2 所示。

合轴调整从低倍到高倍逐一进行，最后取下望远镜，换上观察目镜，按普通显微镜的方法观察即可。注意当更换物镜的倍数时，要再进行合轴调节。一次完成合

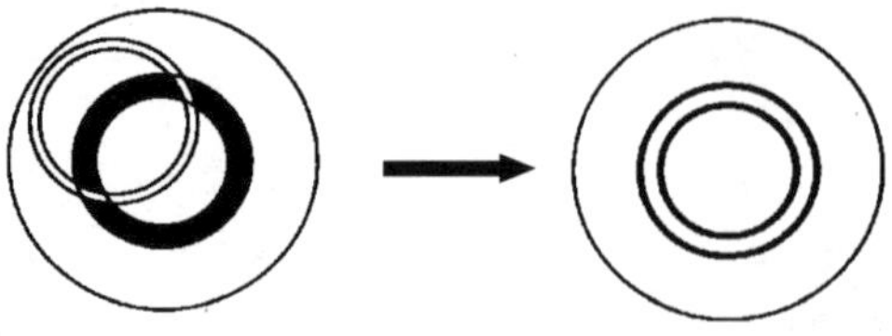

图 1.2.2　相差光环的中心调节示意图

轴后，一般来说，再使用另外的环状光阑时，就不需要更多地调中心了。如果用于精确的观察及照相，要求每次改变放大倍数时再重新调节。

（二）微分干涉显微镜

微分干涉显微镜除了具有相差显微镜效果，可以观察透射光路中不能染色新鲜透明样品外，还可以使图像反差增大，产生三维立体图像，也具浮雕效果。

1. 微分干涉显微镜的成像原理

微分干涉显微镜（DIC）是利用偏光干涉原理的一种显微镜。从起偏镜出来的直线偏振光通过乌拉氏棱镜后，分成互相垂直振动的两种直线偏振光，经聚光镜折射后射向标本并发生改变（横向偏移 Δ）。两种光通过物镜后，与第二组乌拉氏棱镜相吻合，由检偏镜发生干涉。把无色透明的标本转换为明暗和颜色的变化，而反差增强（图 1.2.3）。其主要应用于无色透明的活细胞观察及照相。

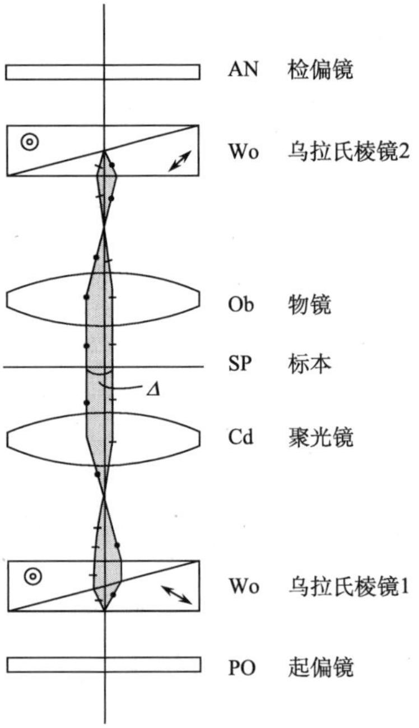

图 1.2.3　透射式微分干涉显微镜成像原理图

2. 微分干涉显微镜的特殊装置

起偏镜只允许某一振动方向的光波通过，其他振动方向的光波则不能通过，从而产生一束同相位的光束。

乌拉氏棱镜 1，由两块三角形的棱镜相叠而成，其作用是把一束单一的光束分解成两束振动方向相互垂直、传播方向一致且相距 1μm 甚至更近的平行光束。

乌拉氏棱镜 2，由两块三角形的棱镜相叠而成，但方向相反，把两束光线重新组合成一束光线，但振动方向仍相互垂直。

检偏镜使得组合在一起的两束光线振动方向相同、频率相同且具有一定相位差的相干光束，从而形成干涉现象，产生和加强反差效果。

3. 微分干涉差装置的使用与调节

(1) 把诺曼尔斯基中间镜筒和诺曼尔斯基聚光镜安装在显微镜上。

(2) 进行视场光阑的光轴中心调节。

(3) 进行起偏镜的调节：将对焦望远镜 CT 装在镜筒上或直接调节伯特兰透镜，对焦时当看到物镜后侧焦点面上的干涉条纹后，可旋动中间镜筒的棱镜移动旋钮，就可看到黑色干涉条纹的位置。在这种情况下，转动起偏镜，至这一黑色干涉条纹达到最清晰的位置后，固定起偏镜。

(4) 微分干涉差的观察：旋转乌拉氏棱镜的移动旋钮时，背景的干涉色连续地变化。

(5) 选用与标本相应的最理想反差的干涉色。如果背景变成暗黑色，则可以进行暗视场的观察。如果背景变成灰色（敏锐色），则可以进行灵敏度最好的观察。

【思考题】

1. 相差显微镜和微分干涉显微镜的成像原理。
2. 相差显微镜和微分干涉显微镜主要的特殊部件有哪些？各有什么功能？

实验 1.3　荧光显微镜和激光扫描共聚焦显微镜

【实验目的】

1. 掌握荧光显微镜和激光扫描共聚焦显微镜的工作原理。
2. 了解荧光显微镜和激光扫描共聚焦显微镜的操作步骤。

【实验原理】

（一）荧光显微镜

1. 荧光显微镜成像原理

荧光显微镜是用人眼不可见的较短波长光照射被检测物，使样品受到激发，产生人眼可见较长波长的荧光，可用来观察和分辨样品中产生荧光的成分和位置。基本原理如图 1.3.1 所示。

荧光显微镜是利用一个高发光效率的点光源，经过滤色系统，发出一定波长的光作为激发光，能激发标本的荧光物质使其发出一定的荧光，通过物镜和目镜的放大进行观察。在强烈的对衬背景下，即使荧光很微弱也容易清晰辨认，灵敏度高。

2. 荧光显微镜的结构及性能

荧光显微镜和普通光学显微镜基本相同，主要区别是荧光显微镜具有荧光光源和滤色系统。

荧光光源常用高压汞灯作荧光激发源。汞灯有 50W、100W、200W 等。

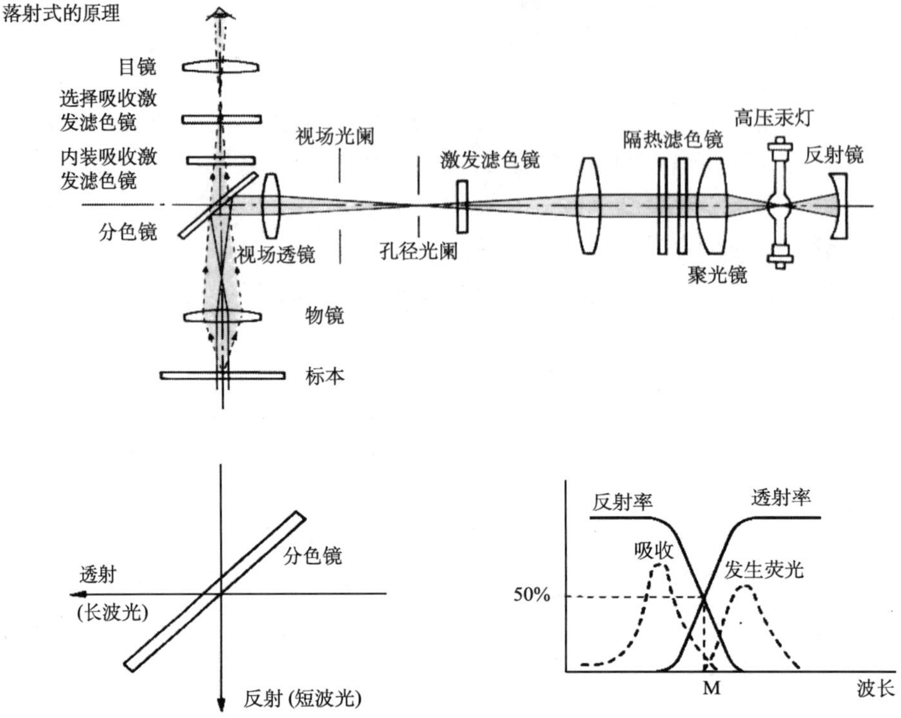

图 1.3.1　落射式荧光原理图

滤色系统由激发滤光片和阻断滤光片组成。激发滤光片放置于光源和物镜之间，其作用是选择激发光和波长范围。阻断滤光片多采用长波通滤光片，其作用是吸收和阻挡激发光进入目镜，防止激发光干扰荧光和损伤眼睛，并可选择特异的荧光通过，从而表现出专一性的荧光色彩。目前研究用显微镜的滤色系统根据所需激发波长度，大多将激发滤光片和阻挡滤光片装在一组装置中，操作更加简单。

3. 荧光显微镜的使用

（1）打开灯源，高压汞灯要预热几分钟稳定后才能达到最佳状态。

（2）根据所使用显微镜的种类（透射式还是落射式），选择所要求的激发滤光片和阻断滤光片或调节转盘选择滤色片组块。

（3）首先用低倍镜观察，调整光源中心，使其位于整个照相光斑的中央。

（4）放置标本，调焦后即可观察。

4. 注意事项

（1）应在暗室内进行，点燃汞灯 5～15min，稳定后进行观察。

（2）先在一般透射光下调焦后再转成荧光观察，以免激发光长时间地照射标本使荧光减弱或消失，所以操作尽可能在短时间内进行，暂时不观察时，应及时用挡板阻挡激发光源照射标本。

(3) 荧光灯管寿命有限，标本应集中观察，以节省时间。

(4) 油浸用的油，用无荧光油。

(5) 严格按操作规程制作标本，防止灰尘及污物等污染样本。

(6) 用标准无荧光玻载片（约 1mm）及盖玻片（约 0.17mm），用无色透明、无自发荧光的封裱剂。

(7) 注意不要直接用肉眼看照明光，在载物台前上方应有黄色遮光板予以保护，以防紫外线伤害眼睛。

(8) 关掉荧光灯源后，需冷却 15min 后再重新启动。

（二）激光扫描共聚焦显微镜

激光扫描共聚焦显微镜（laser scanning confocal microscopy，LSCM）又称显微 CT，是 20 世纪 80 年代出现的集光电技术、精密机械技术、计算机数据处理与图像合成技术、生物技术于一体的新技术。采用独有的共轭聚焦、逐点（逐线）扫描，然后经计算机处理，最终合成被检物的三维立体图像。

它的成像系统的基本工作原理是利用共聚焦光路和激光扫描获得生物样品的显微断层图像，由于它的高灵敏度和能观察空间结构的独特优点，从而对被检物体从停留在表面、单层、静态局面的观察进展到立体、断层扫描、动态全面的观察，在生命科学研究中得到了迅速应用。自从第一台激光扫描共聚焦显微系统问世以来，经科学家开发、创新已更新了数代，如 Leica、Zeiss、Nikon、Olympus 等公司都先后各自研制了不同类型的激光扫描共聚焦显微镜。

1. 结构原理

激光具有高度单色性、发散小、亮度高等优点，这些特点使其成为激光扫描共聚焦显微镜优良的光源。激光器分为气体激光器、固体激光器及半导体激光器等。

共轭聚焦则是激光扫描共聚焦显微镜的核心检测部件，利用放置在光源后的照明针孔和放置在检测器前的检测针孔实现点照明和点检测（图 1.3.2）。照明针孔与检测针孔对被照射点或被检测点来说是共轭的，因此来自光源的光通过照明针孔发射出的光聚焦在样品焦平面的某个点上，该点所发射的荧光成像在检测针孔上，该点以外的任何发射光均被检测针孔阻挡。每个检测点的荧光信息都被高灵敏度的电荷耦合器件（CCD）或光电倍增管（PMT）接收并转化为电信号，由计算机以像点的方式记录并显示在计算机屏幕上。扫描系统在样品焦平面上逐点（或逐线）扫描，从而产生一幅完整的共焦图像。只要载物台沿着 Z 轴上下移动，将样品新的一个层面移动到共焦平面上，样品的新层面又成像在显示器上，随着 Z 轴的不断移动，就可得到样品不同层面连续的光切图像。共轭光路的使用，使得来自样品的非焦平面光线被抑制，不能进入检测器，从而大大降低非焦平面光线对图像的干扰，正是由于这一点共聚焦光路才具有深度辨别能力，即具有了纵向分辨力，可对样品进行无损伤的光学切片。另外，实时共轭光路激光扫描克服了普通共轭光路不能够对快速运动和变化的样品进行观察的缺陷，因而具备了时间分辨力。

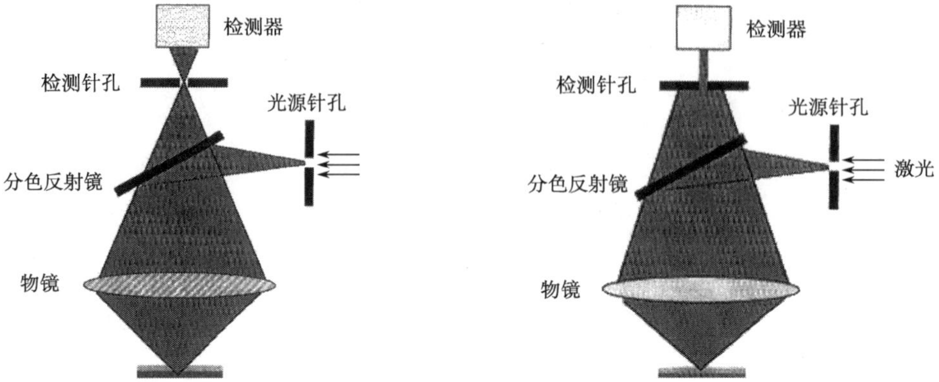

图 1.3.2　激光扫描共聚焦显微镜光路图（盛仙永绘）

2. 激光扫描共聚焦显微镜的主要特点

（1）分辨率高，是普通显微镜的 1.4 倍。

（2）可获得高灵敏度、高对比度的活细胞图像。

（3）可进行组织光切片观察（显微 CT）。

（4）图像可实现立体的三维重组。

（5）扫描速度快且具多种扫描方式。

（6）用软件对图像进行处理，图像存取方便。

（7）可对组织进行测量、定量、定位荧光分析。

总之，激光扫描共聚焦显微镜对荧光样品的观察具有明显的优势，只要能用荧光探针进行标记就可以用它进行观察和定量分析，因此它被广泛用于细胞生物学和分子生物学等方面的研究（图 1.3.3）。

图 1.3.3　Leica Tcs-Sp2 激光扫描共聚焦显微镜

【思考题】

1. 荧光显微镜的特殊部件及其功能？
2. 激光扫描共聚焦显微镜观察到的结果为什么比荧光显微镜更清晰？

实验 1.4　电子显微镜

【实验目的】

学习电子显微镜的工作原理。

【实验原理】

对于人们来说，极小物体具有极大的魅力。19 世纪 30 年代，电子显微镜（简称电镜）这个精密仪器的问世，为生命科学、材料科学、物理、化学等领域开辟了一个新的世界。电子显微镜具有高分辨、直观性的特点，是任何科学仪器所不能比拟的。电子显微镜根据性能不同，主要分为透射电镜、扫描电镜、超高压电镜等。这里将分为电镜的基础知识、透射电镜、扫描电镜 3 个部分加以介绍。

（一）电镜的基础知识

1. 电子束与样品相互作用产生的信息

电镜中的电子束在加速电压的作用下，打在样品上，高能电子与样品原子及核外电子相互碰撞，碰撞的结果形成弹性散射和非弹性散射，弹性散射是入射电子的能量几乎不发生损失，而电子的运动方向发生较大的改变。非弹性散射则是电子能量损失的概率较大，而电子的散射角较小。这些散射可以产生各种各样的信号。用不同的元件或检测器来接收不同的信号，可以取得不同的研究结果。

1）透射电子　透射电镜所观察的样品为薄膜样品，其厚度为 70nm 左右，当高能电子束打在样品上时，一部分入射电子便可以穿透过样品，形成透射电子。透射电子信息经透射电镜的成像系统转换成透射电子像。

2）二次电子　当加速电子轰击样品表面时，表面原子的外层电子，受入射电子激发获得动能而逸出。这些电子为二次电子。二次电子在逸出前还可能受到其他原子的散射而损失能量，故二次电子的能量较低，其能量小于 50eV，因此只有来自样品表面 5～10nm 深度的二次电子才能逸出。所以它是扫描电镜研究样品表面形貌特征最重要的信号。

3）散射电子　这是入射电子在样品中受到大角度散射后反射出的电子，又称反射电子。它可以是一次散射和经过多次散射，其总散射角大于 90°而返回的非弹性背散射电子。背散射电子的产额率随样品成分原子序数的增大而增多，该电子除可显示样品的表面形貌外，还可用来显示样品内元素的分布状态。

2. 电磁透镜

在电子光学系统中用于使电子波聚焦成像的磁场是一种旋转对称的非均匀磁场，能产生这种磁场的磁极装置称为磁透镜。电子显微镜的透镜都是电磁透镜。其由短线圈、具内环形间隙的软铁壳和极靴 3 部分组成。

电磁透镜线圈通电后形成磁场，这样的磁场相当于光镜的双凸透镜，可以使通过的电子束发生偏转，并把电子束会聚起来。但是电磁透镜是一种变焦距或变倍率的会聚透镜。这又是它有别于玻璃凸透镜的一个特点。

3. 电镜的计量单位

电镜常用的计量单位为纳米或埃。根据国际单位制的规定，目前均采用纳米。具体换算如下：

1mm（毫米）＝1000μm（微米）

1μm（微米）＝1000nm（纳米）

1nm（纳米）＝10Å（埃）

（二）透射电子显微镜

透射电子显微镜（transmission electron microscope，TEM）是应用最广泛的电镜种类之一，它利用电磁透镜对穿透过样品的电子束进行成像并放大，将带有样品信息的透射电子像显示于荧光屏上。

1. 光学显微镜与透射电镜的区别

电镜是在光学显微镜的基础上发展起来的，因此在功能和工作原理上，二者有相同之处，但又各具特色，电子显微镜的许多优点是光学显微镜所不能比拟的，而光镜的体积小，可为彩色图像，使用方便，又为电镜所不及。光学显微镜与透射电镜的主要区别，见表 1.4.1。

表 1.4.1　光镜与透射电镜的主要区别

比较项目	光学显微镜	透射电镜
光源	可见光	电子束
介质	空气、水、油	真空
透镜	玻璃透镜	电磁透镜
分辨本领	200nm	0.2nm
放大倍数	1000 倍	80 万～100 万倍
成像原理	光线吸收为主	电子散射为主
聚焦方式	机械操作	电磁控制
图像颜色	彩色	黑白
成像方式	直接成像	荧光屏成像

2. 透射电镜的基本结构

透射电镜的基本结构分为三大系统，即电子光学系统、供电系统和真空系统。

1）*电子光学系统*　电子光学系统是电镜的主体部分，即直立的镜筒。它分成 4 个主要部分：照明系统、样品室、成像放大系统和观察记录系统（图 1.4.1）。

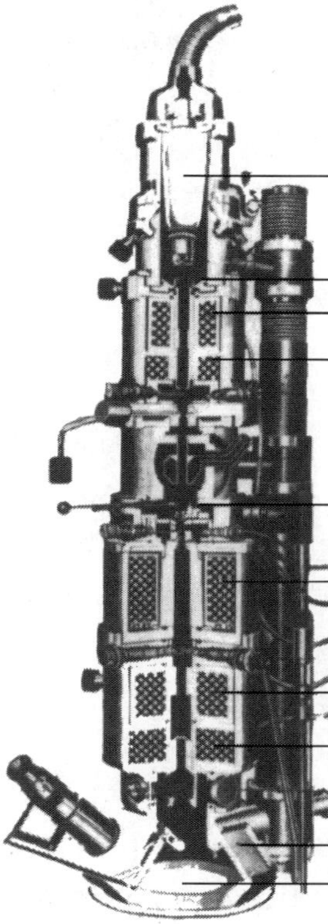

图 1.4.1　透射电镜图

（1）照明系统：透射电镜的照明系统由发射并使电子束加速的电子枪和聚光镜组成。照明系统要提供一束具有高亮度、高稳定的电子光源。

（2）样品室：透射电镜的样品室的主要作用是承载样品和置换移动样品，其位于聚光镜与物镜之间，多为侧插式样品转换装置。其主要结构有样品架、样品台、样品移动控制杆。电镜样品由直径 3mm 的铜网承载。

（3）成像放大系统：成像放大系统是透射电镜获得高分辨和高放大倍数的核心组件。一般由物镜、二级中间镜和投影镜组成。成像系统的总放大倍数为各个透镜放大倍数的乘积。

（4）观察记录系统：观察记录系统由荧光板和照相装置两部分组成。将带有样品特征的透射电子信息投射到荧光屏上，转换成光信号以利于进行观察。荧光屏上的图像并非永久的，在荧光屏下有照相记录装置，可使用电镜专用底片曝光，经暗室显影、定影后永久保存。在主观察窗前还装有一个双筒立体放大镜，可对图像进行精确聚焦。目前，随着技术的发展，数码采集系统也开始广泛应用。

2）*真空系统*　真空系统的作用是去除镜体内的杂散气体和水蒸气，保持镜筒内处于高真空状态。如果真空不好，首先，电子束会和气体分子间发生随机散射，而降低图像的反差；其次，气体分子被电离，产生放电现象而使电子束不稳定。此外，气体分子还会腐蚀灯丝，缩短灯丝的寿命等。因此，电子显微镜必须有一个良好的真空系统来消除以上不良因素。

真空系统采用机械旋转泵和油扩散泵串联工作，真空系统采用自动控制系统运行，使真空度达到 10^{-6}～10^{-5} 托①，电子显微镜才能正常工作。

3）*供电系统*　高性能电镜的电子供电系统非常复杂，它的稳定度直接影响

① 1 托＝1mmHg＝$1.333\ 22\times10^{2}$Pa

图像质量。此系统主要包括：高压功率源（加速电子束）、透镜功率源（电子透镜的激励电流）、偏转线圈功率源（用于电子束的偏转）和其他线路（包括真空控制电路、真空系统的功率源、照相装置电路、自动曝光电路、电子枪灯丝加热线路等）。其中绝大部分的线路为稳压电路。

电子枪发射短波长的电子束，由聚光镜把它会聚后打在样品上，由物镜俘获透射电子信息使之成像，并进行初级放大，再经中间镜和投影镜的进一步放大，成像于荧光屏或电子感光板上。

（三）扫描电子显微镜

在性能方面，透射电子显微镜相对于光学显微镜是个飞跃，而扫描电子显微镜（scanning electron microscope，SEM）则从另一个角度，对透射电镜进行补充和发展。扫描电子显微镜的成像原理与光镜和透射电镜不同，它不用透镜放大成像，而是类似电视摄影显像技术，将聚集很细的电子束在样品表面扫描，激发产生某些物理信号来调制成像。

扫描电镜具有景深长、图像富有立体感，图像的放大倍数可在较大范围内连续变化，样品制作简单等特点。它是进行样品表面分析研究的有效工具。

1. 工作原理

扫描电镜电子枪发射出的高能电子，被电磁透镜聚集成极细的电子束，在扫描发生器的激励下，电子束在样品表面作光栅样的扫描，激发样品产生各种物理信号，其强度随样品表面特征而不同。于是样品表面不同的特征按顺序、成比例地被转换为视频信号，并经视频放大处理，再同步调制阴极射线管的电子束强度，最后在显像管的荧光屏上，得到一幅与电子束在样品表面扫描区相对应的样品表面形象。

2. 基本结构

扫描电镜的结构大体上可分为：电子光学系统（图 1.4.2）、样品室、电子信号收集处理系统及图像显示和记录系统、真空系统和供电系统。下面对它的特征结构进行介绍。

1）*电子光学系统*　扫描电镜的电子光学系统由电子枪、合轴线圈、聚光镜、偏转线圈、消像散器、物镜和物镜光阑等组成。扫描电镜的电子光学系统与透射电镜不同，扫描电镜没有中间镜和投影镜。它的电磁透镜不是起放大的作用，而是起缩小电子束斑的作用。扫描系统的作用是提供入射电子束在样品表面及阴极射线管电子束在荧光屏上的同步扫描信号；改变入射电子束在样品表面扫描振幅，来获得所需的放大倍数。首先电子枪形成大约 20μm 的电子束，经过三级电磁透镜作用后会聚成一个 2～5nm 的细束，在扫描偏转线圈的作用下，使电子束在样品表面作光栅样的扫描。电子束与样品发生相互的作用而产生各种信号。

2）*信号收集处理及显示系统*　信号收集和处理系统的作用是收集样品在入

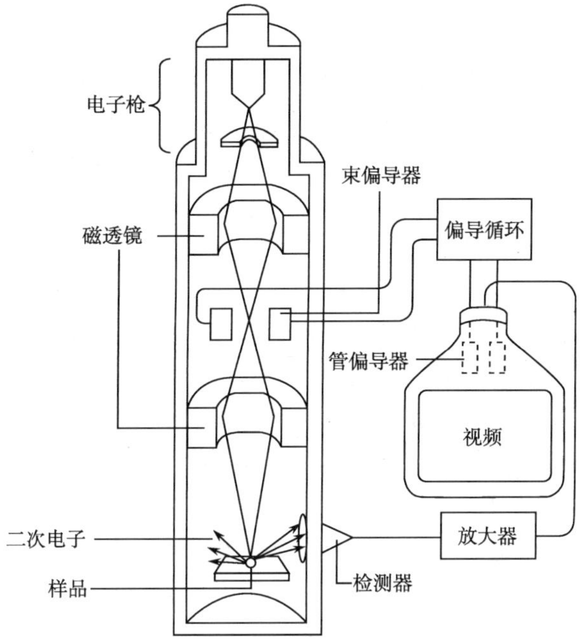

图 1.4.2　扫描电镜的光学系统（王金发，2004）

射电子的作用下产生的物理信号，经视频放大后，作为显像系统的调制信号，扫描电镜主要功能是用二次电子成像，采用闪烁体-光导管-光电倍增管组合式检测器收集二次电子。从样品发出的二次电子信号，由闪烁体收集并加速，经光导管后打在光电倍增管的光阴极上，经多级加速倍增形成视频电压信号，再经前置放大器和视频放大器加以放大，调制阴极射线管的扫描强度后进行观察。

3. 扫描电镜的放大倍数

扫描电镜中电子束与显像管中电子束的扫描是严格同步的，所以显像管荧光屏上的图像是样品上被扫区域的放大像。如果入射电子于样品上的扫描宽度为 B，阴极射线管电子束在荧光屏上的扫描宽度为 A，通常显像管荧光屏的宽度为固定值（10cm），则荧光屏上扫描像的放大倍数（M）为

$$M=\frac{\text{显像管荧光屏的宽度 } A\ (10\text{cm})}{\text{样品上扫描宽度 } B}$$

由于荧光屏（A）为固定值，而样品上的扫描宽度（B）可根据需要通过扫描放大控制器调节，从而获得从几十倍到几十万倍连续可调的放大倍数。

【思考题】

1. 简述透射电镜与扫描电镜的主要区别？
2. 聚光镜、物镜、中间镜和投射镜有什么作用？

3. TEM 和 SEM 的工作原理有何不同？

实验 1.5 电子显微镜样品制备

【实验目的】

学习透射电子显微镜和扫描电子显微镜的样品制备。

【实验原理】

透射电子显微镜样品制备的基本要求是：①尽可能保持材料的结构和某些化学成分生活时的状态；②材料的厚度一般不宜超过 1000Å，组织和细胞，必须制成薄切片以获得较好的分辨率和足够的反差；③采用各种手段，如电子染色、投影、负染色等来提高生物样品散射电子的能力，以获得反差较好的图像。

扫描电子显微镜以观察样品的表面形态为主，因此扫描电子显微镜样品制备的要求为：①保持完好的组织和细胞形态；②充分暴露要观察的部位；③良好的导电性和较高的二次电子产额；④保持充分干燥的状态。

【透射电子显微镜样品制备超薄切片法】

1. 材料、试剂和器具

超薄切片法是利用化学试剂将组织或细胞迅速杀死，在亚细胞水平上使被研究细胞的精细结构或化学成分保存其生存状态，再通过脱水剂将细胞内的游离水除掉，利用包埋介质充填，形成一个支持细胞的牢固基质，再将样品切割成 50～90nm 的超薄切片，经电子染色后在 TEM 下观察。超薄切片制样过程分为取材、固定、漂洗、脱水、渗透、包埋、切片、染色 8 个主要环节。

1）材料　　水稻根。

2）试剂

（1）戊二醛（glutaraldehyde）：$C_5H_8O_2$；戊二醛应在暗处、中等酸度及低温下保存。市售为 25%或 50%水溶液，pH 4～5。在戊二醛固定液中加入适当浓度的鞣酸（tannic acid），会加强对膜、微管和微丝结构的固定作用。

（2）磷酸盐缓冲液（PBS）。

（3）1% 锇酸（osmium tetroxide）。四氧化锇又名锇酸，MW 254.2 是一种淡黄色具有强烈刺激性气味的晶体。分子式 OsO_4，易挥发，有毒性。锇酸处理组织需在脱水之前。

四氧化锇即使在晶体状态下也有强烈的蒸发作用，蒸气有剧毒，需在通风橱中操作，取 0.5g 四氧化锇加入 25mL 的双蒸水即为 1%锇酸；封口膜密封瓶口，并用黑纸包裹，储存在棕色磨口瓶中，4℃保存。

（4）50%、70%、80%、90%、无水乙醇。

（5）Epon812 树脂包埋剂：这种树脂的弱点是吸潮性很强。包埋剂配制时注意：有特殊的刺激性气味，对皮肤敏感者易引起皮疹，需要戴乳胶手套，在通风橱中操作。所用的带刻度的烧杯或广口量杯清洗干净，烘箱中烘干。每加一种药品均应搅匀，动作不应过快，以免产生气泡。

甲液（淡黄色、性质偏软）：	Epon812	10mL
	DDSA	16mL
乙液（无色、性质偏硬）：	Epon812	10mL
	MNA	8.9mL

常用的固/硬化剂：DDSA（十二烷基琥珀酸酐或十二碳烯基丁二酸酐），MNA（甲基内次甲基邻苯二甲酸酐或六甲酸酐）。

常用的催化剂：DMP-30（三甲氨基甲基苯酚）。

甲、乙液分别配制并储存，根据不同的硬度要求，量取不同比例的甲、乙液。一般气候干燥的冬季用甲、乙液比例为 1∶4；空气湿度大的夏季用 1∶9 的比例，乙液的比例越大，包埋块越硬。

配好混合液后，以 2%左右的体积比，用移液管或微量取样器逐滴加入 DMP-30，边加边搅拌。几种溶液混合后，还需玻璃棒搅拌 15～30min。封口膜封闭，静置一段时间以减少微小气泡。－20℃保存。

直接配制（以下均为毫升）：

甲、乙液比例	1∶4	1∶6	1∶9
Epon812	20.0	20.0	20.0
DDSA	6.4	4.6	3.2
MNA	14.2	15.3	16.0
DMP-30	0.8	0.8	0.8
总计	41.4	40.7	40.0

（6）乙酸双氧铀染液：乙酸双氧铀 2g，50%乙醇 100mL。

本染液呈淡黄色，棕色瓶 4℃避光保存，溶液一旦出现絮状沉淀或变成咖啡色或绿色时，应废弃。

（7）柠檬酸铅配制如下。

A 液：	硝酸铅	1.33g
	柠檬酸钠（含两分子结晶水）	1.76g
	蒸馏水	30mL

B 液：1mol/L 氢氧化钠，配制 8mL 以上。

将上述 A 液成分放在 50mL 容量瓶中，用力振荡 30min，使其生成乳白色柠檬酸铅混悬液（牛奶状），然后加入 1mol/L 氢氧化钠溶液 8mL，溶液立即变成透明，最后加蒸馏水至 50mL。本液具有高碱性，很容易与二氧化碳生成碳酸铅沉淀，因此保存和使用过程中尽量避免与空气接触。溶液稍有沉淀应立即废弃。配制好的染液用封口膜密封，4℃冰箱可保存 1～2 个月。该染液对超薄切片的染色时间通常为 30min。

3）器具

（1）超薄切片机、透射电镜。

（2）玻璃吸管：分别用于滴加戊二醛、缓冲液、锇酸、脱水剂、包埋剂、废弃液。

（3）小瓶、刀片、牙签、剪刀、载玻片、封口膜、注射器、镊子、乳胶手套、玻璃棒、包埋模具（凹槽状包埋板、胶囊）、染色蜡盘、容量瓶等。

2. 实验程序

1）取材　取材是超薄切片技术的关键一步。①取材要迅速，取样后的生物样品要尽快放入固定液中，以免时间过长而产生细胞自溶现象。②取材要小，取材的大小要与固定液的渗透率一致，一般将材料切成 $1mm^3$ 大小为宜。取材后的样品一定要用缓冲液或生理盐水清洗干净，再放入固定液中。③最好在 4℃条件下操作，所用容器、器械和戊二醛固定液均需预冷。④放在 2.5％的戊二醛固定液中，固定液至小瓶一半处，注射器抽气，间歇摇动小瓶，使材料沉入溶液下部。

2）固定　细胞固定是通过固定液来实现的。固定液的主要作用是使磷脂蛋白的质膜和细胞骨架的网状结构形成凝固状，以保存各种细胞器的空间联系，使细胞中的化学成分变为不溶的成分。理想的固定剂应具备以下主要条件：①迅速均匀地渗透到组织细胞内部，并尽快杀死细胞，稳定细胞的各种成分以减少死后的变化；②细胞的形态结构不产生收缩或膨胀现象，没有任何人工假象或变形，以保证电镜图像的真实性；③保持酶的一定活性，以提供细胞的化学测定工作。目前单一的固定剂不能使细胞达到理想的固定效果，超薄切片技术中常使用戊二醛-锇酸双重固定法，以二者互补的方式来达到理想的固定效果。

戊二醛-锇酸双重固定法：样品先用预冷的缓冲液配制的 4％戊二醛固定 6h，经相同缓冲液清洗 3 次，每次 30min 或过夜。再用 1％ 锇酸作后固定 2～4h。缓冲液清洗 3 次，每次 30min 或过夜。

注意：整个过程最好在冰上进行。

3）漂洗　由于锇酸与醛类和乙醇等发生氧化还原反应而产生沉淀，故用戊二醛固定后，需将多余的及结合不牢的戊二醛经缓冲液彻底漂洗后，才能进入锇酸溶液进行后固定。缓冲液漂洗时间可从几十分钟到几小时，甚至可以过夜，其间要更换几次新鲜的缓冲液。在 1％锇酸缓冲液中固定 1～2h，进行同样的漂洗后，再进入下一个脱水环节。

4）脱水　脱水的目的是用脱水剂把组织内的游离水去除干净，以保证包埋剂均匀地渗透到细胞的各个部位。常用的脱水剂有乙醇和丙酮。脱水时必须逐级提高有机溶剂的浓度，以免样品急剧收缩，而导致样品结构的损伤。

脱水程序如下。

30%乙醇或丙酮	10～20min
50%乙醇或丙酮	10～20min
70%乙醇或丙酮	10～20min（此步可放于冰箱内停留过夜）
80%乙醇或丙酮	10～20min
90%乙醇或丙酮	10～20min
100%乙醇或丙酮	2 次，每次 30min

游离和培养细胞的脱水时间可适当缩短。脱水一定要彻底，特别是 100%乙醇或丙酮应保证绝对无水，在使用前一周可在无水乙醇或丙酮中加入无水硫酸钠或无水硫酸铜，进行吸水处理。在 100%乙醇或丙酮这一步处理中，一定不要使样品在空气中停留过长，否则会造成样品过度干燥。

5）渗透　　渗透使包埋单体渗入组织中，而不使组织收缩或膨胀以保持组织细胞的固有状态。包埋剂是非水溶性的，只有将细胞内的游离水去除干净，非水溶性的包埋剂才能渗入细胞中。理想的包埋剂应能与脱水剂完全混溶、黏度低、容易渗透、聚合均匀，并使样品收缩或膨胀小；在高能电子束的照射下不变形及在电镜下有较好的反差；包埋后具有较好的切割性。脱水后的样品应经过逐级渗透过程，其具体过程如下：

100%丙酮：包埋剂=3：1
100%丙酮：包埋剂=1：1
100%丙酮：包埋剂=1：3
纯包埋剂
（以上各步）3～6h 或过夜

6）聚合与包埋

（1）将胶囊打开，放入 60℃烘箱中 30min，牙签也要干燥。

（2）将烘干的胶囊插入包埋座上。

（3）用滴管向胶囊内注入混合好的 Epon812，用干燥牙签将已泡好的组织挑入胶囊中，并将渗透好的组织块推入胶囊底部中央。

（4）用滴管向胶囊注满混合好的 Epon812。

（5）纯树脂过夜。

聚合时间为：35℃、24h → 45℃、24h→60℃、24h。树脂变硬放入干燥器内。

7）切片　　切片是将包埋块在专用的超薄切片机上将其切成 50～90nm 厚的薄片过程。在切片之前，要做好 3 个准备工作。

支持膜的制备：超薄切片要放在具有透明支持膜的载网上，载网有铜网、镍网和银网。其直径一般为 3mm，上有圆形或方形的网孔，孔为数不等，多为 50～400 目。超薄切片时根据观察分辨率的要求，选择所需要的载网。一般常用 200 目的铜网。

目前，最常用的支持膜是 Formvar 膜，其化学成分是聚乙烯醇缩甲醛。它具有较好的机械强度和透明度，在电子束的轰击下不易变形。使用时将其配制成 0.3% 的 Formvar 二氯乙烷溶液，用洗净的载玻片浸入该液，取出后流去多余的溶液，使其干燥后，用锋利的刀片，沿膜的四周划上刻痕，将该片有划痕的末端浸入具蒸馏水的烧杯中，使膜慢慢脱落于水面，再将铜网排列于膜上，用滤纸将带有膜的载网捞起，晾干备用，膜厚约 20nm。

修块：制作好的包埋块，在切片前首先要将包埋块头部多余的包埋介质修掉，使生物组织暴露于切削面的尖部，才能用于超薄切片。首先将包埋块夹于样品夹中，于体视显微镜下，用单面刀片将头部修成 45°角的四边锥体，锥体平面约为 $1mm^2$，锥体顶端要修平，露出组织（图 1.5.1）。

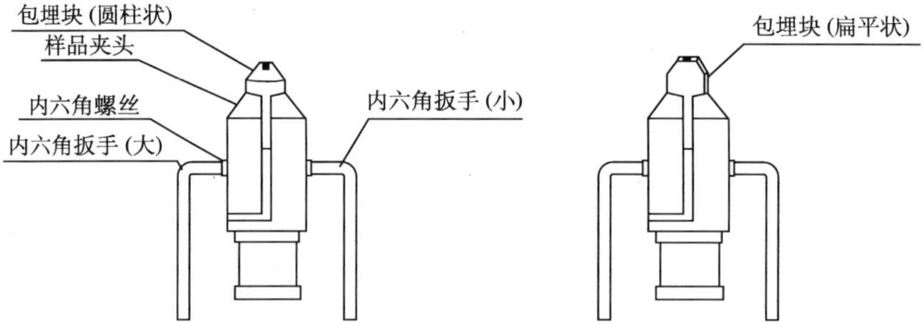

图 1.5.1　电镜样品修块示意图

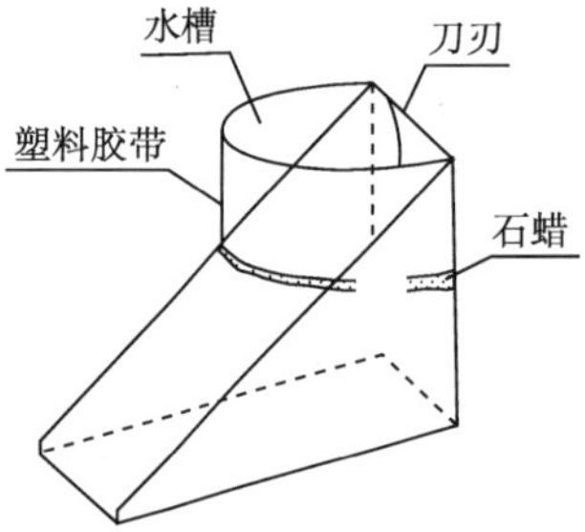

图 1.5.2　玻璃刀和水槽

制刀：切片用的刀是获得良好切片的重要环节。切片刀一般选用 5～6mm 的硬质玻璃，在专用的制刀机上制成 3cm×3cm 的正方形，再从小块的对角线切成两把 45°角的刀。玻璃刀最好在使用前制作，以免接触空气或灰尘。

玻璃刀制好后，还要围绕刀口制作一个水槽，以利于切片漂于水面上。水槽用塑料电工胶带即可（图 1.5.2）。

准备工作完成，即可在超薄切片机上进行切片。切片厚度以 50～90nm 为宜。利用水槽上切片表面反射的光和从切片下的折射光发生的干涉现象，可呈现出不同的颜色，来判断切片的厚度。表 1.5.1 列出切片的干涉颜色与切片厚度之间的对应关系。

表 1.5.1　切片干涉颜色与切片厚度的关系

干涉颜色	暗色	灰色	银白色	金黄色	紫色
厚度/nm	40 以下	40～50	50～70	70～90	90 以上

切片切好后，用带有支持膜一面的铜网对准切片快速将切片沾起，放入培养皿的滤纸上，晾干后准备染色。

8）染色　由于重金属化合物有较强的电子散射能力，利用铅、铀、锇等重金属盐，与组织中的某些结构成分结合或吸附，增加组织细胞的电子密度，以增强结构图像的反差。常用的电子染色剂有乙酸双氧铀和柠檬酸铅染色液，染色在自制的蜡盘中进行，把一定的石蜡放在培养皿中，置于60℃烘箱，使其融化后，于室温使其固化即可。

（1）乙酸双氧铀染色：重金属铀易与细胞内的核酸、核蛋白、结缔组织纤维等结合，对膜的染色效果较差，具有一定的放射性，因此，要将废液收集处理，不能直接流入下水道以免污染环境。以浓度为50%～70%的乙醇溶液配制并需储存于棕色瓶中，并置于4℃冰箱内。切片染色可在室温中进行，染色时间为15～30min。染色后要用双蒸水彻底漂洗。

（2）铅盐染色：铅盐可以提高细胞质的反差，几乎可以与细胞内的所有成分结合，它是一种全能染色剂。但它极易与空气中的CO_2结合，产生碳酸铅沉淀，在切片中产生圆形颗粒而污染切片。铅盐最好在使用前1～2d配制，配好后的溶液用封口膜将口封好，放4℃冰箱内储存。另外，配制铅盐溶液的双蒸水，最好先加热煮沸，以除去水中的CO_2。染色后，漂洗干净，马上放入50℃温箱中烘干。

（3）染色方法：首先将染色液吸入滴管，在准备好的蜡盘上滴上液滴，用镊子夹住带有切片的铜网的边缘，将其插入液滴中，经过20～30min，取出铜网，用双蒸水漂洗3～4次。两种染液全部完成后，将铜网放在培养皿中的滤纸上，吸去水分，干后电镜下观察。特别要注意的是，在柠檬酸铅染色时，最好在蜡盘周围放几粒氢氧化钠，吸去盘中的CO_2，以免产生碳酸铅沉淀，污染样品。

透射电镜的超薄切片的样品制备程序比较繁杂，为了便于记忆和操作，现将光镜和电镜技术进行总结和比较，见图1.5.3和表1.5.2。

表1.5.2　光镜和电镜的基本区别及样品制备的区别

比较项目	光学显微镜及切片技术	电子显微镜及超薄切片技术
光源	平面偏振光	电子束照明系统
透镜	目镜、物镜	物镜、中间镜、投射镜
是否为真空	否	是
成像原理	样品染色后，不同的染料对某种细胞组分有特异的吸附，这样便能形成足够的反差或产生不同波长的光谱以区分该种细胞组分	电镜样品仅用重金属盐进行染色以形成明暗反差，因此，只能通过电子束振幅的改变观察到黑白图像
固定液	甲醛FAA等	双固定法：戊二醛和四氧化锇
包埋剂	石蜡	环氧树脂、LR white等
切片	5～20μm	50～80nm
装配	放置于载玻片上观察	切片必须搭在具有支持膜的载网上
染色	有机染料、荧光染料等	重金属盐：柠檬酸铅、乙酸双氧铀

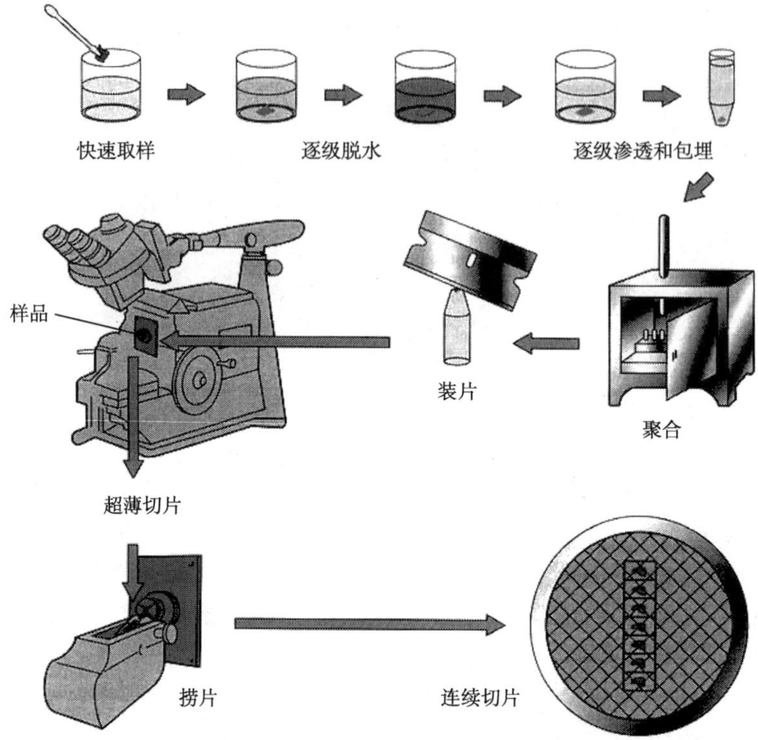

图 1.5.3　透射电子显微镜的样品制备及超薄切片

【扫描电镜样品】

扫描电镜样品制备比透射电镜样品制备简单。对样品大小的要求不严格，一般 $1cm^2$ 左右。除了要求良好的保存样品表面形貌结构外，只要样品干燥和能够导电，就不需要样品的包埋和切片。常规的步骤是：固定、脱水、干燥和离子溅射镀膜。

1. 样品固定和脱水

对于坚硬和新鲜样品可以不经处理而直接在 SEM 下观察。但对含水量多的样品一定要固定和脱水，方法同透射电镜的样品制备。

2. 样品干燥

常用两种方法进行生物材料的样品干燥。一种是化学干燥法，另一种是临界点干燥法。

1）化学干燥法

植物材料

↓

清洗（水）

↓

5%的戊二醛（0.1mol/L 磷酸缓冲溶液配制，固定 2～3h，可以过夜）

↓

抽真空

↓

0.1mol/L 磷酸缓冲溶液清洗 3 次（30min/次）

↓

1%锇酸进行固定（1～2h）

0.1mol/L 磷酸缓冲溶液冲洗 2 次（30min/次）

↓

30%、50%、70%、100%乙醇各洗 30min

↓

叔丁醇与乙醇不同浓度配比溶液进行脱洗

叔丁醇	乙醇	时间
70%	30%	30min
80%	20%	30min
90%	10%	30min
100%	0	30min

将材料浸泡 3～4h

↓

抽真空，离子溅射镀膜

↓

观察及照相的相关处理

2）临界点干燥法　临界点干燥一般采用液体二氧化碳为置换液，二氧化碳与乙醇或丙酮互溶性较差，而与乙酸异戊酯互溶性较好。因此样品脱水后需要逐渐过渡到乙酸异戊酯中浸泡，以便置换保留在样品中的脱水剂。

（1）临界点干燥的原理：将乙酸异戊酯中的样品取出并放入样品池，注入液态二氧化碳，加热使温度达到临界点以上。在临界状态下的物质不能再以液体状态存在，而是变成气体，此时的气体无论在多大压力下也不会再转化成液体。保持这一特定温度 20min 左右，然后将压力缓慢降至大气压，使样品在无表面张力作用下实现无变形脱水干燥处理。

（2）实验程序（图 1.5.4）

预冷干燥室（低于 10℃）

↓

放置样品

↓

注入二氧化碳（70%左右的位置）

↓

置换乙酸异戊酯（20℃，约 20min）

↓

气化（35～40℃，停留 3～5min）

↓

排出气体（2～3h）

↓

取样（压力为零，室温后取出样品盒）

↓

离子溅射镀膜或金属喷涂

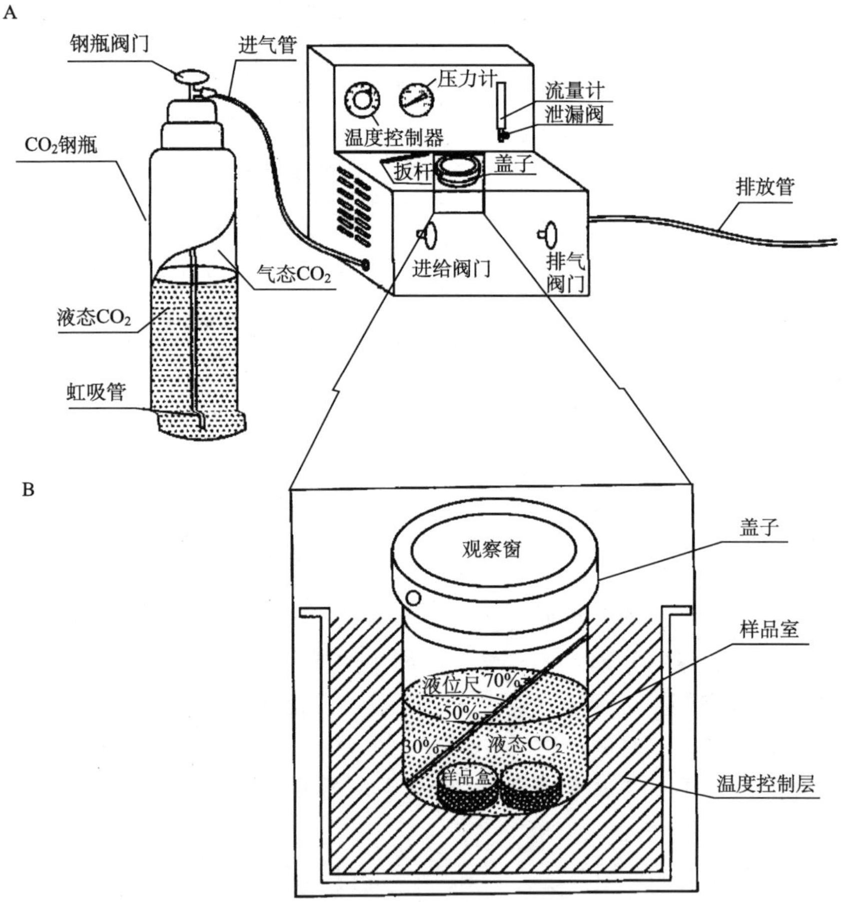

图 1.5.4　临界点干燥仪与操作示意图（付洪兰，2004）

3. 离子溅射镀膜

将样品托插入离子溅射仪真空式样品台上（图 1.5.5），操作溅射仪，使样品表面镀上一层 10～15nm 厚的金属膜。离子溅射镀膜的原理是：高能粒子轰击金铂或铂铱合金靶，靶金属原子获得能量后从靶表面逸出并沉积于样品表面，形成连续的导电膜。这些金属膜不仅可以导电，受激产生较强的二次电子发射，而且使样品表面具有“质量-厚度”的一致性。严格控制镀膜的厚度，是获得清晰、真实的二次电子表面形貌成像效果的重要条件。

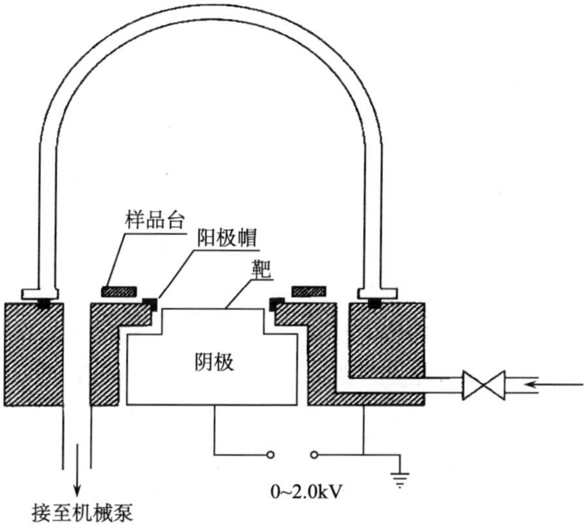

图 1.5.5　离子溅射仪真空式样品台示意图

4. 扫描电镜观察并进行拍照

（1）将载物台表面均匀地涂上一层碳胶，将处理好的样品放在载物台上，固定。

（2）将固定好的样品放在扫描电镜中准备观察。

（3）将荧光屏中的图像调至一定的放大倍数，使图像清晰后进行拍照。

【思考题】

1. 透射电镜制样中，何为双固定和双染色？
2. 透射电镜和扫描电镜观察的样品特点是什么？它们分别是如何制备样品的？

第二章　细胞及细胞器的形态与结构

细胞是自然界有机体结构和功能的基本单位。在探索生命奥秘的过程中，对细胞和各种细胞器的认识是其中重要的一个环节。本章从了解细胞最基本的结构之一——质膜的跨膜物质渗透和运输功能开始，在传统的各种分子（如 Na^+、乙醇、甘油等）的渗透中又加入了 2003 年诺贝尔化学奖的内容——水通道蛋白的实验，使得本科生的实验又上了一个台阶。

细胞器是研究细胞生物学亚显微结构和功能的基础。作者对细胞从外向内依次开设了关于植物质膜分离纯化，细胞质骨架（微管、微丝）的普通光学显微镜及激光扫描共聚焦显微镜观察，线粒体标记，叶绿体和细胞核的分离纯化，以及 DNA 和 RNA 细胞核内的定位等。实验材料涵盖了洋葱表皮细胞、口腔上皮细胞、菠菜叶、玉米根、拟南芥、果蝇、HeLa 细胞等，力求展示给学生一个较为全面的真核细胞亚细胞结构的微观世界。

本章的实验内容多属于基础性的验证性实验，要求学生必须作出结果，并可根据现场的操作和结果打分。本章要求学生掌握的重点是获得细胞和各种细胞器的离心技术；各种药物的作用机制，主要包括光学显微镜成像技术中细胞常用的去垢剂、固定剂、常规染料和荧光染料等。

实验 2.1　质膜的通透性和水孔蛋白通透效应的观察

【实验目的】

1. 观察红细胞质膜对不同试剂的通透性速率。
2. 了解汞对红细胞质膜水通道蛋白的作用效率和机制。

【实验原理】

生物膜对小分子的跨膜渗透包括水、电解质和非电解质溶质。不同分子通过脂双层扩散的速率差别很大，主要取决于它们在脂类和水之间的分配系数及其分子的大小。分子越小，分配系数越大，通过质膜的速率越快。从图 2.1.1 可以看出，小的、亲脂性的、非极性分子（如 O_2、CO_2、N_2、苯）容易溶于脂双层，并可迅速透过。小的、不带电荷的极性分子（如水、脲、甘油等）也能通过简单扩散透过脂双层；大的、不带电荷的极性分子（如葡萄糖、蔗糖等）及带电荷的分子或离子等则很难通过简单扩散直接由磷脂双分子层进行跨膜运输，它们要通过载体介导的方式跨膜运输（图 2.1.1）。

生物膜上还含有大量离子通道蛋白、载体蛋白等蛋白质。这些蛋白质可以有效运输难以通过的物质，如离子、糖、氨基酸、核苷酸等。

水孔蛋白（aquaporin），又称水通道蛋白，是一种特异性运输水分的跨膜的四聚体蛋白质。水分通过该通道蛋白可以快速、大量地进出细胞，其运输效率远远高于水分的自由扩散。氯化汞是一种常用的水通道蛋白抑制剂，加入后则有效抑制水通道蛋白的工作，导致水分不能高效快速跨膜运输。

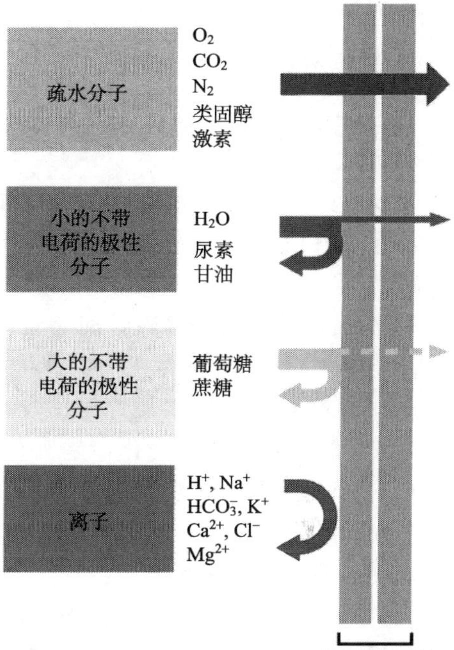

图 2.1.1　分子通过简单扩散的跨膜运输（Alberts，2008）

如果将红细胞放置在各种溶液中，其红细胞质膜对各种溶质的渗透性是不同的。有的溶质可渗入，有的溶质不能渗入。即使能渗入，速度也有差异。人们可通过观察红细胞溶血现象时间的不同来记录渗入速度。渗入红细胞的溶质能提高红细胞渗透压，使水进入红细胞，引起溶血及细胞膜破裂。血红蛋白从红细胞中逸出的现象称为溶血现象。此时光线较容易通过溶液，使溶液呈现透明即为溶血。由于溶质透入速度不同，溶血时间也不同。因此，可通过溶血现象来测量各种物质通透性的差别。

【材料、试剂和器具】

1. 材料

商品化的绵羊血红细胞或鸡血红细胞。

2. 试剂

0.005mol/L NaCl，0.065mol/L NaCl，0.15mol/L NaCl，0.8mol/L 甲醇，0.8mol/L 乙醇，0.8mol/L 丙醇，0.8mol/L 丙二醇，0.8mol/L 甘油，2% Triton X-100，氯仿，0.1% $HgCl_2$。

3. 器具

1mL 离心管、5mL 量筒、滴管或移液枪、载玻片、盖玻片、光学显微镜等。

【实验程序】

1. 血红细胞悬液

取 50mL 烧杯将羊血用等渗液进行适当稀释。

2. 溶血现象观察

取试管一支加入 500μL 蒸馏水，加入 1 滴或 50μL 的羊血，微混一下，然后静止，注意观察溶液的颜色变化。由于红细胞发生破裂，溶液颜色由浑浊的红色逐渐清亮，此即溶血现象。

3. 羊血红细胞的渗透性计时比较

（1）对 3 种不同浓度的 NaCl（0.005mol/L NaCl、0.065mol/L NaCl、0.15mol/L NaCl）进行溶血计时比较，注意从滴进血红细胞开始计时，操作方法同程序 2。注意观察颜色变化，是否有溶血现象？

（2）对 3 种相同浓度，极性不同的有机试剂：0.8mol/L 甲醇、0.8mol/L 乙醇、0.8mol/L 丙醇进行溶血计时比较，操作方法同程序 2。轻轻摇动，观察颜色变化，是否有溶血现象？

（3）对 3 种相同浓度，极性不同的有机试剂：0.8mol/L 丙醇、0.8mol/L 丙二醇、0.8mol/L 甘油进行溶血计时比较，操作方法同程序 2。

（4）比较血红细胞在 2% Triton X-100 与氯仿中的变化现象，操作方法同程序 2。

4. 氯化汞对水通道蛋白的抑制效应观察

取 6 支 1.5mL EP 离心管，分别向其中 4 管加入 50μL 和 100μL 的 0.1% $HgCl_2$，再补加 H_2O 至体积为 500μL，另外 2 管分别加入生理盐水和蒸馏水 500μL 作对照。然后分别向其中加入一滴或 50μL 羊血红细胞，观察 EP 管中的变化。

将观察到的现象记录，并进行分析和比较不同等渗溶液下的溶血现象（表 2.1.1）。

表 2.1.1　不同试剂发生溶血现象的观察分析

试管编号	是否溶血	时间	结果与分析
（1）0.005mol/L NaCl			
（2）0.065mol/L NaCl			
（3）0.15mol/L NaCl			
（4）0.8mol/L 甲醇			
（5）0.8mol/L 乙醇			
（6）0.8mol/L 丙醇			
（7）0.8mol/L 丙二醇			
（8）0.8mol/L 甘油			
（9）2% Triton X-100			
（10）氯仿			

【实验结果】

（1）两种不同类型的红细胞，如图 2.1.2 所示。

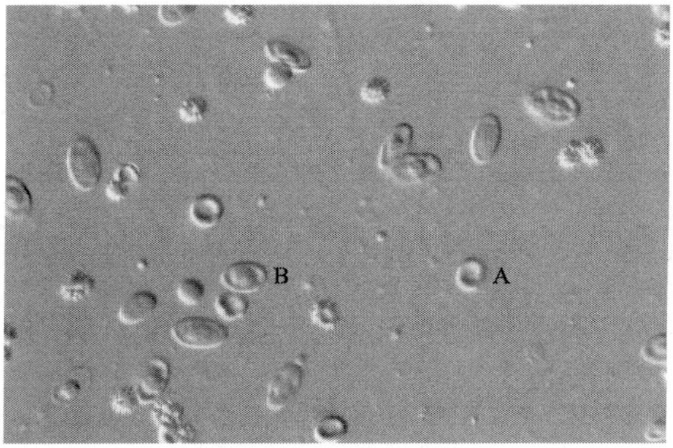

图 2.1.2　微分干涉显微镜下的鸡血红细胞和人血红细胞

A. 人血红细胞；B. 鸡血红细胞

（2）置于 0.15mol/L NaCl 等渗溶液和纯水中的红细胞的溶血现象，如图 2.1.3 所示。

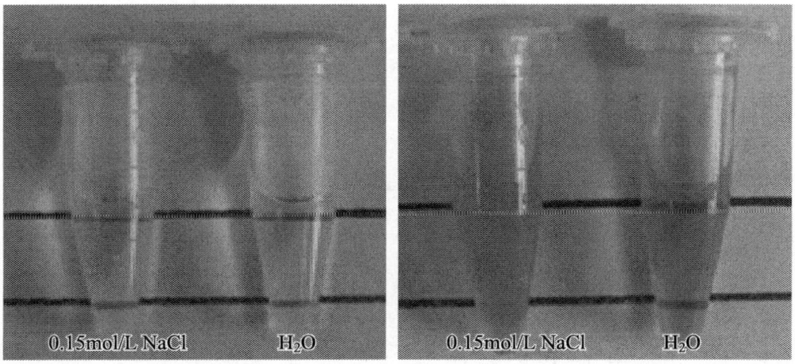

加入红细胞悬液前　　加入红细胞悬液后

图 2.1.3　加入红细胞悬液前后的比较

（3）不同浓度氯化汞处理红细胞后的溶血表现，如图 2.1.4 所示。

【注意事项】

每批购买的血浓度不同，所以使用的氯化汞浓度一定要通过预实验来确定。

【思考题】

1. 动物细胞和植物细胞维持细胞渗透平衡的机制相同吗？请查资料分别解释。

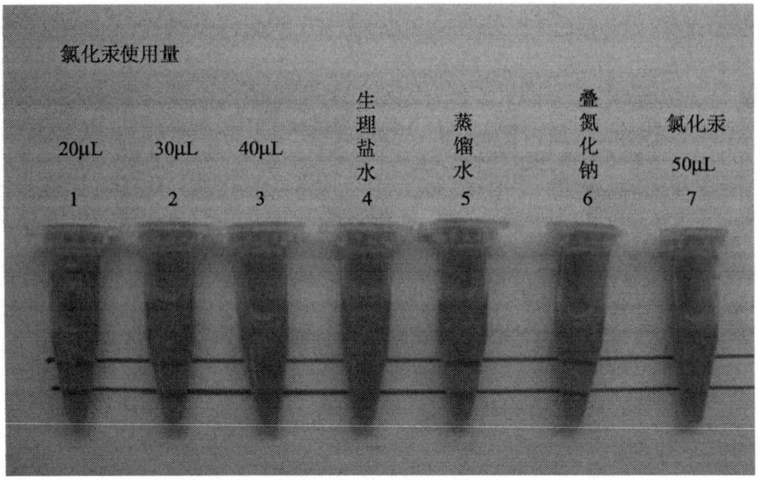

图 2.1.4　不同浓度氯化汞处理红细胞

2. 分析不同类型的醇透过红细胞的速率不同的原因。
3. 为什么溶液中微量的去垢剂可能对红细胞活性产生严重的影响？
4. 采用 $HgCl_2$ 处理红细胞膜出现了什么现象，请解释并分析分子机制。

实验 2.2　植物细胞质膜的分离和纯化技术

【实验目的】

学习水双向法分离及纯化植物细胞质膜的膜泡技术。

【实验原理】

植物细胞质膜（plasma membrane，PM）是细胞与周围环境之间活的屏障，它控制着细胞内外物质转运和信息的接受与转换。植物细胞质膜上存在有 ATP 酶、氧化还原系统等重要的生理生化单元，而质膜的分离和纯化技术是研究质膜分子生理功能的基础。

水双相分配分离法是一种快速、简便、高效分离植物细胞质膜的方法，见图 2.2.1。它主要依据细胞质膜表面带电性等与细胞内其他膜系统的差异，使细胞质膜富集在含有聚乙二醇 4000（PEG-4000）的上相中，而其他膜系统富集在含有葡聚糖 T500（Dextran T500）的下相中（图 2.1.1）。这种方法较传统的蔗糖密度梯度离心法提取质膜速度快，纯度高，而且对质膜微囊泡的机械损伤小。

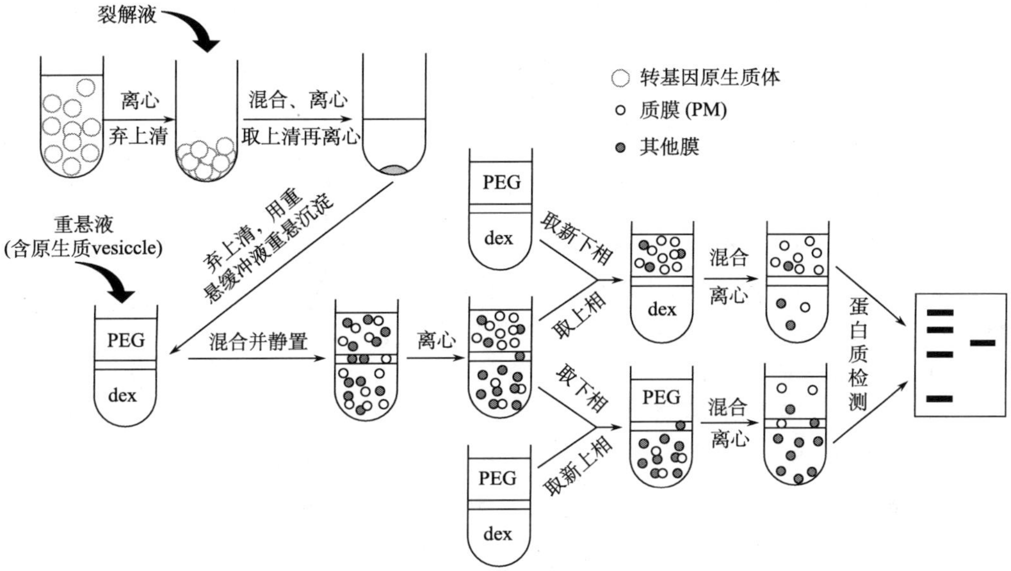

图 2.2.1　水双相分离法制备质膜和内膜系统囊泡示意图

dex 表示葡聚糖 T500

【材料、试剂和器具】

1. 材料

水稻悬浮细胞或玉米苗。

2. 试剂

1）匀浆缓冲液（1000mL）

0.015mol/L Tris-HCl（pH 7.8）	Tris	1.82g
0.001mol/L EDTA-Na_2		0.3722g
3mmol/L 二硫苏糖醇（DTT）		462.9mg
0.5mol/L 蔗糖		0.171g
0.6%聚乙烯聚吡咯烷酮（PVPP）		6g
0.001mol/L 蛋白酶抑制剂（PMSF）		由 0.1mol/L 的储备液稀释而成

称取 Tris-HCl、EDTA-Na_2 和蔗糖，溶解后加入 PVPP，用盐酸调 pH 至 7.8，定容至近 1L。PMSF 配成 0.1mol/L 的异丙醇储备液。提取前根据所需匀浆缓冲液量现加相应的 DTT 和 PMSF（1mL/100mL 匀浆缓冲液）。

2）重悬浮缓冲液Ⅰ（pH 7.8、50mL）　由 5×混合储备液稀释 5 倍获得（取 10mL 定容至 50mL）。此时加入 4.28g 蔗糖、30.9mg DTT 和 0.5mL PMSF 储备液。用 KOH 调整 pH 至 7.8。

3）5×混合储备液　0.005mol/L ×5 K-phosphate（K_2HPO_4 0.436g，

KH_2PO_4 0.34g，各配 100mL，见附录三，查磷酸缓冲液的配制，按比例吸取共 100mL）。

0.005mol/L ×5 KCl　0.1864g

0.0001mol/L ×5 EDTA-Na_2　18.6mg

DTT（0.001mol/L）、蔗糖（0.25mol/L）、PMSF（0.001mol/L）稀释成重悬浮缓冲液时现加。

4）水双相系统（用 KOH 调 pH 至 7.8）　利用水双相分配分离法与蔗糖密度梯度法分离各类细胞膜的主要区别在于它不是依据膜囊泡的大小和密度，而是依据膜表面的特性。通常需要配制 200g 和 27g 两种水双相系统，它们最终含有的各类物质的浓度是相同的。

（1）2% W/W 葡聚糖 T500（Dextran T500）。

（2）2% W/W 聚乙二醇 4000（PEG-4000）。

（3）0.005mol/L KCl，0.005mol/L 磷酸钾缓冲液（pH 7.8），0.001mol/L DTT，0.25mol/L 蔗糖，0.0001mol/L EDTA-Na_2。

在配制过程中，应先配出浓度约为 20% 的 Dextran T500（需用旋光仪测定后精确计算出）和浓度为 40%的 PEG-4000 储备液。

$$计算公式＝旋光度读数/199\times25(mL)\ /x(g)\ \times1/y\ (dm)$$

式中，x 通常应是准确地在 25mL 容量瓶中称取配好的 Dextran T500 储备液 5.00g，然后稀释定容至 25mL，倒入长度为 y（通常为 2.2dm）的测定管中（容积亦为 25mL）。25℃恒温下测定旋光度。

（4）200g 水双相系统的配制：先算出应加入的 Dextran T500（约 20%）和 PEG-4000 的量 xg 和 31g，称取 17.115g 蔗糖，加入 40g 5×混合储备液，加入 dH_2O＝200g－17.115g－40g－xg－31g，在振荡器上混合溶解蔗糖，然后加入 xg 的 Dextran T500 和 31g 的 PEG-4000，摇匀后倒入分液漏斗中静置过夜（4℃）。分别收取下相液和上相液置 4℃冰箱中备用。

（5）27g 水双相系统的配制［Dextran T500 按下式计算：36（g）×6.2%＝20%×x（g）］方法与上述配制大致相同，称取 2.31g 蔗糖，加 5.4g 5×混合储备液，加入 dH_2O＝27g－2.31g－5.4g－xg－5.58g，溶解蔗糖后加入相应量的 Dextran T500 和 PEG-4000（5.58g），摇匀后静置备用（可现用现配或提前一天配好）。27g 水双相系统用来分离的质膜囊泡与其他各种膜成分，根据各类膜表面的不同特性，正面向外的质膜囊泡悬浮在上相液（PEG-4000）中，其他各种膜均悬浮在下相液（Dextran T500）中。

（6）7.2g 的水双相系统的配制。某些研究工作需要内面向外的质膜囊泡。这时需要采用冻融法在液氮中将正面向外的膜冻透后转入 20℃水浴中解冻。经过冻融后的膜囊泡有正面向外和内面向外两种，需用 7.2g 水双相系统分离，经过分离后，内面向外的膜囊泡将进入 Dextran T500 组成的下相液中。它所需要的各类物质最终浓度同 27g 水双相，只是在 5×混合储备液中不含 KCl。

3. 器具

高速匀浆器、高速离心机、超速离心机、涡旋器、旋光仪、各种实验室常用玻璃器皿等。

【实验程序】（质膜的分离和纯化过程在 4℃以下进行）

(1) 悬浮细胞或 100～200g 玉米根，蒸馏水洗净，切成 1cm 小段。

(2) 加入 2 倍的匀浆液，真空渗透 30s。

(3) 置于预冷匀浆器中 20 000r/min，匀浆 10s，2 次，10 000*g* 离心 10min。

(4) 取上清液，120 000*g* 离心 20min，弃上清液。每管沉淀中加 0.8mL 重悬浮缓冲液Ⅰ，10min 后悬起膜沉淀，收集在一管内，用重悬浮缓冲液Ⅰ定重至 9g。

(5) 加入 27g 水双相系统中，形成 36g 混合系统。于冰浴中充分混匀（40～60 次）。

(6) 1000*g* 离心 5min 分相，小心吸取 90%上相液。

(7) 加到等体积新下相液中，分离后的富含质膜的上相液中加入 10 倍体积的低渗缓冲液冲洗，120 000*g* 离心 20min，2 次。

(8) 沉淀用目的缓冲液悬浮备用（此为纯化的质膜囊泡）。

【结果与分析】

第一次超速离心得到的微粒体沉淀偏土黄色（材料为根时），经过一次水双相分离后，下相液应为浓黄色，上相液较透明；经加入新下相第二次水双相分离后，上相液不变，但肉眼观察浓度应高于分离后的下相液。

水双相分离后得到的质膜溶液经超速离心后的沉淀肉眼观测应十分均一，悬浮后在缓冲液中分布均匀。

【思考题】

1. 水双相分配分离法较传统的蔗糖密度梯度离心法有哪些优点？

2. 为什么在配制 200g 水双相系统时，葡聚糖 T500 和 PEG-4000 的量是按 200(g)×6.2%计算，而在配制 27g 水双相系统时要按 36(g)×6.2%计算？

实验 2.3　离心技术与叶绿体和细胞核的分离

【实验目的】

1. 掌握分离真核生物细胞器的基本方法。

2. 了解本实验使用的两种离心技术的区别。

【实验原理】

离心技术（centrifugal technique）是根据颗粒在做匀速圆周运动时都会受到一个向外的力而发展起来的分离技术。离心技术可用于细胞器和大分子的分离。分离过程包括两个主要阶段：破碎细胞和细胞成分的分离。常用离心技术一般包括差速离心法和密度梯度离心法。

1. 差速离心法

采用逐渐增加离心速度或低速和高速交替进行离心，使沉降速度不同的颗粒在不同的分离速度和离心时间下分批分离的方法，称为差速离心法。常用于从组织匀浆中分离各种细胞器，见表 2.3.1。

表 2.3.1　差速离心形成的沉淀成分（植物）

沉淀	转速/g ×时间/min	内容物
A	150×20	完整细胞
B	1 000×20	细胞核、细胞碎片
C	3 000×6	叶绿体
D	10 000×20	线粒体、溶酶体、微体
E	105 000×120	微粒体
F	105 000×20（+0.26%脱氧胆酸钠）	核糖体

2. 密度梯度离心法

当不同颗粒存在浮力密度差时，在离心力场下，在密度梯度介质中，颗粒或向下沉降，或向上浮起，一直移动到与它们各自的密度恰好相等的位置上形成区带，从而使不同浮力密度的物质得到分离。细胞或细胞器在密度梯度的介质中经足够大离心力和足够长时间则沉降或漂浮到与自身密度相等的介质处，并停留在那里达到平衡，从而可将不同密度的细胞或细胞器分离。

【材料、试剂和器具】

1. 材料

菠菜或生菜叶片。

2. 试剂

甘露醇、EDTA、Tris、巯基乙醇、蒸馏水。

匀浆缓冲液：5mmol/L MES，6.8mmol/L $CaCl_2$，11mmol/L KH_2PO_4，0.3mol/L 甘露醇（mannitol），0.3mol/L 山梨醇（sorbitol），0.4% PVP-30。

CSK 缓冲液：100mmol/L KCl，3mmol/L $MgCl_2$，1mmol/L EGTA（pH 8.0），10mmol/L PIPES (pH 6.8)，300mmol/L 蔗糖（sucrose）。

30% 和 60% percoll CSK 缓冲液：离子浓度为 100mmol/L KCl，3mmol/L $MgCl_2$，1mmol/L EGTA（pH 8.0），10mmol/L PIPES (pH 6.8)，300mmol/L 蔗糖。

2.3mol/L 蔗糖 CSK 缓冲液：100mmol/L KCl，3mmol/L $MgCl_2$，1mmol/L EGTA（pH 8.0），10mmol/L PIPES（pH 6.8），2.3mol/L 蔗糖。

3. 器具

高速离心机、光学显微镜、微量移液器、天平、研钵、漏斗、10mL 离心管、纱布、滤膜（300 目）、剪刀、量筒（10mL）、载玻片、盖玻片等。

【实验程序】

（1）取菠菜叶子，冲洗干净，去叶子主脉，称取 2g，剪碎放入研钵中。

（2）用带刻度的 10mL 离心管量取 10mL 匀浆 buffer，先向研钵内倒入 5mL 匀浆 buffer，充分研磨直至成糊状。

（3）3 层纱布置于漏斗上过滤，10mL 离心管收集滤液；用剩下的 5mL 匀浆 buffer 冲洗研钵，一并倒在纱布上。角度转子，5000r/min 离心 5min。

（4）弃上清液，沉淀中加入 2mL 0.5% Triton X-100（CSK buffer）配制，充分混匀，静置 1～2min，5000r/min 离心 5min。

（5）加 1mL CSK buffer 洗一次。

（6）将滤液倒入 300 目滤网（去未裂解的细胞、组织等），10mL 离心管收集。

注：以上差速离心的产物是各种细胞器的混合物，下面采用密度梯度离心分离细胞核和叶绿体。

（7）取 10mL 离心管，依次加入 2.3mol/L 蔗糖（78.2%）CSK buffer、60% percoll CSK buffer 及 30% percoll CSK buffer 各 2mL。注意顺着离心管壁缓慢加入，防止梯度层被破坏。

（8）将程序（7）得到的样品小心地铺在 30% percoll CSK buffer 上。

（9）换转子，两两平衡后，用水平转子 3200*g* 室温离心 32min。

（10）分别吸取一些各层的溶液进行改良品红苯酚染色，镜检。

【结果与分析】

密度梯度离心后，分层进行改良苯酚品红染色，镜检，观察不同大小、不同密度的细胞器的分布情况及它们的形态特征。观察结果如图 2.3.1 所示。

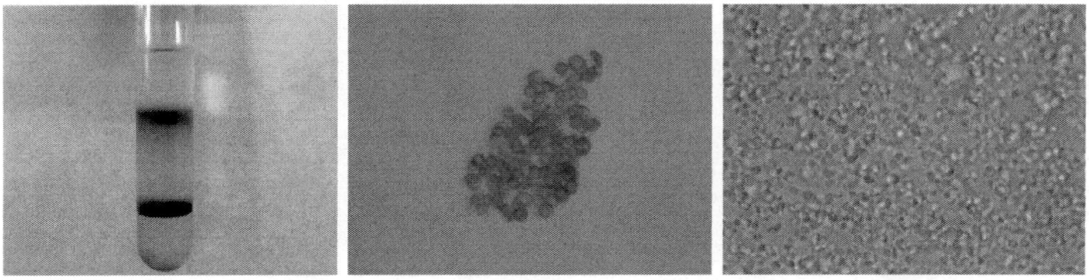

图 2.3.1　密度梯度分层结果及纯化的细胞器观察

【思考题】

1. 本实验使用了哪两种离心技术？它们在分离上有何不同？
2. 详细记录实验结果，思考细胞核和叶绿体的功能。

实验 2.4　核酸（DNA 和 RNA）的细胞核定位观察

【实验目的】

1. 掌握经典的核酸定位细胞学方法——Unna 染色法。
2. 了解并掌握细胞核中含有 RNA 成分的亚细胞结构及其功能。

【实验原理】

1899 年 Pappenheim 首创了甲基绿-哌洛宁（methyl-green-pyronin）染色法。1910 年 Unna 对这一方法进行了改良，发现只有在中性或酸性（pH 5～6）时细胞才能着色，细胞核中的大部分区域被染成蓝绿色，而胞质和核仁中的嗜碱性物质被染成暗红色，所以被称为 Unna 法。1940 年 Brachet 研究证明用甲基绿-哌洛宁（图 2.4.1，图 2.4.2）对 DNA 和 RNA 有选择性的染色效果。碱性的甲基绿-哌洛宁混合染料处理细胞后，由于 DNA、RNA 对染料具有的亲和力不同，这两种染料对两类核酸具有了选择性。DNA 被甲基绿染成绿色，RNA 被哌洛宁染成红色，这样就能使细胞中两种核酸分布显示出来，所以也被称为 Brachet 反应。

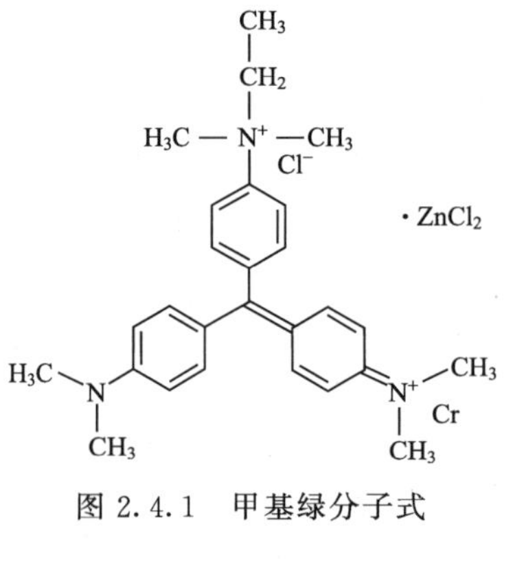

图 2.4.1　甲基绿分子式

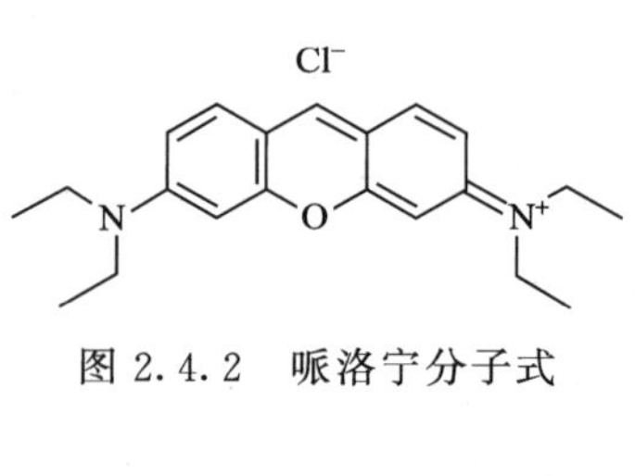

图 2.4.2　哌洛宁分子式

【材料、试剂和器具】

1. 材料

洋葱。

2. 试剂

(1) Carnoy 固定液：无水乙醇∶冰醋酸＝3∶1。

(2) 95％乙醇。

(3) 70％乙醇：95％乙醇 70mL 加水 25mL。

(4) 5％三氯乙酸（TCA)：固体 TCA 5g，加水溶解到 100mL。

(5) Unna 染色液（甲基绿-哌洛宁 G)。

溶液 A：

5％哌洛宁 G 水溶液	17.5mL
2％甲基绿水溶液	10mL
蒸馏水	250mL

溶液 B：0.2mol/L 的 pH 为 4.8 的乙酸盐缓冲液。配法：先将 1.2mL 乙酸用水稀释到 100mL，再将 2.7g 的乙酸钠用水稀释到 100mL，然后将乙酸和乙酸钠两液按 77mL 和 100mL 的比例混合。

在应用前，把 A 液和 B 液按等量混合，混合液可以保存一周时间，时间长则效果不佳。

3. 器具

光学显微镜、载玻片、盖玻片、剪刀、镊子、表面皿、小指管、恒温水浴箱、试管架、刀片等。

【实验程序】

DNA 和 RNA 的 Unna 染色法程序如下。

(1) 撕取洋葱鳞茎内表皮于表面皿中。

(2) Carnoy 固定液固定 15min。

(3) 95％乙醇复水 5min。

(4) 70％乙醇复水 5min。

(5) H_2O 漂洗 5min。

(6) 分两组：实验组和对照组，对照组用 5％三氯乙酸（TCA）处理，90℃保温 10min，H_2O 漂洗 5min。

(7) 两组均进行 Unna 染色 30min（室温）。

(8) H_2O 漂洗几秒。

(9) 丙酮分色 3～20s。

(10) H_2O 漂洗片刻。

(11) 压片，分别镜检观察。

【实验结果】

实验结果如图 2.4.3 所示。

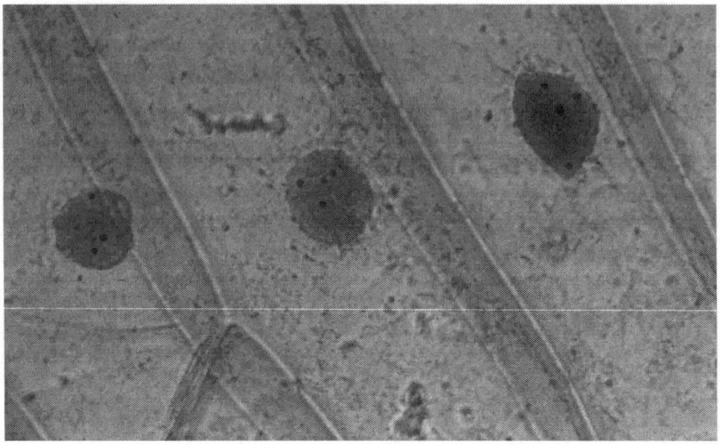

图 2.4.3 洋葱内表皮 Unna 染色的结果（400×）
DNA 被甲基绿染成绿色，RNA 被哌洛宁染成红色

【思考题】

1. 简述 DNA 和 RNA 在细胞核中的定位和意义？
2. 解释三氯乙酸和丙酮各起什么作用。

实验 2.5 细胞质骨架的光学显微镜观察——考马斯亮蓝染色

【实验目的】

1. 了解并掌握经典的细胞骨架染色方法。
2. 显微镜下直接观察细胞中细胞骨架的排布情况。

【实验原理】

细胞骨架是指细胞质中纵横交错的纤维网络结构，按组成成分和形态结构的不同可分为微管、微丝和中间纤维。它们对细胞形态的维持、细胞的生长、运动、分裂、分化和物质运输等起重要作用。传统意义上的光学显微镜下细胞骨架的形态学观察多用 1% Triton X-100 进行预处理细胞。Triton X-100 是一种常用的非离子型去垢剂，可以把细胞膜上的膜蛋白溶解下来，细胞内其他可溶性蛋白质随之流出胞外，而细胞骨架系统的蛋白质在该条件下能够相对稳定存在，被保留下来。最后用考马斯亮蓝 R250 染色，使得胞质中细胞骨架得以清晰显现。

【材料、试剂和器具】

1. 材料

新鲜洋葱鳞茎、人口腔上皮细胞。

2. 试剂

（1）M 缓冲液（pH 7.2）各成分终浓度为：50mmol/L 咪唑，50mmol/L KCl，0.5mmol/L $MgCl_2 \cdot 6H_2O$，1mmol/L EGTA-Na_2，0.1mmol/L EDTA-Na_2，1mmol/L DTT。

（2）6mmol/L PBS（pH 6.5）：KH_2PO_4 ∶ $Na_2HPO_4 \cdot 2H_2O$=7∶3（见附录三，查磷酸缓冲液的配制）。

（3）0.9% NaCl 生理盐水。

（4）2% Triton X-100（聚乙二醇辛基苯基醚）溶于 M 缓冲液。

（5）3% 戊二醛 100mL：25% 戊二醛取 12mL，PBS 88mL。

（6）0.2% 考马斯亮蓝 R250 染液 100mL：考马斯亮蓝 R250 0.2g，甲醇 46.5mL，冰醋酸 7mL，蒸馏水 46.5mL。

3. 器具

光学显微镜、镊子、剪刀、试管、表面皿、滴管、载玻片、盖玻片、灭菌牙签、1.5mL 离心管、1mL 吸头、1mL 取液器、酒精灯、染片缸等。

【实验程序】

1. 洋葱表皮细胞质骨架的观察

（1）撕取洋葱近中轴鳞片内表皮（0.5～1cm^2）4 或 5 片，置于表面皿中。

（2）2% Triton X-100 处理，室温 15min。

（3）吸去 Triton X-100，M 缓冲液洗 3 次，其间轻轻振荡。

（4）3% 戊二醛固定 20min。

（5）磷酸缓冲液洗 3 次，其间轻轻振荡。

（6）0.2% 考马斯亮蓝染色 20min。

（7）蒸馏水洗 1～2 次。

（8）压片，镜检。

2. 人口腔上皮细胞骨架的观察

（1）涂片：用灭菌牙签刮取人口腔上皮细胞，涂片并酒精灯上烤片。

（2）2%Triton X-100 处理，室温 15～20min（室温染片缸）。

（3）M 缓冲液洗 3 次。

（4）固定：3%戊二醛固定 15～20min（室温染片缸）。

（5）磷酸缓冲液洗 3 次，滤纸吸干。

(6) 染色：0.2%考马斯亮蓝 R250 染色 2min（室温染片缸）。

(7) 封片：水洗 2 遍制成临时装片，镜检。

【实验结果】

(1) 洋葱鳞茎内层的表皮细胞，如图 2.5.1 所示。

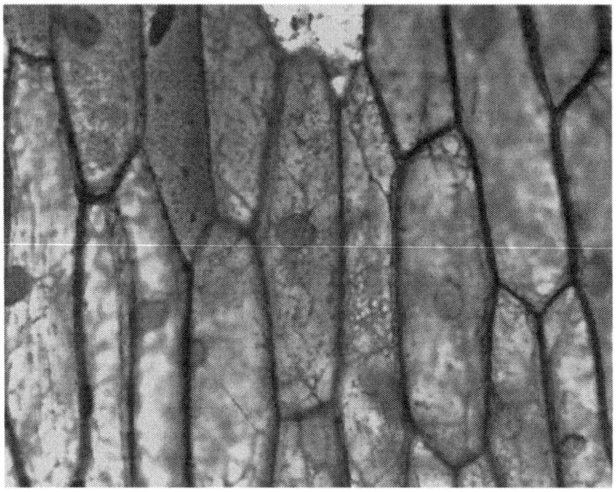

图 2.5.1　洋葱内表皮细胞的考马斯亮蓝细胞骨架染色（放大倍数 10×20）

(2) 口腔上皮细胞，如图 2.5.2 所示。

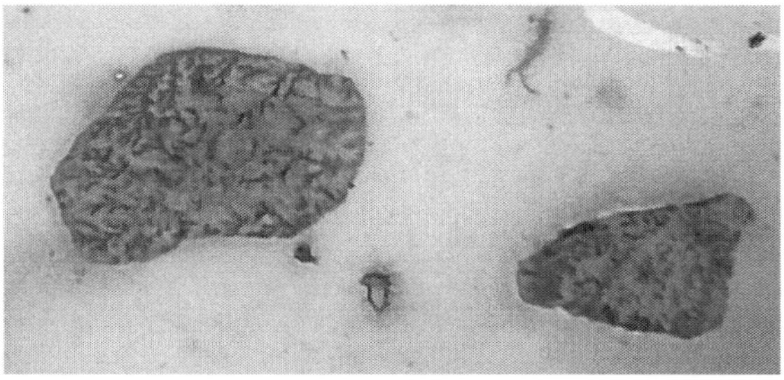

图 2.5.2　口腔上皮细胞的考马斯亮蓝细胞骨架染色（400×）

【思考题】

1. 光镜下观察到的细胞骨架有何形态特征？
2. 请设计一个实验鉴定你所观察到的细胞骨架是哪一类型。

实验 2.6　微丝骨架的特异性标记

【实验目的】

1. 了解一种特异性标记微丝骨架的方法。

2. 了解鬼笔环肽特异性药物的作用机制。

【实验原理】

微丝骨架（microfilament），又称肌动蛋白纤维（F-actin），作为细胞骨架系统的主要成分之一，在动、植物生命活动中具有重要功能。例如，参与植物胞质环流、向重性生长、气孔运动、动物肌肉收缩、细胞变形运动、胞质分裂等。同微管骨架一样，在微丝骨架的功能研究中，一些特异性药物发挥重要作用。鬼笔环肽（phalloidin），是一种从毒蕈（*Amanita phalloides*）中提取的双环杆肽。它与微丝纤维有很强的结合能力，而不与游离的肌动蛋白单体（G-actin）结合，因此具有稳定微丝和抑制微丝解聚的作用。鬼笔环肽的分子质量较小（分子质量1252Da），容易进入细胞。因此，用荧光标记的鬼笔环肽（如 FITC-phalloidin 或 TRITC-phalloidin）对细胞进行染色，在荧光显微镜下可清晰地显示细胞中微丝的分布状态，达到亚细胞定位的目的。

【材料、试剂和器具】

1. 材料

洋葱。

2. 试剂

（1）PME 缓冲液（pH 6.5～6.8）：50mmol/L PIPES，0.5mmol/L $MgCl_2$，1mmol/L EGTA。

（2）磷酸缓冲液（PBS 缓冲液）（pH 6.5）：0.137mol/L NaCl，2.7mmol/L KCl，2.7mmol/L KH_2PO_4，8.1mmol/L Na_2HPO_4。

（3）4%多聚甲醛溶液：称取 0.2g 的多聚甲醛粉末，加入 5mL PME 缓冲液，60℃恒温箱加热，并不断搅拌，直到完全溶解。本实验所用的多聚甲醛都必须是临时新鲜配制。

（4）2% Triton X-100：欲配制 20mL 时，取 0.4mL Triton X-100，1mmol/L DTT，用 PBS 定容至 20mL。

（5）TRITC 标记的鬼笔环肽（TRITC-phalloidin，红色荧光）：0.1mg TRITC-鬼笔环肽，加入 798.8μL 甲醇，配制成 100μmol/L 储备液。

（6）封片液：甘油与 PBS 按体积 1∶1 混合。

3. 器具

普通荧光显微镜（绿光激发）或激光扫描共聚焦显微镜（激发波长 580nm 下观察 TRITC 发出红色荧光），指管等。

【实验程序】

（1）取材：切取洋葱第 3～4 层内表皮，大小为 0.5～1cm^2，10 片左右直接置于一个事先放好固定液的干净指管中。

(2) 固定：4%多聚甲醛 30min。固定过程中每间隔 5min 左右振荡 1 次。

(3) 漂洗：PME 缓冲液漂洗 3 次，1 次 5min。

(4) 2% Triton X-100 抽提 30min，PBS 漂洗 3 次。

(5) TRITC 标记的鬼笔环肽（1∶100 稀释母液，最终浓度 1μmol/L）室温孵育 1～2h。

(6) PBS 漂洗，封片液封片后，置于普通荧光显微镜或激光扫描共聚焦显微镜下观察实验结果。

【实验结果】

实验结果如图 2.6.1 所示。

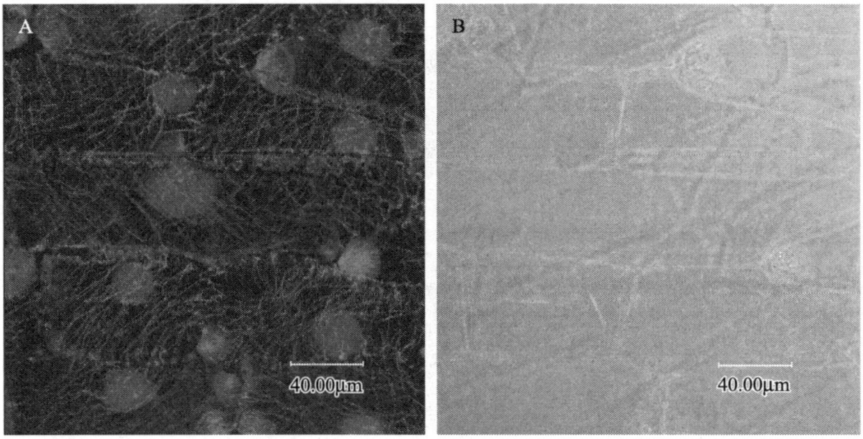

图 2.6.1　洋葱内表皮细胞微丝骨架的激光扫描共聚焦显微镜照片（见彩图）

A. 荧光照片；B. A 图对应的明场显微镜照片

【思考题】

除了鬼笔环肽外，还有哪些方法可以特异性标记细胞中微丝的分布？试举一两例。

实验 2.7　转基因 GFP-tubulin 拟南芥的无菌培养及观察

【实验目的】

1. 掌握模式材料拟南芥的无菌培养。
2. 了解激光扫描共聚焦显微镜的工作原理。

3. 初步观察植物微管骨架在根、茎、叶中的排布特点。

【实验原理】

绿色荧光蛋白（green fluorescent protein，GFP）是 20 世纪 60 年代在水母中发现的一种发光蛋白。该蛋白质是一个由 238 个氨基酸组成的单链多肽，在蓝光或紫外光激发下发出绿色荧光。该蛋白质经常被用作标签，定位目的蛋白在活细胞中的位置分布及观察其动态变化。本实验中使用的 GFP-tubulin 转基因拟南芥是将 *GFP* 报告基因与目的基因 *tubulin* 连接，无菌培养获得幼苗后，通过普通荧光显微镜及激光扫描共聚焦显微镜观察，转基因拟南芥不同组织部位的绿色荧光分布，进而定位微管骨架在以上组织中的细胞排布特点。

【材料、试剂和器具】

1. 材料

野生型及 GFP-tubulin 转基因拟南芥种子。

2. 试剂

MS 培养基、含 50μg/mL 卡那霉素的 MS 培养基、75％乙醇、10％次氯酸钠、无菌水、磷酸缓冲液（除乙醇外，均需要高压灭菌）。

3. 器具

超净工作台、体视荧光显微镜、激光扫描共聚焦显微镜、无菌牙签、移液器、载玻片等。

【实验程序】

（1）种子加蒸馏水放入 4℃冰箱中过夜春化。

（2）超净工作台中将种子在 75％乙醇中润洗一遍，再用 75％乙醇消毒 1min（混匀，尽量将液体吸净，动作要快）。

（3）10％次氯酸钠润洗一遍，再用 10％次氯酸钠消毒 10min（混匀，尽量将液体吸净，动作要快）。

（4）无菌水洗 5 次，用无菌牙签将种子点在培养基表面（每皿 4～5 粒种子，尽量均匀）。其中，野生型种子点在普通 MS 培养基中，转基因种子点在含有卡那霉素的 MS 培养基中。

（5）封膜，做好标记，平放于光照培养间培养架上培养。

（6）1～2 周后长成拟南芥幼苗，选取长势良好的进行显微观察。

（7）在体视荧光显微镜下先观察整体植株的根、茎、叶片，注意野生型与转基因材料荧光表现有何不同。

（8）先在载玻片上滴加数滴磷酸缓冲液，然后将拟南芥幼苗小心平铺于溶液中，轻压后置于激光扫描共聚焦显微镜下精细观察根、茎、叶片单个细胞中 GFP

标记的微管骨架的分布情况。

【注意事项】

(1) 严格无菌操作。
(2) 消毒过程动作要快。
(3) 枪头不要重复使用，物品不要拿出超净工作台。
(4) 点种时每个位置尽量只点一粒种子。
(5) 操作时尽量避免说话和人员走动。
(6) 注意小组内的配合和小组间的协调。

【实验结果】

实验结果如图 2.7.1 和图 2.7.2 所示。

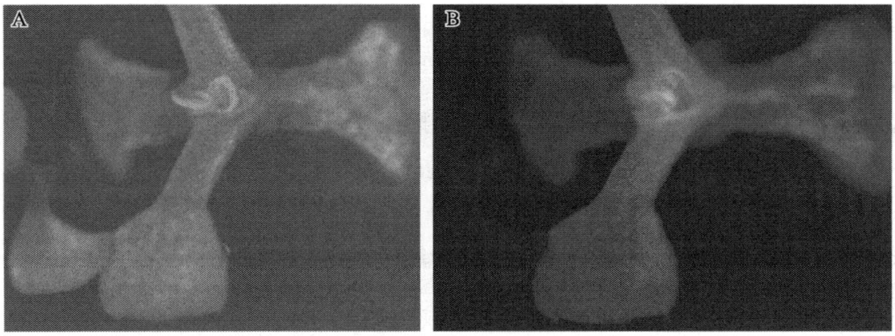

图 2.7.1 体视荧光显微镜下的野生型 (A)、GFP-tubulin 转基因植株 (B) 茎尖及叶片的荧光表现 (见彩图)

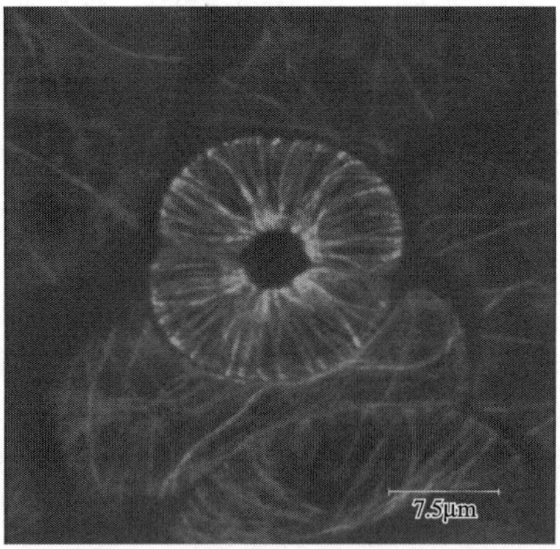

图 2.7.2 激光扫描共聚焦显微镜下叶片表皮细胞及保卫细胞内的微管骨架分布 (见彩图)

【思考题】

1. 野生型、转基因植株在体视荧光显微镜下观察的现象有何不同（叶片、根），为什么？

2. 卡那霉素培养基的作用是什么？野生型和转基因拟南芥生长在上面的表现有何不同？

实验 2.8　果蝇中肠干细胞的形态与观察

【实验目的】

1. 学习果蝇消化系统的解剖。
2. 认识果蝇中肠干细胞。

【实验原理】

干细胞是一类具有自我更新和分化潜能的细胞。干细胞分为胚胎干细胞和成体干细胞。成体干细胞具有不对称分裂性，在分裂时，一个子细胞维持干细胞命运，另一个子细胞则分化并执行特定的功能。成体干细胞在维持正常的成体组织稳态和组织再生中发挥着至关重要的作用，因此，鉴定和辨别成体干细胞就显得很重要。果蝇成虫肠道和人类的消化系统在发育过程及遗传控制方面很相似。果蝇成虫中肠的最外层为环形肌，基底膜将肠道上皮细胞和环形肌分开（图 2.8.1）。中肠干细胞（ISC）位于上皮细胞层最基底部，与基底膜接触。ISC 分裂形成两个子细胞，一个保持干细胞特性；另一个为成肠细胞（EB）。成肠细胞不再分裂，而是直接分化为肠道上皮细胞（EC）或肠道内分泌细胞（EE）。果蝇 EC 细胞与脊椎动物的吸收细胞相似（图 2.8.1），产生激素的 EE 细胞与脊椎动物的分泌细胞相似。

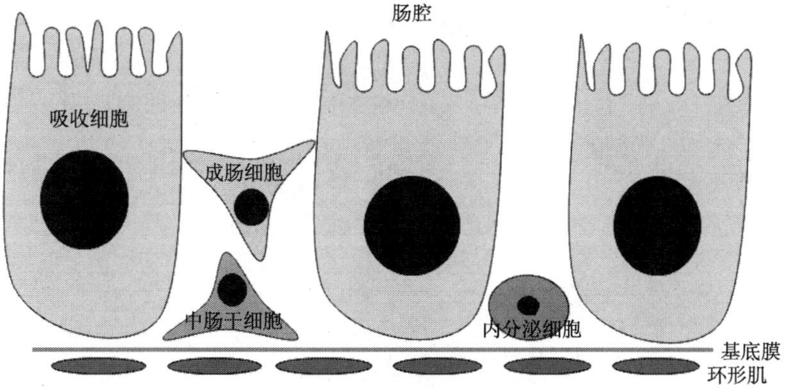

图 2.8.1　果蝇中肠的结构模式图

在果蝇中，典型的双元表达系统是 GAL4-UAS，这个系统中的酵母转录因子基因 *GAL4* 受特定启动子控制。*GAL4* 可以激活另一个包含上游活化序列（USA）的外源插入基因。在果蝇肠道中，利用在 ISC 中特异表达的 *Esg* 基因来控制 *GAL4* 的表达，在干细胞和成肠细胞中驱动 UAS-GFP 的表达，因而可以标记肠道干细胞。

【材料、试剂和器具】

1. 材料

带有 Esg-GAL4、UAS-GFP 的果蝇。

2. 试剂

磷酸缓冲液（PBS）、Triton X-100、37%福尔马林母液、DAPI（4′,6-二脒基-2-苯基吲哚）、马血清、PBST（PBS+0.1% Triton X-100）。

3. 器具

体视显微镜、5mm 培养皿、微量移液器、载玻片、盖玻片、解剖镊子、荧光显微镜、吸水纸、CO_2 麻醉板、摇床等。

【实验程序】

（1）果蝇肠道的解剖。将带有 Esg-GAL4、UAS-GFP 的果蝇置于 CO_2 麻醉板上，用 CO_2 麻醉，用解剖镊子拿到盛有 PBS 的培养皿中，用镊子将其头、胸部、卵巢摘除，操作过程中应避免碰触果蝇肠，以免对肠造成损坏而影响观察。

（2）将解剖的肠马上放入新鲜配制的固定液中（3.7%福尔马林，用 PBS 配制），于室温固定 30min。

（3）将固定液移除，PBST（PBS+0.1% Triton X-100）快洗 1 次。

（4）移除 PBST，再用 PBST 慢洗 3 次，每次 5min。

（5）用含有 5%马血清的 PBST 进行封闭 40min（封闭液中加入 NaN_3 放冰箱 4℃保存）。

（6）移除封闭液，将 DAPI 按 1∶1000 溶于封闭液中。向封闭好的肠道样品管中加入 200μL 的 DAPI 溶液，于暗处放置 30min。

（7）孵育完后，用 PBST 快洗一次，慢洗 5min。

（8）将肠放入 PBS 中，在载玻片上去除多余组织，仅保留肠道，盖玻片压片。

（9）在荧光显微镜下观察。

【实验结果】

在荧光显微镜下会观察到肠道干细胞和成肠细胞被 GFP 标记，而吸收细胞和内分泌细胞未被标记（图 2.8.2）。

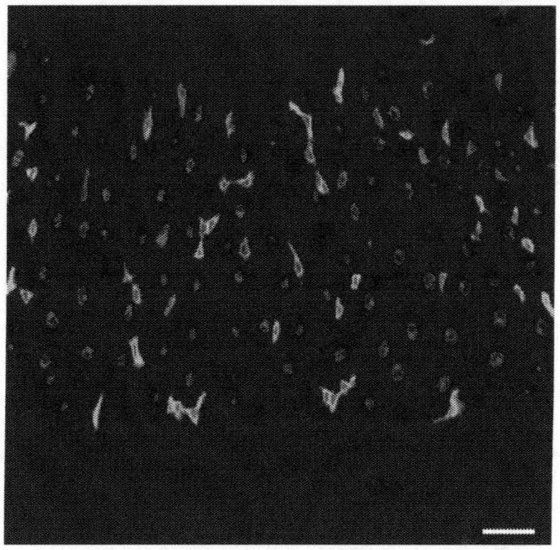

图 2.8.2 果蝇中肠干细胞（GFP 标记）的形态观察（见彩图）
蓝色 DAPI 标记细胞核，标尺为 20μm

【注意事项】

（1）解剖观察要小心，避免破坏肠道组织。

（2）固定液要现用现配，37%福尔马林最好用小包装的，开启后长期存放的效果会差。

【思考题】

1. 干细胞的作用是什么？
2. 干细胞具有什么特性？
3. 描述肠道干细胞的形态与分布情况。

实验 2.9 线粒体的观察

【实验目的】

1. 掌握光学显微镜下动、植物活细胞内线粒体的形态与分布。
2. 初步掌握线粒体细胞器的活体染色技术。

【实验原理】

活体染色是指对生活有机体的细胞或组织能着色但又无毒害的一种染色方法。它的目的是显示生活细胞内的某些结构，而不影响细胞的生命活动。

根据所用染色剂的性质和染色方法的不同，通常把活体染色分为体内活染与体外活染两类。体内活染是以胶体状的染料溶液注入动、植物体内，染料的胶粒固定、堆积在细胞内某些特殊结构里，达到易于识别的目的。体外活染又称超活染色，它是由活的动、植物分离出部分细胞或组织小块，以染料溶液浸染，染料被选择固定在活细胞的某种结构上而显色。

在光学显微镜下常呈颗粒状、棒状、会弯曲的线状。线粒体的形态和数量随不同生物、不同组织及不同生理状态而发生变化。例如，肝细胞、胰细胞的线粒体通常呈线状；成熟的卵细胞内线粒体呈颗粒状；肾脏细胞内的线粒体常呈棒状。线粒体内含有细胞色素氧化酶系统。当用詹纳斯绿 B（Janus green B）专一性地对线粒体进行活体染色时，其线粒体内膜和嵴膜的细胞色素氧化酶可使詹纳斯绿 B 染料始终处于氧化状态而呈蓝色。而线粒体周围的细胞质中，这些染料被还原为无色的色基（即无色状态）。用特殊的固定液染色处理动物的组织或细胞后，也可显示出线粒体的形态。线粒体的膜组成成分主要是脂蛋白，脂类又以磷脂为主，故有大量的羧基和磷酸基阴离子基团，使带阳离子的铁、苏木精很容易与其结合而着色，使线粒体显示出来。

【材料、试剂和器具】

1. 材料

人口腔上皮细胞、小白鼠肝细胞、洋葱鳞茎内表皮细胞、小麦或黄豆幼根根尖。

2. 试剂

Ringer 溶液、1/5000 詹纳斯绿 B、1/3000 中性红。

试剂配制如下。

Ringer 溶液：分别称取 NaCl 0.85g，KCl 0.25g，$CaCl_2$ 0.03g 溶于 100mL 蒸馏水。

1%詹纳斯绿 B 溶液（原液）：称取 50mg 詹纳斯绿 B 溶于 5mL Ringer 溶液，稍加微热（30～40℃），使之溶解，用滤纸过滤后，即为 1%原液。

詹纳斯绿 B 溶液（应用液）：取 1%原液 1mL 加入 49mL Ringer 溶液，混匀即可。现用现配。

3. 器具

光学显微镜、恒温水浴锅、解剖盘、剪刀、表面皿、吸管、牙签、吸水纸等。

【实验程序】

1. 人口腔黏膜上皮细胞线粒体的超活染色观察

（1）取清洁载玻片放在 37℃恒温水浴锅的金属板上，滴 2 滴詹纳斯绿 B 应用染液。

（2）实验者用牙签宽头在自己口腔黏膜处稍用力刮取上皮细胞，将刮下的黏液状物放入载玻片的染液滴中，染色 10～15min（注意不可使染液干燥，必要时可再滴加染液），盖上盖玻片，用吸水纸吸去四周溢出的染液，置光学显微镜下观察。

（3）在低倍镜下，选择平展的口腔上皮细胞，换高倍镜或油镜进行观察。可见扁平状上皮细胞的核周围胞质中，分布着一些蓝绿色的颗粒状或短棒状的结构，即线粒体。

2. 小白鼠肝细胞线粒体的超活染色观察

（1）用脊椎脱臼法处死小白鼠，置于解剖盘中，剪开腹腔，取小白鼠肝边缘较薄的肝组织块，放入表面皿内。用吸管吸取 Ringer 溶液，反复浸泡冲洗肝脏，洗去血液。

（2）在干净的凹面载玻片的凹穴中，滴加詹纳斯绿 B 应用液，再将肝组织块移入染液，注意不可将组织块完全淹没，要使组织块上面部分半露在染液外，这样细胞内的线粒体表面可充分得到氧化，易被染色。当组织块边缘被染成蓝绿色即成

(一般需染 20～30min)。

(3) 吸去染液，滴加 Ringer 溶液，用眼科剪将组织块着色部分剪碎，使细胞或细胞群散出。然后，用吸管吸取分离出的细胞悬液，滴一滴于载玻片上，盖上盖玻片进行观察。

(4) 在低倍镜下选择不重叠的肝细胞，在高倍镜或油镜下观察，可见具有 1～2 个核的肝细胞质中，有许多被染成蓝绿色的线粒体，注意其形态和分布状况。

3. 洋葱鳞茎表皮细胞线粒中的超活染色观察

(1) 用吸管吸取詹纳斯绿 B 应用染液，滴一滴于干净的载玻片上，然后撕取一小片洋葱鳞茎内表皮，置于染液中，染色 10～15min。

(2) 用吸管吸去染液，加一滴 Ringer 溶液，注意使内表皮组织展平，盖上盖玻片进行观察。

(3) 在高倍镜下，可见洋葱表皮细胞中央被一大液泡所占据，细胞核被挤至一侧细胞壁处。仔细观察细胞质中线粒体的形态与分布。

【结果与分析】

(1) 在人口腔黏膜上皮细胞制片中，可见扁平状上皮细胞的核周围胞质中分布着一些被染成蓝绿色的颗粒状或短棒状的结构，即线粒体（图 2.9.1）。

(2) 在小鼠肝细胞制片中，可见具有 1～2 个核的肝细胞质中，有许多被染成蓝绿色的线粒体。

(3) 在洋葱鳞茎内表皮细胞制片中，可见表皮细胞中央被一大液泡所占据，细胞核被挤至旁边，在其周围有线粒体被染成蓝绿色，呈颗粒状或线条状（图 2.9.2）。

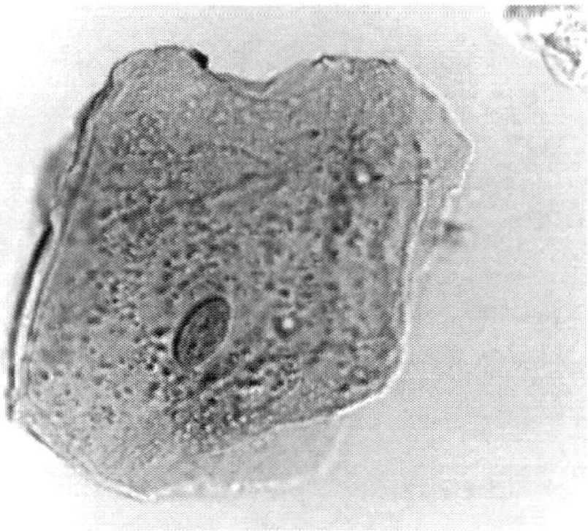

图 2.9.1　人口腔黏膜上皮细胞的线粒体染色（400×）

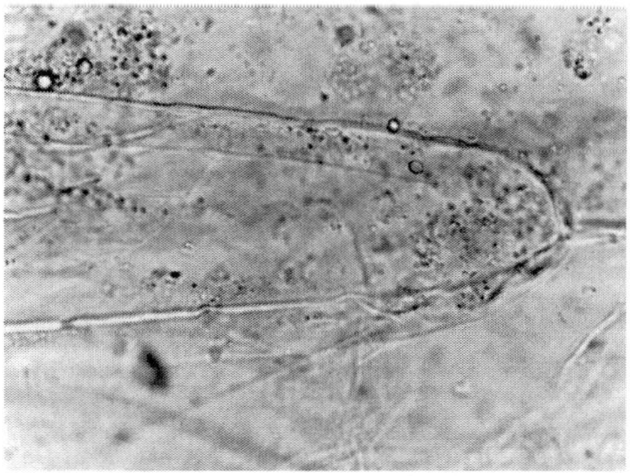

图 2.9.2　洋葱内表皮细胞的线粒体染色（400×）

【注意事项】

（1）詹纳斯绿B溶液要现用现配，以保持其充分的氧化能力。

（2）实验中速度要快，以免组织细胞死亡。

（3）在对口腔上皮细胞进行染色时不可使染液干燥，可适当补加染液。

（4）在对植物进行观察时一定要让材料尽量展开。

【思考题】

1. 如何使细胞内线粒体的染色更加清楚？

2. 高等动物和高等植物细胞中的线粒体在形态、数量和分布上有何不同？

实验 2.10　线粒体的特异性荧光标记观察

【实验目的】

1. 了解线粒体荧光标记观察的方法。

2. 理解活细胞中线粒体的形态、分布及其动态变化等特点。

【实验原理】

1. 线粒体概述

人们对线粒体形态认识主要借助于透射电子显微镜观察。电子显微镜能提供高空间分辨率的线粒体二维，甚至三维的超微结构，通常为教科书中典型的椭圆形结构。但电镜下看到的仅仅是静态的线粒体结构。事实上，近年来的线粒体荧光探针的研发为线粒体的活体观察研究提供了一个非常重要的工具。例如，对酵母菌和哺乳动物细胞进行研究表明，线粒体有椭圆形、球形、线形甚至类似分枝状等不同形状，其动态变化在很大程度上依赖细胞的种类和线粒体的形状。对青扦花粉管中线粒体的荧光标记结果表明，青扦花粉管中线粒体有多种形态，如小的、独立的椭圆形、不同长度的线形线粒体。花粉管发育过程中线粒体的融合和分裂导致花粉管中线粒体形态的变化。有研究表明，鼠肝脏、心肌和骨骼肌中的线粒体在胚胎期是独立的椭圆形或小管状，但是到成年变成光滑的线状或网状。缺乏线粒体融合将导致小鼠死亡。此外，温度、金属离子等外界因素对线粒体的形态结构和功能具有非常显著的影响。总之，已有的研究表明线粒体是一种高度动态变化的细胞器，并且线粒体的动态变化可能有多种重要的细胞生理学功能。

2. 线粒体的荧光探针

目前常用的线粒体荧光标记有 Rho123、DiOC（3）、CMXRos、JC-1 及 Mito-Tracker 等。Rho123、DiOC（3）及 JC-1 是浓度依赖性的、标记线粒体的荧光染料，由于其染色依赖于线粒体膜两侧的膜电位，因此在很多实验中用于检测细胞内线粒体的质膜电位。但也正由于这一特点，这些染料不能用于固定后的细胞，从而限制了其在研究中的应用。

Mito-Tracker Green 为采用 Molecular Probes 公司的 carbocyanine 进行了荧光标记的一种 Mito-Tracker，分子质量为 671.88Da。由于其可以特异性地标记线粒体膜上的脂类，因此具有比其他线粒体染料更强的特异性。另外，Mito-Tracker Green 对于线粒体的染色不依赖线粒体膜电位。因此 Mito-Tracker Green 可以用于对活细胞的染色，尽管染色后固定将导致荧光信号有所消退。

Mito-Tracker Green 呈绿色荧光，检测时的最大激发波长为 490nm，最大发射波长为 516nm。一般常有的工作浓度为 20～200nmol/L。

【材料、试剂和器具】

1. 材料

水稻或者烟草悬浮细胞，培养方法同本书实验 3.5。

2. 试剂

Mito-Tracker Green 购自 Invitrogen 公司，用 DMSO 配成 1mmol/L 母液，置－20℃避光保存，临用前按照所需要浓度加入。

3. 器具

恒温摇床、三角瓶、培养皿、微量取样器、1mL 枪头、共聚焦专用培养皿、荧光显微镜或者激光扫描共聚焦显微镜等。

【实验程序】

（1）用移液器取正常培养的悬浮细胞 199μL，再用移液器吸取 Mito-Tracker Green 1μL，常温孵育 2min，放置于荧光显微镜或者激光扫描共聚焦显微镜下，蓝光或者 488nm 激光激发，收集绿色荧光，观察线粒体的形态、分布及其运动规律并拍照。

（2）用移液器取 4℃低温培养 30min 的悬浮细胞 199μL，再用移液器吸取 Mito-Tracker Green 1μL，常温孵育 2min，放置于荧光显微镜或者激光扫描共聚焦显微镜下，蓝光或者 488nm 激光激发，收集绿色荧光，比较观察其线粒体的形态、分布及其运动与正常细胞中的差异，并拍照（Sheng et al.，2010）。

【结果与分析】

实验结果如图 2.10.1 所示。

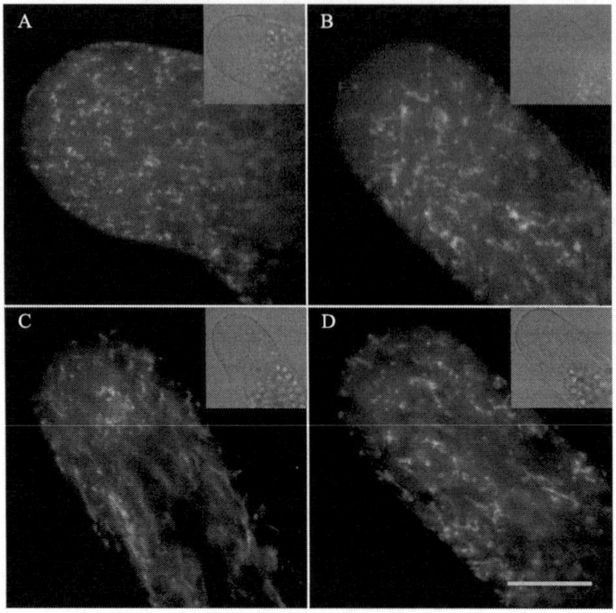

图 2.10.1　青扦花粉管生长过程中线粒体的变化（见彩图）

花粉管分别培养 16h(A)、20h(B)、24h(C)和 28h(D)后，用 Mito-Tracker Green 标记并用 Zeiss 5 Live 快速激光扫描共聚焦显微镜观察。插入部分为相应的 DIC 图片。标尺为 10μm

【思考题】

1. 描述你所观察到的线粒体的形态与分布。

2. 利用 Mito-Tracker Green 的特点设计一个实验，验证重金属对细胞内线粒体的影响。

第三章　细胞培养与DNA制备

细胞培养是细胞生物学乃至生命科学、医学研究与生物工程中的基本实验技术。细胞培养技术涉及细菌、真菌、动物、植物细胞在内的许多物种。本章介绍的酵母细胞、植物细胞、线虫、果蝇 S2 细胞是细胞分子生物学研究的经典模式生物或应用模型，是最为基本的实验操作技术。

DNA 是生物遗传信息的携带者，在生物体内决定着蛋白质的生物合成，具有极为重要的生理功能。这些分子 DNA 包括原核生物的基因组 DNA 及其胞内的质粒 DNA 和高等生物的 DNA 等。其中高等生物的 DNA 又包括染色体 DNA（核基因组）、线粒体 DNA（mtDNA）和（或）叶绿体 DNA（cpDNA）。高纯度、完整性好的基因组 DNA 对分子生物学研究非常重要，如纯化的质粒载体 DNA 可用来进行基因克隆，提取的动、植物基因组 DNA 可以用来构建基因组文库，进行 Southern 杂交等，因此，研究 DNA 的提取方法极为有意义。

DNA 通常与蛋白质及部分 RNA 结合成染色质形式存在，因此分离核酸首先要破碎细胞，然后采用各种方法将蛋白质、糖类、脂类和盐类等物质除去以纯化 DNA。在提取过程中，要保证 DNA 不被内源或外界污染的 DNase 降解，以保持 DNA 的完整性，并要排除其他分子的污染，以获得高纯度的 DNA。

DNA 的一般提取程序可归纳如下：

生物材料的选择 → 破碎细胞 → [液氮研磨 / 组织匀浆 / 酶解 / 超声波] → 去蛋白质 → 乙醇或异丙醇沉淀 →

进一步纯化 (有机溶剂抽提、沉淀、柱层析法、梯度离心法、用酶温和消化杂质)

本章主要介绍了细菌质粒 DNA、酵母 DNA、线虫 DNA、植物基因组 DNA 及果蝇基因组 DNA 的提取。

实验 3.1　细菌质粒的提取和分析

【实验目的】

1. 掌握细菌质粒提取的各种方法。
2. 学习细菌质粒的分析。

【实验原理】

质粒是染色体外的能独立复制的共价闭合环状双链 DNA 分子，它广泛存在于细菌等原核生物中，能够提供给宿主细胞一些表型如抗药性，分解复杂有机物的能力。天然质粒经过改造后可以作为基因工程的载体，这种质粒载体在基因工程中具有极广泛的应用价值。因此质粒的分离与提取是分子生物学最常用、最基本的实验技术之一。

细菌质粒是最常用的基因工程载体，它的提取可以分为以下 3 步：细菌的培养、菌体的收集和裂解、质粒 DNA 的纯化。细菌的培养通常在选择性的液体培养基中（如含适当浓度的抗生素）接种一含有质粒的宿主菌，37℃，150～250r/min 摇培过夜获得。某些松弛型复制的质粒，可以在细菌生长的对数后期加入适量氯霉素抑制宿主菌染色体 DNA 的复制和蛋白质合成来增加质粒拷贝数。但目前所用的质粒载体如 pUC 系列，采用强的改进型的 pMB1 复制子，拷贝数能达到几百个，因此不用进行后期的氯霉素处理即可获得高产量的质粒。细菌的收集可以采用离心的方法，为了防止细菌的代谢产物影响质粒的纯度可以用液体培养基或生理盐水漂洗细菌沉淀 1～2 次。细胞裂解的方法很多，如去污剂法、煮沸法、碱变性法等。这些方法各有利弊，要根据质粒的性质，宿主菌的特性及后续的纯化方法等多种因素加以选择。为了满足一些实验的要求，粗提的质粒还需要进一步纯化，氯化铯-溴化乙锭密度梯度超速离心纯化质粒 DNA 是经典的方法。

实验室提取细菌质粒常采用碱裂解法、煮沸法、一步提取法及在碱裂解法基础上的试剂盒法等。碱裂解法利用宿主菌巨大线状染色体 DNA 与相对较小的闭环双链质粒 DNA 的结构的差异来提取质粒 DNA。碱变性 DNA 时，线状基因组 DNA 变性充分而质粒 DNA 处于拓扑缠绕的自然状态而不能彼此分开。当去除变性条件时（酸中和），质粒 DNA 迅速准确配置并重新形成完全天然超螺旋状分子，而难于复性的长链线状的基因组 DNA 则与破裂的细胞壁、细菌蛋白质相互缠绕成大型复合物，被 SDS 包盖，当 K^+ 取代 Na^+ 时这些复合物会从溶液中沉淀下来，附在细胞碎片上一起被离心除去。

煮沸法利用高温破坏细菌细胞，同时利用溶菌酶酶解细菌细胞。把细菌悬浮于含有 Triton X-100、溶菌酶（消化细胞壁）的缓冲液中，然后加热到 100℃，使其裂解。加热破坏了细胞壁，还有助于解开 DNA 链的碱基对，并使蛋白质和染色体 DNA 变性。但是闭环质粒 DNA 配对虽被破坏，但是链彼此不会分离，当温度下降即恢复成超螺旋。离心除去变性的染色体 DNA 和蛋白质，从上清液中回收质粒 DNA。

小量一步提取法是直接将细菌培养物和酚/氯仿混合，同时完成细胞裂解、蛋白质变性两个过程，然后离心除去大部分基因组 DNA 与蛋白质，含质粒 DNA 的上清液用异丙醇沉淀。其优点是操作简单、方便、经济，特别适合多个样本质粒的快速分析。

多数公司生产的质粒提取试剂盒多采用在碱裂解法的基础上通过特殊的吸附柱来纯化质粒DNA。经碱裂解获得的含质粒的上清液与高盐结合缓冲液混合，加到能高效、专一吸附DNA的特殊硅基质填充的离心式吸附柱子中，再用洗涤缓冲液通过离心法洗去蛋白质、盐等杂质，最后用洗脱缓冲液将质粒DNA洗脱下来。在提取液中含有RNaseA，可以在提取纯化过程中除去RNA，而不用另外单独加RNaseA除去RNA。该方法由于不用苯酚、氯仿抽提，减少了对质粒DNA破坏，而且纯度很高，超螺旋状质粒占80%～90%。

方法一　碱裂解法

【材料、试剂和器具】

1. 材料

含有质粒的菌种。

2. 试剂

溶液Ⅰ：

50mmol/L　葡萄糖

25mmol/L　Tris-HCl（pH 8.0）

10mmol/L　EDTA（pH 8.0）

高压灭菌15min，4℃储存。

注：若提取质粒较小，可以直接用pH 8.0的TE代替。

溶液Ⅱ：新鲜配制

0.2mol/L　NaOH（用5mol/L NaOH母液配）

1%　SDS（用10% SDS母液配）

注：此处可以用0.4mol/L NaOH和2% SDS的母液等体积混合即可。

溶液Ⅲ：

5mol/L KAc	60mL
冰醋酸	11.5mL
ddH_2O	28.5mL

高压灭菌15min，4℃储存。

注：也可以用3mol/L KAc代替，但效果不好。

3. 器具

恒温摇床、台式离心机、制冰机、电泳装置、紫外透射观测仪、超净工作台等。

【实验程序】

1. 小量提取法

（1）在含有抗生素的 LB 培养基中接种一单菌落，37℃，150r/min 摇培过夜。

（2）取 1.5mL 菌液于小离心管中，室温 12 000r/min 离心 30s 收集菌体，尽可能弃去上清液。加入 100μL 冰预冷的溶液Ⅰ，剧烈振荡直至悬液发稠。

（3）加入 200μL 新配制的溶液Ⅱ，温和颠倒 5 次，置冰上 1～2min。

（4）加入 150μL 冰预冷的溶液Ⅲ，温和振荡 10s，置冰上 5min。

（5）12 000r/min 离心 10min，转上清于另一管中，用等体积的酚/氯仿抽提一次，10 000r/min 离心 2min，吸上清于另一管中。加入 2 倍体积 100%乙醇，－20℃沉淀 1h。

（6）12 000r/min 离心 10min，回收质粒 DNA，用 75%乙醇洗一次，超净工作台中吹干沉淀后溶于适量灭菌双蒸水中。琼脂糖凝胶电泳检测质粒的质量。

（7）若需要可以进一步纯化质粒 DNA 以达到转化、重组的要求。

2. 大量提取法

（1）在含有抗生素的 30mL LB 培养基中接种一单菌落，37℃，150r/min 摇培至对数晚期，然后转到 500mL 的 LB 培养基中剧烈摇培过夜，此时也可以加入氯霉素以增加质粒的拷贝数。

（2）取 500mL 菌液于离心管中，4000r/min 离心 15min 收集菌体，弃去上清，重悬于 10mL 冰预冷的溶液Ⅰ中。

（3）加 1mL 新配制的溶菌酶溶液（10mg/mL，溶于 10mmol/L Tris-HCl，pH 8.0）。

（4）加入 20mL 新配制的溶液Ⅱ，盖紧盖子，缓缓颠倒离心管数次，以充分混匀内容物。于室温放置 5～10min，此时溶液发稠。

（5）加入 15mL 冰预冷的溶液Ⅲ，温和振荡数次，置冰上 10min。此时溶液出现白色沉淀。

（6）4000r/min 离心 10min，转上清于另一管中，用等体积的酚/氯仿抽提一次，1000r/min 离心 2min，吸上清于另一管中。加入 0.6 倍体积异丙醇混匀，室温沉淀 10min。

（7）5000r/min 离心 15min 回收质粒 DNA。70%乙醇洗一次后，空气中干燥。加适量的无菌水或 TE 溶解。

（8）琼脂糖凝胶电泳检测质粒的完整性。若需要可以进一步纯化质粒 DNA 以达到转化、重组的要求。

注：小量提取法往往不能满足大量分析需要，可以用“中量提取法”即 50mL 菌液用 2mL 溶液Ⅰ、4mL 溶液Ⅱ和 3mL 溶液Ⅲ处理后直接用等体积的酚/氯仿抽提，然后分装到小离心管中供沉淀分析用，这样既节省时间又便于分析。

方法二　煮　沸　法

【材料、试剂和器具】

1. 材料

适合煮沸法提取质粒的细菌（如含有 endA$^+$ 的菌株不适宜用此法）。

2. 试剂

（1）STET：0.1mmol/L NaCl，10mmol/L Tris-HCl（pH 8.0），1mmol/L EDTA（pH 8.0），5% Triton X-100。

（2）溶菌酶 10mg/mL [溶于 10mmol/L Tris-HCl（pH 8.0），新鲜配制]。

（3）RNaseA 10mg/mL。

（4）异丙醇。

（5）70%乙醇。

（6）TE。

3. 器具

离心机、制冰机、水浴锅、电泳装置、紫外透射观测仪等。

【实验程序】

（1）离心收集的细菌用 350μL STET 悬浮。

（2）加入 25μL 新鲜配制的溶菌酶液，混匀。煮沸 40s。

（3）室温下，12 000r/min 离心 10min。

（4）转上清于另一管中或用灭菌牙签挑出沉淀物，上清中加入 40μL 2.5mol/L NaCl（pH 5.2）和 420μL 的异丙醇，振荡混匀，室温下放置 5min。

（5）4℃，12 000r/min 离心 5min。

（6）弃上清，加入 1mL 70%乙醇洗一次。吹干，加入 50μL TE 溶解。

方法三　小量一步提取法

【材料、试剂和器具】

1. 材料

含质粒的细菌。

2. 试剂

（1）PCI：酚/氯仿/异戊醇（25∶24∶1），其中酚用 TE [10mmol/L Tris-HCl（pH 7.5），1mmol/L EDTA] 饱和溶液。

（2）TER：TE（pH 7.5）含 RNase A 20μg/mL。

3. 器具

离心机、电泳装置、紫外透射观测仪、振荡器、离心管等。

【实验程序】

（1）取 0.5mL 细菌过夜培养物，置 1.5mL 离心管中。

（2）加入 0.5mL PCI，用振荡器最大速度振荡 1min，充分混匀。

（3）4℃，12 000*g* 离心 5min，取上清 0.45mL 左右，移至离心管中，加 0.5mL 异丙醇（不加盐也无需冷冻）混匀，马上 12 000*g* 离心 5min。弃上清，用 70%乙醇洗一次，空气中干燥，加 100μL TER 溶解 DNA。取 5～10μL 电泳分析。

方法四　试剂盒法

【材料、试剂和器具】

1. 材料

含质粒的细菌。

2. 试剂

质粒快速提取试剂盒。

3. 器具

离心机、电泳装置、紫外透射观测仪等。

【实验程序】

（1）将 3～5mL 细菌培养液 10 000r/min 离心 1min，去上清，沉淀加 100μL 溶液Ⅰ（含 RNaseA），彻底振荡悬浮。

（2）加入 150μL 溶液Ⅱ温和振荡混匀（不要涡旋），置冰上 1～2min。

（3）加入 150μL 溶液Ⅲ，温和颠倒试管数次使之混合（不要涡旋），置冰上 5～10min。12 000r/min 离心 10min，转上清与另一已加好 420μL 结合缓冲液的管中，混匀，加到离心吸附柱中，然后 12 000r/min 离心 30s。

（4）倒掉废液，向柱子中加 750μL 洗涤缓冲液，12 000r/min 离心 30s，弃去废液。

（5）重复一次程序（4）。

（6）再次 12 000r/min 离心 1min，彻底除去柱中残留的乙醇。

（7）将柱子置于一个灭过菌的 1.5mL 试管上，加 50μL 洗脱缓冲液到柱中央，室温放置 5min，然后 12 000r/min 离心 1min，收集到的液体即为质粒。

注：此处只以一个公司产品为例来说明原理，具体以试剂盒操作说明为准。

【结果与分析】

通过琼脂糖凝胶电泳检测所提质粒的质量。电泳后经 EB 染色，在紫外光下常常看到 3 条质粒带型，根据质粒移动的快慢由（－）到（＋）分别为开环（OC）、线状（L）和超螺旋（SC）3 种形式（图 3.1.1）。根据其中线状条带的位置与已知分子质量的标准线状 DNA 分子（Marker）比较，可以估算质粒的分子质量。如果样品中污染了细菌基因组 DNA，这表现为电泳点样孔中有亮带，多由碱裂解中振荡过于剧烈造成细菌基因组剪切或加溶液Ⅱ后放置时间过长等引起。因此在操作中加溶液Ⅱ后应温和混匀，绝不要涡旋振荡并且冰上放置时间不宜超过 2min。用试剂盒提取的质粒 DNA 分子超螺旋形式占比例较大，电泳结果往往只有一条带或两条带。

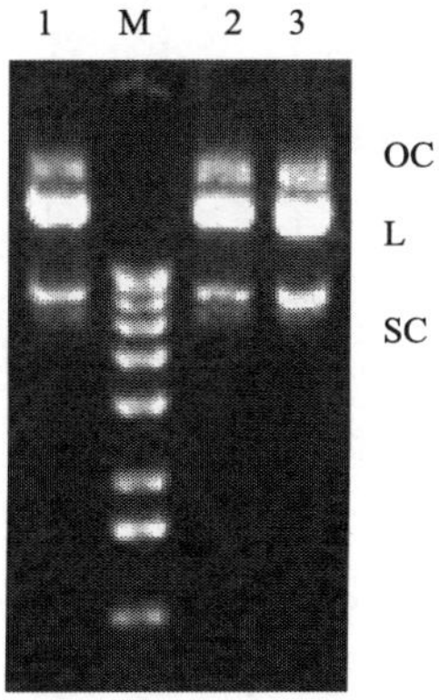

图 3.1.1 质粒 DNA 琼脂糖凝胶电泳图谱

M. 1kb Marker；1、2、3 泳道. 质粒 DNA

从上而下分别为同种质粒的 3 种不同构象；OC 为开环状 DNA；L 为线状 DNA；SC 为超螺旋状 DNA

【思考题】

1. 提取质粒的一般原理是什么？
2. 比较不同的质粒提取方法的优缺点？

实验 3.2 酵母细胞的培养、计数与观察

【实验目的】

1. 掌握两种酵母细胞的培养。
2. 学会细胞计数。

【实验原理】

酿酒（芽殖）酵母（*Saccharomyces cerevisiae*）是单细胞真核生物。该物种易繁殖，有细胞壁、线粒体，在丰富营养培养基中可像细菌一样快速增殖。生活史中存在双倍体和单倍体，两单倍体细胞融合可形成双倍体，双倍体减数分裂可形成单倍体。酿酒酵母因其基因组小、遗传操作简单易行，被视为真核生物中的大肠杆菌，成为真核生物研究的一种模式生物。

酿酒酵母的培养在许多方面和大肠杆菌类似，可以用标准的微生物学技术在液体和固体培养基中培养。大多数酵母菌株在复合液体培养基（如 YPAD 培养基）中的倍增时间为 90～120min，到静止期时细胞浓度为 3×10^8～5×10^8 个细胞/mL。单个细胞在复合固体培养基上经过 36h 可长成 1～2mm 的单菌落，在合成有限培养基中生长较慢，倍增时间至少增加为原来的 2 倍，且细胞最终滴度仅达到 2×10^7～3×10^7 个细胞/mL。在有限培养基平板上菌落需大约 60h 才能长成容易计数的菌落大小，一般时间为3～4d。在复合或有限培养基上生长的菌落能影印培养或转移到膜上进行分子水平的分析。

非洲粟酒裂殖酵母（*Schizosaccharomyces pombe*，简称裂殖酵母），和酿酒酵母一样，是一种子囊真菌，但它与酿酒酵母的关系并不十分密切，两种酵母的蛋白质序列和基因同源性在60%～90%。与酿酒酵母相比，非洲粟酒裂殖酵母通常是单倍体细胞，可分为两种交配型，在饥饿情况下不同的交配型单倍体进行交配，形成杂合的双倍体合子。双倍体合子经过减数分裂形成4个孢子，由孢子转化为单倍体，体细胞经细胞分裂形成单倍体菌落。非洲粟酒裂殖酵母具有真核生物典型的细胞周期，包括G_1、S、G_2和M 4个时期。在基本或复合培养基中其世代时间为2～4h，其中G_2期占细胞周期的70%，其他期各占10%。因此该物种常用于细胞周期及遗传学的研究。

酵母细胞的培养是利用该细胞开展实验、研究的基础，本实验介绍的是酿酒酵母和裂殖酵母常用的培养方法。

【材料、试剂和器具】

1. 材料

酿酒（芽殖）酵母和非洲粟酒裂殖酵母。

2. 试剂

见附录五，查酵母培养基。

3. 器具

超净工作台、恒温培养箱、恒温摇床、相差/微分干涉显微镜、普通光学显微镜、细胞计数板等。

【实验程序】

（1）酵母细胞的摇培在无菌条件下，用接种环或微量取样器将酵母菌菌种接种于YPD液体培养基和YE培养基，28～30℃，200r/min恒温摇床摇培过夜。

（2）取细胞培养物制片、压片，明视野显微观察细胞形态。

（3）相差显微镜的使用与标本观察。

（4）液体培养基中细胞浓度的检测。

a. 分光光度测定法。

i. YPAD过夜培养物用水稀释100倍。

ii. 用分光光度计测定600nm处的光密度（OD_{600}）。

iii. 记住稀释倍数，计算原始培养物的细胞数。例如，在YPAD中100倍稀释的培养物的OD_{600}为0.21，可按下式计算：

0.21（OD_{600}）×100(稀释倍数)×1×10^6(个细胞/mL)/0.1(OD_{600})=2.1×10^8个细胞/mL

对于 OD_{600} 和细胞浓度之间的对应关系应分别测定，不同菌株、不同培养条件 OD_{600} 与细胞浓度之间的关系不一致。

b. 血细胞计数板计数法。

i. YPAD 过夜培养物用水稀释 10 倍。

ii. 将细胞悬液小心地加在盖玻片和血细胞计数器之间。10×物镜和 10×目镜观察，相差显微镜观察效果更好。让细胞在血细胞计数板的网格中停留几分钟。网格区为 $1mm^2$，常见的血细胞计数板将该网格区分成 16 个相同大小的方格，其容积为 10^{-4} mL。

iii. 计数 4 个对角方格中的细胞数量，乘以 4 即整个网格区细胞的总数；也可以数 16 个方格中酵母细胞的总数。

iv. 计算细胞浓度：对角 4 方格细胞数×4×稀释倍数×1/血细胞计数板 16 个方格的容积。例如，4 个对角方格中计数的细胞为 239 个，其滴度计算应是

239 个细胞×4×10(稀释倍数)×1/10^{-4} mL＝9.6×10^7 个细胞/mL

细胞计数板也有将 $1mm^2$ 网格区分成 25 个区域的规格，同上操作即可，只是对角计数应为 5 个方格，网格区内的细胞数应为 5 个对角方格细胞数乘以 5。计数过程中，若遇到酵母出芽，芽体大小达到母细胞的一半时，即作为两个菌体计数。计数一个样品要从两个计数室中计得的平均数值计算样品的含菌量。细胞计数时，可观察细胞形态，并可以检验细胞培养物是否存在污染。

【实验结果】

实验结果如图 3.2.1 所示。

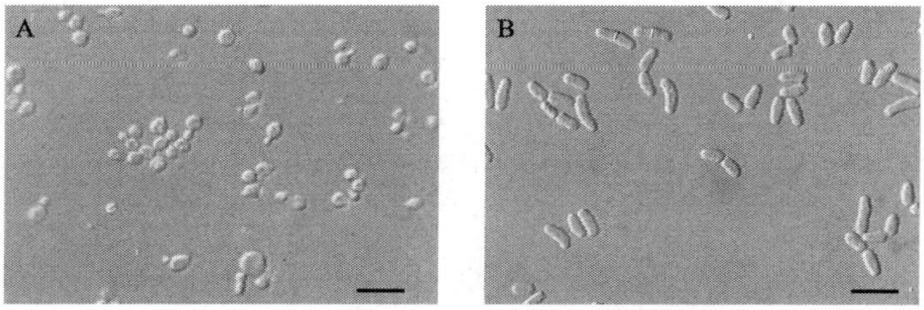

图 3.2.1　微分干涉显微镜下的芽殖酵母
（A）与裂殖酵母（B）（标尺为 100μm）

【思考题】

1. 试从培养条件、取材等方面比较酵母细胞的芽殖和裂殖细胞培养的异同。
2. 如何利用相差显微镜的光学原理观察活的细胞？

实验 3.3 酵母 DNA 的提取

【实验目的】

掌握酵母 DNA 的蜗牛酶和玻璃珠的提取方法。

【实验原理】

酵母是一种易于培养的典型单细胞真核生物，其一直作为遗传学和分子生物学研究的有力工具，有真核生物中的“大肠杆菌”的美称。单倍体酵母细胞基因组为 15Mb，含 16 条大小为 200～2200kb 的线性染色体。它的单倍体核酸 DNA 容量仅为大肠杆菌基因组的 3.5 倍。相比较而言，最大的酵母染色体仍然比哺乳动物的染色体的平均大小小 100 倍左右。尽管酵母菌基因组很小，但它的许多生物学特性与真核生物相似。它不仅含有高等真核生物细胞中有膜的亚细胞器，而且含有细胞骨架。酵母 DNA 只在核内存在，尽管无组蛋白 H1，但染色体 DNA 的核小体结构与高等真核生物仍十分相似。酵母菌 DNA 的转录由 3 种不同的 RNA 聚合酶完成，只有很少的基因出现内含子，mRNA（由 RNA 聚合酶Ⅱ转录）具有真核生物 mRNA典型的转录后修饰，如 5′端加甲基化的鸟嘧啶帽（methyl-G）和 3′端加 ploy（A）尾。它良好的遗传背景为进行真核生物的基因操作提供了大量的研究工具和可借鉴的经验。

培养酵母菌既简单、经济，又十分快捷，在营养丰富的培养基中，大约 90min 的时间即可增殖一代。

支持酵母菌染色体功能的 3 种基本的结构元件已经被确认和克隆，它们分别是：复制起点（ARS 元件）、着丝粒（CEN 元件）和端粒（telomeres，TEL）。利用这些克隆化的元件已经构建了酵母人工染色体，并应用于各种染色体行为的研究。利用这些结构元件，再加上克隆化的酵母菌选择标记与大肠杆菌载体融合构建成穿梭载体，它们能分别在大肠杆菌和酵母菌中自主复制并稳定存在。

大多数酵母载体都是能穿梭于酵母和细菌之间的穿梭载体。根据不同用途，可分为克隆载体、表达载体、转导载体和用于诱变的载体。根据复制方式，酵母载体也可分为两类。一类是整合载体，这种载体在酵母中不能自我复制，只能通过同源重组整合至染色体中而得以保存。这类载体的优点是一个基因一旦被克隆和整合之后，将随染色体 DNA 而分离。因此该基因在细胞分裂时会更稳定。另一类载体它包括酵母着丝点序列，一般在克隆时作为一个 CEN/ARS 盒。这类载体同时具有自我复制能力并且在细胞分裂时较稳定。

酵母分子生物学研究中常常要分离质粒和酵母染色体 DNA，质粒 DNA 用来转化大肠杆菌，而染色体 DNA 则用于 Southern 杂交分析、PCR 扩增和整合性质的质粒的克隆等。下面分别介绍酵母细胞质粒 DNA 和染色体 DNA 的分离方法。

【材料、试剂和器具】

1. 材料

酵母细胞。

2. 试剂

（1）YPD 液体培养基或选择培养基。

（2）含目的质粒的酵母菌落。

（3）溶菌缓冲液：100mmol/L Tris，30mmol/L EDTA，0.5% SDS。

（4）酚/氯仿/异戊醇（25∶24∶1）。

（5）0.45～0.52mmol/L 酸洗玻璃珠（thomas scientific）。

（6）TE 缓冲液。

（7）1mg/mL RNA 酶 A。

（8）4mol/L 乙酸铵溶液或 3mol/L 乙酸钾（KAc）。

（9）无水乙醇，70% 乙醇。

3. 器具

离心机、电泳仪、恒温摇床、涡旋器、试管、离心管等。

【实验程序】

1. 酵母细胞质粒 DNA 的分离

（1）在玻璃试管中加入 2mL 带有抗生素的培养基，接种含有目的质粒的单菌落，在摇动培养箱中 30℃过夜。

（2）将菌液倒入微量离心管中，室温高速离心 5s，弃上清，快速振荡分散沉淀物。

（3）酵母细胞用 200μL 溶菌缓冲液重悬，加入 0.3g 玻璃珠（约 200μL 体积）及 200μL 酚/氯仿/异戊醇，在漩涡混合器上高速振荡 2min，室温高速离心 5min。

（4）水相即含质粒，一方面可按常规用乙醇沉淀质粒；另一方面也可直接取 1～2μL 水相转化大肠杆菌。

2. 酵母染色体 DNA 的提取

（1）在三角瓶中加入 10mL 培养液，接种 30℃过夜培养。

（2）室温下 5000r/min 离心 5min，弃上清。

（3）细胞用 100μL 溶菌缓冲液重悬，快速涡旋振荡分散菌体沉淀，沸水浴 15min。

（4）加 100μL 2.5mol/L KAc，冰上放置 1h。

（5）4℃，13 000r/min 离心 5min，上清液转移至一个新试管中，加 100μL 酚/氯仿/异戊醇，在涡旋混合器上高速振荡 3min。

（6）室温下高速离心 3min，取上清，加 30μL 的 1mg/mL RNA 酶 A ，混合

37℃温育 5min。

（7）加 100μL 氯仿/异戊醇，混匀，13 000r/min 离心 3min，将上清液移至另一个新试管中。

（8）加 1mL 冷的异丙醇，－20℃放置 10min。

（9）15 000r/min 离心 15min，弃上清。

（10）加 1mL 70% 乙醇，13 000r/min 离心 10min。

（11）弃上清，干燥沉淀，DNA 用 100μL TE 缓冲液重悬。

10mL 菌液大约可以得到 20μg 的染色体 DNA，可用于限制性酶切、体外 PCR 扩增或 Southern 分析。对于 Southern 杂交，当用 5μL DNA（约 1μg）在 20μL 总体积下消化时可以得到最佳效果。PCR 扩增时，则在 50μL 反应体系中用 2μL DNA。

【思考题】

1. 比较细菌质粒提取与酵母质粒提取方法的差异。
2. 酵母染色体 DNA 与质粒 DNA 提取时是如何分开的？

实验 3.4　线虫 DNA 的提取

【实验目的】

掌握线虫 DNA 制备的饱和酚抽提方法。

【实验原理】

秀丽隐杆线虫（*Caenorhabditis elegans*）是重要的模式生物之一，也是最早的测序动物，自从 1998 年测序以来，科学家已经分离和鉴定了 19 000 个基因的功能。秀丽隐杆线虫分为雌雄同体和雄性个体，生命周期较短（3 周左右），以细菌为主要食物，生长适宜的温度条件为 15～25℃。由于秀丽隐杆线虫的遗传背景相对清楚和在实验室容易操作，因此，最近几年来作为重要的模式生物进行功能基因组的研究。以下介绍该生物基因组 DNA 的提取。

【材料、试剂和器具】

1. 材料

线虫。

2. 试剂

1）配制线虫培养介质（NG Agar）　线虫培养介质（1L）：NaCl 9g，Agar 51g，蛋白胨 7.5g，胆固醇（5mg/mL 乙醇母液）3mL，$CaCl_2$（1mol/L）3mL，

$MgSO_4$（1mol/L）3mL，dH_2O 2925mL。高压灭菌冷却至室温时加入1mol/L磷酸钾（pH 6.0）75mL并不断搅拌混均匀。

2）M9缓冲液制备　体积为1L的M9缓冲液主要包括如下成分：KH_2PO_4（3g），Na_2HPO_4（6g），NaCl（5g），1mol/L $MgSO_4$（4mL），dH_2O加至1L。

3）其他试剂

（1）TE缓冲液：10mmol/L Tris-HCl（pH 7.8）；1mmol/L EDTA（pH 8.0）。

（2）TBS溶液：25mmol/L Tris-HCl（pH 7.4）；200mmol/L NaCl；5mmol/L KCl。

（3）裂解缓冲液：250mmol/L SDS；使用前加入蛋白酶K至100mg/mL。

（4）20% SDS和2mg/mL蛋白酶K。

（5）Tris饱和酚（pH 8.0），酚/氯仿（酚∶氯仿=1∶1）和氯仿。

（6）无水乙醇和75%乙醇。

3. 器具

100mL培养皿、离心机、电泳仪、电泳槽、离心管等。

【实验程序】

1. 活体线虫的收集

针对在20℃条件下生长5～7d的生物活性较强的线虫（3～5个于100mL培养皿），利用1mL M9缓冲液或灭菌水反复冲洗，收集线虫至1.5mL的离心管中。在4000r/min条件下离心15min，弃上清液，保留线虫用作DNA提取。

2. 线虫DNA提取

（1）将线虫转移到1.5mL离心管中，加入约10倍体积的裂解缓冲液，并在50～55℃条件下水浴1～2h，其间不断轻轻振动离心管以保证线虫细胞充分裂解。

（2）DNA提取：加入等体积饱和酚至上述样品处理液中，温和地充分混匀3min，在5000*g*条件下离心10min，将上层水相转移到另外一个干净的1.5mL离心管中。随后加入等体积饱和酚，充分混匀后在5000*g*条件下离心10min，取上层水相转移到另外一个干净的1.5mL离心管中。之后，加等体积酚/氯仿于该离心管中，轻轻混匀后在5000*g*条件下离心10min，取上层水相到另一干净的离心管中，如水相仍不澄清，可重复此步骤数次。接着，加入等体积氯仿于离心管中，轻轻混匀后在5000*g*条件下离心10min，转移上层水相到另一干净的离心管中，并加入1/10体积的3mol/L乙酸钠（pH 5.2）和2.5倍体积的无水乙醇，轻轻倒置混匀，待絮状物出现后，在5000*g*条件下离心5min，弃去上清液，离心后的沉淀即为线虫DNA。继续用75%乙醇洗涤沉淀后的线虫DNA，并在5000*g*条件下离心3min，弃去上清液，室温下挥发乙醇，待沉淀将近透明后加入50～100μL TE在4℃条件下过夜溶解，随后在-20℃条件下保存备用。

【思考题】

对于不同生物或组织的 DNA 提取，保证 DNA 提取质量的关键技术是什么？

实验 3.5　植物悬浮细胞的培养

【实验目的】

1. 掌握植物细胞的悬浮培养方法。
2. 学习细胞活性的检测方法。

【实验原理】

植物细胞的悬浮培养是从愈伤组织经过液体培养的基础上发展起来的一种培养技术。具有两个基本特点：一是细胞可以不断增殖，形成高密度的细胞群体，并且适应大规模的培养；二是与愈伤组织比较，愈伤组织主要提供脱分化的细胞，而悬浮培养的细胞可以有明显的分化且细胞较均匀，可以作为研究细胞生长分化的良好实验材料。另外由于悬浮细胞已经分化，因此可以用于大量生产重要的有效次生代谢产物。

目前工业化生产成功之例皆属于悬浮细胞培养法。由于不同品系的植物细胞间的生理性质差异极大，如何诱导生产力高的细胞株，维持细胞遗传性质的稳定，对于细胞有效成分的生产代谢调控、生物反应器的研发、培养工程的放大、细胞与有效成分的回收及精制工程等，都需要针对细胞株与产物的不同去研发合适的生产程序。

【材料、试剂和器具】

1. 材料

水稻（*Oryza sativa*，Os）和烟草（Bright Yellow-2，BY-2）悬浮细胞系。

2. 试剂

OsNT（改良 MS）培养基（pH5.8）	1L
M519	4.43g
蔗糖	30g
2,4-D	200μL
琼脂（固体培养基需要）	8g
BY-2 NT（改良 MS）培养基（pH5.8）	1L
MS 干粉	4.4g
KH_2PO_4	180mg
肌醇	100mg

硫胺素（维生素 B_1）	1mg
2,4-D	2mg

高压灭菌 121℃，20min。

0.05mol/L 磷酸缓冲液：溶解 3.403g KH_2PO_4 于 400mL 灭菌蒸馏水中。用 1.0mol/L KOH 调节 pH 至 5.8，定容到 500mL。

2,3,5-三苯基四氮唑（TTC）溶液：溶解 1g TTC 于 100mL 0.5mol/L 磷酸缓冲液中，过滤灭菌，4℃避光保存。

3. 器具

摇床、高压灭菌锅、超净工作台、离心机、倒置显微镜、小滴管、小烧杯、大小培养皿、50mL 三角瓶等。

【实验程序】

1. 器具和培养基准备

器具灭菌和培养基配制、灭菌及保存。

2. 继代培养（以水稻悬浮细胞为例）

健康的水稻悬浮细胞由薄壁细胞组成，颗粒细小。培养物静置数分钟，细胞迅速沉积，可见细胞层与培养液上清分层清晰：上清清亮，细胞层呈乳白色。

水稻悬浮细胞需每 3～5d 继代一次，需在超净工作台中进行。首先将需要继代的细胞静置 10min，然后在超净工作台中打开灭菌后干净的 50mL 三角瓶的封口膜并向瓶中添加 10～20mL 26℃预温的 OsNT 培养液，接着将需要继代的细胞的培养液倒掉一部分后轻轻摇晃使细胞悬浮起来，最后将大约一半的细胞倒入预先加入 OsNT 培养液的三角瓶中，封好封口膜后，26℃、120r/min，避光摇培。之后 3d 要注意观察细胞是否染菌，每天都应观察细胞的状态以确定继代的时间。

3. 总细胞含量测定

通过悬浮系总细胞含量测定可估计培养物生长速度。在 15mL 离心管中加入 10mL 混匀的悬浮培养细胞，200*g* 离心 5min。称量细胞沉淀的质量。总细胞含量为细胞沉淀占培养物总体积的比例。从继代第 1 天开始到第 7 天每天检测这一参数，可以观察到前 3d 培养物处于停滞期，总细胞含量增长缓慢；之后培养物进入指数增长期直至第 7 天。

4. 细胞活性测定

通过 2，3，5-三苯基四氮唑（TTC）测定可检查悬浮细胞活性，原理是活细胞的线粒体活性可使 TTC 形成红色沉淀。1.5mL 离心管中加入 500μL、第 1 天至第 4 天悬浮细胞或 250μL 第 7 天悬浮细胞，9500*g* 离心 1min，移去上清，加入 1mL TTC 溶液。室温避光孵育 12～20h 后用于显微镜观察。第 4 天的培养物常显示出较多的染色现象，说明这时的细胞活性较强。

【结果与分析】

(1) 根据细胞含量的测定，绘制细胞繁殖的生长曲线。

(2) 给出细胞活性测定结果，并作分析。

【思考题】

1. 在植物细胞的悬浮培养中，如何防止细胞间粘连成块的现象?

2. 如何根据不同的用途来培养悬浮细胞，如需要次生代谢物或用于再生植物培养的细胞，培养条件和时间一样吗?

实验 3.6 植物基因组 DNA 的提取和分析

【实验目的】

掌握植物基因组 DNA 的 CTAB 和 SDS 提取方法。

【实验原理】

由于植物细胞有细胞壁及其细胞内高含量的多糖类物质，因此一般的提取真核细胞基因组 DNA 的方法用在植物细胞上并不十分有效。这里介绍两种常用的提取植物细胞基因组 DNA 的方法，即 CTAB 和 SDS 法。

方法一 CTAB 法提取植物基因组 DNA

这种方法是由 Murray 和 Thompson 于 1980 年修改而成的简便方法。CTAB 是一种去污剂，可溶解细胞膜，它能与核酸形成复合物，在高盐溶液中 (0.7mol/L NaCl) 是可溶的，当降低溶液盐浓度到一定程度 (0.3mol/L NaCl) 时，从溶液中沉淀，通过离心就可将 CTAB-核酸的复合物与蛋白质、多糖类物质分开。最后通过乙醇或异丙醇沉淀 DNA，而 CTAB 溶于乙醇或异丙醇而被除去。

【材料、试剂和器具】

1. 材料

新鲜的植物组织材料或−80℃冻存的材料。

2. 试剂

(1) 2×CTAB 溶液:

2×CTAB (*W/V*)	2%
Tris-HCl	100mmol/L (pH 8.0)
EDTA	20mmol/L (pH 8.0)
NaCl	1.4mol/L

PVP 1%

灭菌备用。没灭菌前呈黏稠状，CTAB灭菌后变成清亮的溶液。

（2）氯仿/异戊醇（24∶1）。

（3）RNaseA 10mg/mL。

（4）乙醇或异丙醇。

（5）β-巯基乙醇。

（6）70%乙醇。

3. 器具

离心机、恒温水浴锅、台式高速离心机、电泳装置、离心管等。

【实验程序】

（1）在2mL离心管中，加入500μL的2×CTAB，65℃预热，用前加入20μL β-巯基乙醇。

（2）幼嫩的组织材料1～2g，用蒸馏水冲洗干净，再用灭菌ddH_2O冲洗2次，放入经液氮预冷的研钵中，加入液氮研磨至粉末状，用干净的灭菌不锈钢勺转移粉末到预热的离心管中，总体积达到1mL，混匀后置65℃水浴中保温45～60min，并不时轻轻转动试管。

注：冻存材料直接研磨，绝对不能化冻。而且粉末应在化冻前转移，否则内源性DNase有可能降解基因组DNA。

（3）加等体积的氯仿/异戊醇，轻轻地颠倒混匀，室温下10 000r/min离心10min，移上清至另一新管中。

（4）向管中加入1/100体积的RNase A溶液，37℃保温20～30min。

（5）加入2倍体积的100%乙醇或0.7倍体积异丙醇，会出现絮状沉淀，－20℃放置30min或－80℃放置10min，12 000r/min离心10～15min回收DNA沉淀。

（6）用70%乙醇清洗沉淀两次，吹干后溶于适量的灭菌ddH_2O或TE缓冲液中。

（7）0.8%琼脂糖凝胶电泳检测基因组DNA的完整性。

方法二 SDS法快速提取植物基因组DNA

本方法由K. Edwards等于1991提出。该方法提取的基因组DNA完全可以满足PCR分析的需要。其基本原理是研磨的组织细胞用SDS裂解后，用异丙醇沉淀DNA。

【材料、试剂和器具】

1. 材料

新鲜的组织材料或－80℃冻存的材料。

2. 试剂

（1）提取缓冲液：

Tris-HCl	200mmol/L（pH 7.5）
EDTA	25mmol/L（pH 7.5）
NaCl	250mmol/L
SDS	0.5%

（2）异丙醇。

（3）含 10μg/mL RNaseA 的无菌 ddH_2O。

3. 器具

离心机、恒温水浴锅、台式高速离心机、电泳装置、离心管等。

【实验程序】

（1）取面积约为 0.5cm×0.5cm 幼嫩的叶片材料，置于 1.5mL 微量离心管中，加入 300μL 提取缓冲液。

（2）将无菌塑料研磨杵置于离心管底部，沿顺时针方向将叶片碾碎，以提取缓冲液中看不到组织块为宜。用离心管在涡旋振荡器中振荡 10s，将破碎的组织与提取液完全混匀。

（3）室温，14 000r/min 离心 10min。

（4）将上清液转移到新的离心管中，并加入等体积的异丙醇，上下颠倒混匀。然后再室温静置 30min。

（5）重复程序（3）一次。

（6）将上清液尽量全部去除，通风橱中将沉淀吹干。

（7）向含有 DNA 沉淀的离心管加入 50μL 含有 RNaseA 的 ddH_2O，将沉淀充分溶解。

（8）室温静置 20min，用以消化沉淀中可能含有的部分 RNA。

（9）电泳检测完整性，或有目的性地进行 PCR 检测。

【结果与分析】

（1）用紫外分光光度计在 230nm、260nm、280nm 和 310nm 波长分别读数。其中 260nm 读数用来估计样品中 DNA 的浓度，OD_{260}/OD_{280} 与 OD_{260}/OD_{230} 的值用于估计 DNA 的纯度，310nm 为背景吸收值。1 个 OD_{260} 值相当于 50μg/mL 双链 DNA。

$$\text{样品浓度}(\mu g/mL)=(OD_{260}-OD_{310})\times\text{稀释倍数}\times 50$$

对于 DNA 纯制品，其 $OD_{260}/OD_{280}\approx 1.8$，$OD_{260}/OD_{230}$ 应大于 2。$OD_{260}/OD_{280}>1.8$ 说明有 RNA 污染；$OD_{260}/OD_{280}<1.8$ 说明有蛋白质污染。

用琼脂糖凝胶电泳（0.8%）检测核DNA的完整性（图3.6.1）。

（2）如果DNA沉淀呈白色透明状而且溶解后呈黏稠状，说明DNA含有较多的多糖类物质，可以在取材前将植物放暗处24h，以达到去除淀粉的目的。

（3）如果DNA沉淀呈棕色，难以用限制性内切酶完全消化。植物材料含有大量酚类化合物，与DNA共价结合，使DNA呈棕色，并抑制DNA的酶解反应。为防止此情况出现，可在加入2×CTAB的同时加入2%～5%的巯基乙醇，或者加入亚精胺（100μL DNA加5μL 0.1mol/L的亚精胺）。

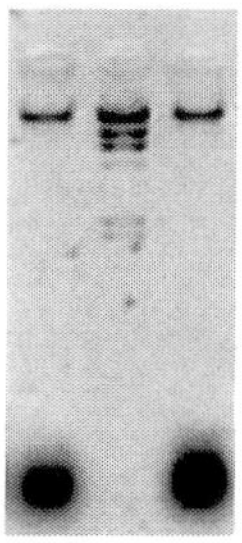

图3.6.1　烟草基因组DNA电泳图谱
M. λDNA/*Hin*dⅢ Marker；1、2泳道.基因组DNA；完整性好的基因组DNA应是一条比23kb滞后的电泳带，若降解则成为弥散状；电泳前缘为未除干净的RNA

（4）DNA中含有多糖或盐类。将DNA用100%乙醇或异丙醇沉淀出来，离心，沉淀用70%乙醇清洗两次或更多次，吹干后重溶于TE中（注意：乙醇一定要吹干，否则电泳点样时，样品上漂）。

（5）DNA已降解电泳条带呈弥散状。样品降解可能有两种情况：一是机械振动过于剧烈，二是操作过程中DNase污染。在提取DNA的各个操作过程中要避免剧烈振荡，提取液及用品要高温高压灭菌。另外，使用吸头吸取过程中应避免产生气泡，吸头应剪去尖部，避免反复冻融DNA。

【思考题】

1. 如何评价基因组DNA的纯度和完整性？
2. 如何减少基因组DNA的降解？

实验3.7　果蝇S2细胞的培养与转染

【实验目的】

1. 掌握无菌果蝇细胞操作。
2. 掌握果蝇S2细胞的培养方法。
3. 学习和掌握果蝇S2细胞的转染方法。

【实验原理】

细胞培养是在体外条件下，用培养液模拟机体生理条件以维持细胞在体外进行生长与增殖。细胞培养已被广泛应用于分子生物学、遗传学、免疫学、肿瘤学、细胞工程等领域，并取得显著成就。细胞传代培养是在体外持续的培养细胞系所必需的。当附着在培养瓶上的细胞相互接触形成单层，或悬浮细胞浓度过高时，由于细胞的生存空间和营养不足，导致细胞开始死亡。为了维持细胞系的延续，就必须将细胞从原来的培养瓶中取出，以 1∶3 或适当的比例将细胞转移到盛有新培养基的新培养瓶中继续培养。细胞在传代后，经常会经历 3 个生长阶段：游离期、对数生长期和停滞期。对数生长期是细胞活力最好的时期，适宜进行各种实验。一般情况下，细胞继代 2～3d 后即会进入对数生长期。

果蝇 S2 细胞是 Schneider 2 细胞的简称，S2 细胞是由科学家 Schneider 在 1972 年从 20～24h 果蝇胚胎的原代培养细胞中获取的，现有的种种证据表明 S2 细胞很可能来源于巨噬细胞谱系。S2 细胞是最常用的果蝇细胞系之一。S2 细胞可以在室温下生长，同时不需要 CO_2，它以半贴壁形式生长，在无血清的培养基中也可生长。

转染（transfection）指真核细胞由于外源 DNA 掺入而获得新的遗传标记的过程。常规转染技术可分为两大类，一类是瞬时转染，一类是稳定转染（永久转染）。根据转染介质的不同，可以分为物理、化学和病毒三大类。本实验采用脂质体法。阳离子脂质体表面带正电荷，能与核酸的磷酸根通过静电作用将 DNA 分子包裹入内，形成 DNA-脂复合体，也能被表面带负电荷的细胞膜吸附，再通过膜的融合或细胞的内吞作用，偶尔也通过直接渗透作用，DNA 传递进入细胞，形成包涵体或进入溶酶体，其中一小部分 DNA 能从包涵体内释放，并进入细胞质中，再进一步进入核内转录、表达。

【材料、试剂和器具】

1. 材料

果蝇 S2 细胞。

2. 试剂

果蝇 Schneider 培养基、链霉素/青霉素、FBS（胎牛血清）、台盼蓝（trypan blue）、PBS（磷酸盐缓冲液）、Effectene 转染试剂（Qiagen）。

3. 器具

20μL/200μL/1mL 微量移液器、5mL 移液器、细胞培养用超净工作台、酒精灯、废液缸、细胞计数板、涡旋振荡器、恒温水浴箱、台式离心机、25cm² 培养瓶、6 孔与 24 孔培养板、离心管、倒置显微镜、荧光显微镜、细胞培养箱。

【实验程序】

1. 冻存细胞的复苏

（1）准备 30℃水浴，并将 Schneider 培养基预先放至室温，并在超净工作台中取 5mL 培养基到一新 25cm² 培养瓶中。

（2）从液氮罐中取出一管冻存细胞，并快速在 30℃水浴中解冻。

(3) 在细胞完全解冻之前，用70%乙醇将细胞冻存管外面消毒，并将细胞转入到盛有5mL培养基的$25cm^2$培养瓶中。

(4) 在室温培养30min。

(5) 重新悬浮细胞，并用1000g转速离心。去除含有DMSO的培养基，并将细胞转入含有另一个盛有5mL培养基的$25cm^2$培养瓶中。

(6) 将细胞放入培养箱培养，至细胞长至$6\times10^6\sim20\times10^6$个细胞/mL。这需要3～4d。

2. 细胞继代培养

(1) 首先将培养瓶置于显微镜下，观察培养瓶中细胞是否已长成致密单层，如已长成单层，即可进行细胞的传代培养。

(2) 用手反复敲打培养瓶，使细胞从培养瓶上分离下来。

(3) 用5mL移液器吸取培养瓶里的培养基冲洗整个培养瓶的培养面，将仍然留在培养瓶上的细胞洗下来。

(4) 用5mL移液器快速吹打培养基几次，使细胞团解离并尽可能形成单细胞。

(5) 将细胞按1∶5～1∶3的比例分到新的培养瓶中，然后加入新的Schneider培养基。例如，若原先培养瓶中的细胞浓度达到2×10^7个细胞/mL，取1mL该细胞悬浮液，加入到一新培养瓶中，并在该培养瓶中加入1mL Schneider培养基，即为1∶5。

(6) 将继代后的培养瓶放入培养箱培养，至细胞长至$6\times10^6\sim20\times10^6$个细胞/mL，或用于其他实验。

3. 细胞转染

(1) 将S2细胞按1.6×10^5个/孔铺在6孔培养板（每个孔2mL）中，每孔加入1.6mL含血清和抗生素的培养基。在室温下培养过夜。

(2) 第2天，用培养基洗两次，每个孔1mL。

(3) 转染当天，取事先溶于pH 7～8的TE缓冲液的DNA 0.4μg（DNA浓度要求不低于0.1μg/μL），用EC buffer稀释至总体积为100μL。加入3.2μL Enhancer（一定要保证DNA总量与Enhancer体积的比例为1μg∶8μL），然后振荡1s混匀。

(4) 将混合物室温（15～25℃）孵育2～5min，然后快速地离心一下，以将离心管顶部的液滴全部收集至管底。

(5) 在上述体系中加入10μL Effectene制剂（可以不必一直将其置于冰上，在室温中放置10～15min不会改变它的稳定性），用移液器反复吹吸5次或者涡旋10s。

(6) 将混合物置于室温，孵育5～10min以形成转染复合物，孵育期间进行下一步。

(7) 从细胞培养板里轻轻吸弃原培养基，然后用3mL PBS洗涤一次，最后再加入 1.6mL 新鲜的培养基（可以包含血清和抗生素）。

（8）在第 6 步孵育完成后，向其中加入 600μL 培养基（可以包含血清和抗生素）。用移液器吹吸 2 次，然后立即将复合物逐滴加入 6 孔培养板的细胞中。轻摇培养板以使转染复合物分布均匀。

（9）将细胞放回培养箱，继续培养直至转染的目的基因表达。培养时间由实验要求和所使用的目的基因决定。

【结果与分析】

（1）良好生长的 S2 细胞如图 3.7.1 所示。

（2）转染后 S2 细胞的检测。可以根据转染质粒中所带有的标记标签来检测。图 3.7.2 即利用免疫荧光法检测转染后的 S2 细胞。

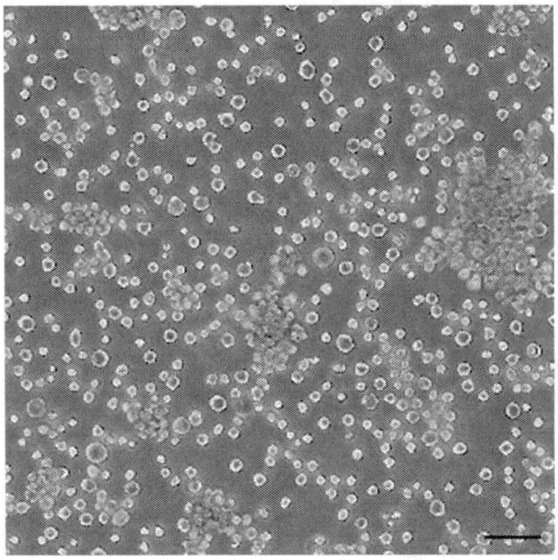

图 3.7.1　相差显微镜下观察到的生长良好的 S2 细胞（标尺 100μm）

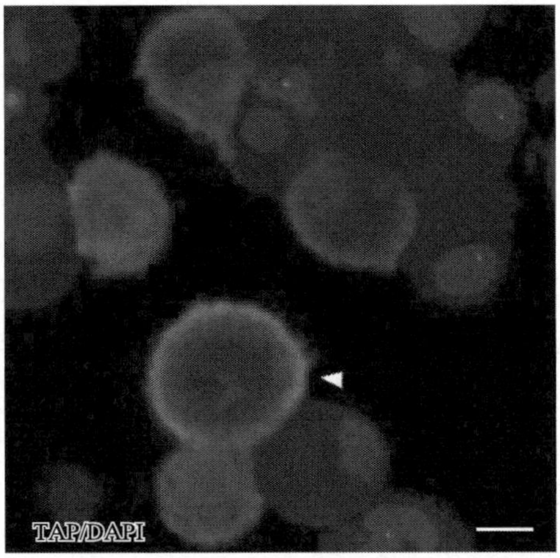

图 3.7.2　转染的 S2 细胞的免疫荧光染色（红色）（蓝色标记细胞核）（标尺 100μm）（见彩图）

【注意事项】

（1）实验过程所有的与细胞接触的试剂和仪器必须是无菌的。

（2）实验开始之前要确保有冻存的 S2 细胞。

（3）在细胞转染继代前要数细胞数，确保细胞密度合适。利用台盼蓝检测细胞活性。

（4）由于 S2 细胞是半悬浮状态，因此，最好不要直接在培养瓶中洗细胞，而是将细胞悬浮后，离心洗涤。

（5）转染细胞时确保细胞处于对数生长期，以获得最佳转染效率。

【思考题】

1. 在复苏冻存细胞时要注意什么？
2. 影响细胞生长速率的因素有哪些？
3. 如何才能获得较佳的转染效率？

实验3.8　果蝇基因组DNA的提取

【实验目的】

掌握果蝇基因组DNA提取的方法。

【实验原理】

DNA、RNA和核苷酸都是极性化合物，一般都溶于水，不溶于乙醇、氯仿等有机溶剂，它们的钠盐比游离酸易溶于水，RNA钠盐在水中溶解度可达40g/L。DNA在水中为10g/L，呈黏性胶体溶液。

在酸性溶液中，天然状态的DNA以脱氧核糖核蛋白（DNP）形式存在于细胞核中。要从细胞中提取DNA时，先把DNP抽提出来，再把P除去，再除去细胞中的糖、RNA及无机离子等，从中分离DNA。DNP和RNP在盐溶液中的溶解度受盐浓度的影响而不同。DNP在低浓度盐溶液中，几乎不溶解，如在0.14mol/L的氯化钠溶液中溶解度最低，仅为在水中溶解度的1%，随着盐浓度的增加溶解度也增加，至1mol/L氯化钠溶液中的溶解度很大，比纯水高2倍。RNP在盐溶液中的溶解度受盐浓度的影响较小，在0.14mol/L氯化钠溶液中溶解度较大。因此，在提取时，常用此法分离这两种核蛋白。

苯酚/氯仿作为蛋白质变性剂，同时抑制了DNase的降解作用。用苯酚处理匀浆液时，由于蛋白质与DNA连接键已断，蛋白质分子表面又含有很多极性基团与苯酚相似相溶。蛋白质分子溶于酚相，而DNA溶于水相。离心分层后取出水层，多次重复操作，再合并含DNA的水相，利用核酸不溶于醇的性质，用乙醇沉淀DNA。此法的特点是使提取的DNA保持天然状态，真核细胞DNA的分离通常是在EDTA及SDS一类去污剂存在下，用蛋白酶K消化细胞获得。

【材料、试剂和器具】

1. 材料

新鲜的成体果蝇或者－80℃冻存的果蝇。

2. 试剂

裂解液［0.1mol/L Tris-HCl（pH 8.5），0.1mol/L EDTA（pH 8.0），0.1mol/L NaCl，0.5% SDS］、3mol/L NaAc（pH 5.2）、苯酚/氯仿/异戊醇（25∶24∶1）、

异丙醇、70%乙醇、无水乙醇、RNase、无菌水或 TE 缓冲液。

3. 器具

离心机、恒温水浴锅（或干式恒温器）、台式高速离心机、匀浆器、离心管、电泳装置等。

【实验程序】

（1）将待测果蝇用 CO_2 麻醉后每 2～5 只收集到一个离心管中，并放置于冰上。

（2）每个离心管中分别加入 30μL 裂解液，并用匀浆棒将果蝇充分捣碎，然后再加入 170μL 裂解液。裂解液用之前需在 55℃条件下溶解。

（3）将离心管放置 70℃干式恒温器上孵育 30min，孵育期间可间断混合以确保裂解充分。

（4）裂解后每管加入 20μL 3mol/L NaAc（pH 5.2）并混合均匀（NaAc 可增加溶液盐浓度，促进 DNA 沉淀）。

（5）加入 1 倍体积即 220μL 苯酚/氯仿/异戊醇（25∶24∶1）的混合溶液，涡旋混合均匀（苯酚/氯仿/异戊醇作用为使蛋白质变性，有助于溶液分相，使离心后的上层水相、中层变性蛋白质相及下层有机相维持稳定，同时异戊醇还能减少抽提过程中产生的气泡）。

（6）以最大转速离心 10min。

（7）将上清液（水相）吸出并转移到一个新的离心管中。

（8）用 0.6 倍上清液体积的异丙醇沉淀 DNA，混匀后以最大转速离心 10min（混匀后静置一段时间再离心，效果更好）。

（9）弃上清，并加入 1mL 70%乙醇洗涤沉淀，上下翻转离心管混匀，然后离心 5min（可重复洗涤 DNA，效果更好，乙醇可洗去 DNA 沉淀表面的有机溶剂）。

（10）倒掉乙醇，再将离心管放入离心机中瞬时离心，用枪将乙醇吸干净，并静置 2～5min 使乙醇挥发干净。

（11）待乙醇挥发干净后用 30μL ddH_2O 溶解 DNA 沉淀，每管加入 1μL RNase，混合后在室温静置 5～10min 便可进行 PCR 反应或于−20℃冰箱保存。

（12）电泳检测其完整性。

【结果与分析】

（1）果蝇基因组 DNA 纯度分析。用紫外分光光度计在 230nm、260nm 和 280nm 波长分别读数。1 个 OD_{260} 值相当于 50μg/mL 双链 DNA。可用 OD_{260}/OD_{280} 与 OD_{260}/OD_{230} 的比值估计样品 DNA 的纯度。对于纯 DNA 制品，其 $OD_{260}/OD_{280} \approx 1.8$，$OD_{260}/OD_{230} > 2.0$。若 $OD_{260}/OD_{280} > 1.8$ 则表明可能有 RNA 污染；若 $OD_{260}/OD_{280} < 1.8$ 则表明可能有蛋白质污染。

（2）果蝇基因组DNA完整性分析。通过琼脂糖电泳可初步检测基因组DNA的完整性。完整的基因组DNA在20kb左右呈现一条电泳带，若DNA已降解，则电泳条带呈现弥散状。

【注意事项】

（1）果蝇要研磨充分，否则会降低DNA的产量。

（2）在离心后要注意避免吸取沉淀，并记录每管吸取上清液的体积。

（3）要使乙醇完全挥发，残留乙醇会影响后续酶活性。

（4）注意不要过度干燥DNA沉淀（pellet），否则DNA会很难溶解。

【思考题】

1. 在提取基因组DNA的过程中，如何尽量避免DNA降解？
2. 如何有效去除蛋白质和RNA？

第四章 细胞工程与转基因技术

细胞工程是应用细胞生物学和分子生物学的理论与方法，按照人们设计的蓝图，进行在细胞水平上的遗传操作及进行大规模的细胞和组织培养。因此，细胞工程中常常运用到各种转基因技术中。转基因是利用分子生物学技术，将某些控制良好性状的基因转移到其他物种中，改造生物的遗传物质，使遗传物质在性状、营养和消费品质等方面为人类造福。本章将介绍酵母细胞、植物细胞及动物细胞的细胞工程和转基因技术。

实验 4.1 酵母细胞的乙酸锂（LiAc）转化

【实验目的】

1. 掌握外源质粒 DNA 转化酵母的方法。
2. 了解在酵母中对异源基因进行功能分析的方法。

【实验原理】

酿酒（芽殖）酵母（*Saccharomyces cerevisiae*）的外源 DNA 转化是比较成熟的一种技术手段，这一操作简便易行也是酿酒酵母成为模式生物的原因之一。转化的 DNA 可与酵母基因组发生同源重组，便于遗传操作；转化操作也使酵母细胞表达外源蛋白成为可能。成功的转化依赖 3 个方面，即转化方法、合适的筛选标记及载体系统。

最初的酵母转化方法使用的是聚乙二醇（PEG）和 $CaCl_2$ 介导的方法。后来这一方法逐渐被 LiAc/PEG/单链载体 DNA 高效转化法所代替，并被广泛使用。除化学转化方法外，电击转化也可以达到非常高的转化效率。方法的选择取决于不同实验目的，如转化质粒的实验只需得到一定数目的转化子，各种实验方法、各种酵母株系都可以比较方便地实现；如果建库、筛库实验则需要得到 10^6 以上的转化子，转化方法和酵母受体（所选菌株株系）就必须有所选择。LiAc 和电击转化在优化的条件下都可以得到比较高的转化效率。

酵母细胞转化发生的频率很高，但是转化体系中仍有相当一部分酵母细胞未发生转化。因此用较为可信的筛选标记筛选真正转化的酵母细胞是十分必要的。酵母细胞转化常用的筛选标记为营养缺陷筛选。例如，*LEU2* 基因编码 β-异丙基苹果酸脱氢酶（β-isopropylmalate dehydrogenase），该酶催化亮氨酸生物合成的第三步反应。这一基因可以互补酵母细胞内源 *leu2* 的突变，成功转化的酵母细胞可恢复该株系在缺少亮氨酸（leucine）的培养基上的生长。同样的筛选标记还包括 *URA3*（尿嘧啶代谢缺陷株系筛选标记）、*HIS3*（组氨酸代谢缺陷株系筛选标记）、*TRP1*（色氨酸代谢缺陷株系筛选标记）。这些筛选标记基因在酵母受体基因组中回复突变的可能性很小。例如，*leu2-3*、*112* 两个位点突变回复的概率比较低（$<10^{-10}$），保证了营养缺陷筛选的可信性。一般酵母细胞同时拥有多种筛选标记（如 *leu2*、*his3*、*ura3* 基因型的酵母细胞），因此选择合适的载体便十分重要。除了营养筛选外，目前应用较多的还有抗性筛选，如抗生素 G418 的抗性基因 *KanMX4*。抗性筛选标记的应用前景可能会更加广泛。

酵母转化的载体系统携带 DNA 进入酵母细胞后，细胞保证 DNA 复制的方式有两种。载体（整合型载体）上有同源重组序列使转化进入细胞的 DNA 整合到酵母基因组中，或载体（游离型载体）本身存在复制序列并可以在有丝分裂中分配到子细胞中。一般游离型载体上多含有 *CEN/ARS* 元件。*CEN/ARS* 质粒载体（CEN 质粒）比仅含有 *ARS* 元件的 ARS 质粒载体更加稳定。酵母内源质粒复制元件 2μ 复制起点是较为常见的复制元件，拥有这一复制起点的质粒表现较高的拷贝数，对于外源蛋白的表达十分有利。除酵母细胞中的筛选标记、复制元件外，载体上还应存在大肠杆菌中的复制子和抗性基因以保证克隆、扩增，常用载体均属于这种可在两种细胞内复制的穿梭质粒（大肠杆菌细胞和酵母细胞）。需要外源蛋白表达的载体还需要有相应的启动子、转录起始位点、转录终止子、多克隆位点等必要元件，有些载体还存在翻译终止子。

本实验介绍的乙酸锂（LiAc）转化方法为小规模的酵母转化方法。

【材料、试剂和器具】

1. 材料

酿酒（芽殖）酵母 DY1457（*MAT ade6can1his3leu2trp1ura3*）；

质粒 pYES2、pYES-GFP。

2. 试剂

（1）单链高分子质量载体 DNA（carrier ssDNA）（10μg/mL）。

（2）10×乙酸锂溶液：1.0mol/L 乙酸锂，稀酸调 pH 至 7.5，过滤灭菌。

（3）50%（*W/V*）PEG-3350，过滤灭菌。

（4）10×TE 缓冲液：0.1mol/L Tris-HCl（pH 7.5），0.01mol/L 乙二胺四乙酸二钠（EDTA-Na_2）。

（5）无菌 ddH_2O。

（6）40%（*W/V*）葡萄糖储备液（20×）。

（7）40%（*W/V*）半乳糖储备液（20×）。

（8）YPDA 液体培养基：酵母提取物 10g/L、蛋白胨 20g/L、葡萄糖 20g/L、0.2% 腺嘌呤半硫酸盐溶液 15mL/L，固体培养基还要另行加入琼脂粉 20g/L。

（9）酵母转化筛选培养基（SD-Ura）。SD-Ura 培养基是在合成葡萄糖极限培养基（synthetic dextrose minimal medium）的基础上添加缺少相应氨基酸混合物配制而成的。其名称为（合成）完全极限缺失成分培养基（synthetic complete dropout media），其缩写为 SD-Ura，意为在 SD 培养基基础上添加了缺少尿嘧啶的氨基酸混合物。有些材料将其缩写命名为 SC 或 CM，但其成分是一致的。

i. 酵母基本氮源（无氨基酸）（yeast nitrogen base without amino acids）0.67g。

ii. 琼脂（液体不加）2g。

称取上述药品加 ddH_2O 至 80mL，调 pH 至 5.8，定容至 85mL，高温灭菌（121℃，15min）。待温度降至 55℃时，加入预热（至少室温放置 30min）无菌的 40%葡萄糖或半乳糖储备液 5mL 及预热的缺陷营养成分混合物母液 10mL。一般情况下，以葡萄糖为碳源的固体培养基用于转化子的筛选，以葡萄糖为碳源的液体培养基用于转化后阳性克隆的摇培。由于本实验使用的质粒载体的需要，需用以半乳糖为碳源的液体培养基摇培以诱导蛋白质表达。

iii. 缺陷氨基酸营养成分混合物 10×母液（100mL）

腺嘌呤半硫酸盐（adenine hemisulfate）（Sigma）	0.04g
精氨酸（盐酸盐）（L-arginine HCl）	1g
组氨酸（一水合盐酸盐）（L-histidine HCl monohydrate）	0.1g
亮氨酸（L-leucine）	0.1g
蛋氨酸（L-methionine）	0.1g
色氨酸（L-tryptophan）	0.1g
尿嘧啶（uracil）	0.026g

SD-Ura 培养基缺陷营养成分混合物母液不应添加尿嘧啶，同理 SD-Leu/-His 培养基缺陷营养成分混合物母液不应添加亮氨酸和组氨酸。这里列出的营养成分比常规的缺陷营养成分混合物的组成少，均为完成实验所需的必要营养。根据不同的实验需要，营养成分混合物的组成也需要调整。

3. 器具

超净工作台、恒温培养箱、恒温摇床、台式离心机、荧光显微镜、三角瓶、培养皿、微量取样器、枪头、50mL 大离心管、1.5mL 小离心管、接种环、涂布器等。

【实验程序】

1. 酵母细胞的 LiAc 转化

1）第一天菌种活化　　接种 5mL 液体 YPDA，30℃下振荡培养过夜。

2）第二天酵母感受态细胞的制备与转化

（1）计数过夜培养物细胞密度，以 5×10^6 个细胞/mL 的细胞密度接种于 50mL YPDA 培养液。

（2）置于30℃，250r/min振荡培养至2×10^7个细胞/mL，通常需要3～5h，该培养物的细胞可供10次转化用。

注意：①重要的是让细胞至少完成两次分裂；②在细胞的3～4次分裂期间，转化效率恒定。

（3）用50mL无菌离心管取50mL菌液，4000*g*离心5min收集细胞。

（4）弃培养液，把细胞悬浮在2.5mL无菌水中，4000*g*离心5min收集细胞。

（5）弃水，把细胞悬浮在1mL的100mmol/L（1×）乙酸锂（LiAc）/TE缓冲液中。

（6）同上离心1～2min沉淀细胞（仅需将菌体离心至离心管底即可），用微量移液器小心吸出上清。

（7）在离心管中再加入1mL 0.1mol/L乙酸锂（LiAc）或0.01mol/L TE混合缓冲液，用于悬起细胞。根据转化需要的量分装细胞悬液。分装后的离心管作为转化的转化管（一般情况下可分装至10管以上，可完成10种质粒的转化。若某些突变株不易增殖，细胞数目可能较少，这时可以分装2～4管满足转化所用的细胞，以达到较高的转化效率）。

（8）再次2500*g*离心1～2min转化管沉淀细胞（仅需将菌体离心至离心管底即可），用微量移液器小心吸出上清。

（9）将1mL单链载体DNA（carrier ssDNA）样品煮沸5min，快速在冰水中冷却。

注意：没必要每次都煮沸单链载体DNA，分装成小份冻存。冻融3～4次后，需要时再煮沸，取出后应保持在冰上。

（10）将程序（9）准备的转化管加入转化混合物。基本“转化混合液”由下列成分组成，小心按下列顺序加入：

50% PEG（*W*/*V*）（加入后用枪头上下吹打，尽量将菌体悬浮）	240μL
1.0mol/L（10×）乙酸锂	36μL
单链载体DNA（2.0mg/mL）	25μL
水和质粒DNA（0.1～10μg）	50μL

注意：按顺序加入是很重要的。应考虑最先加入PEG可保护细胞免受高浓度乙酸锂的不利影响；这一步也可先配制成PEG、LiAc、载体DNA混合物，冰浴，最后加入相应的质粒，并做好标记。如果自备试剂作转化，不加入单链载体DNA也可以完成较高效率的转化，即应用未去RNA的质粒DNA完成转化。应用碱裂解法提取50mL大肠杆菌质粒，提取后不用RNase处理提取的质粒，未去除的RNA可以充当单链载体DNA的作用。一般情况下，50mL菌液提取的质粒加入10～40μL即可完成转化。

（11）用枪头吹打每个转化管直到细胞完全混匀，通常需要1min左右。

（12）30℃保温30min（可选步骤）。

(13) 42℃水浴中热激 20～25min。

注意：最适热激时间随不同酵母而异。如果需要获得高转化频率，需事先测试最佳时间。

(14) 以 2500g 离心 1～2min，用微量移液器除去转化混合液。

(15) 吸取 0.2～1.0mL 无菌水加到每个反应管中，用移液器上下轻轻抽提以悬浮沉淀。

注意：如果想获得高转化频率，这一步尽可能温和操作。

(16) 将等份的 100～200μL 转化的细胞悬液涂布在相应缺陷型 SD 培养选择平板上，28～30℃培养 2～4d，观察并记录结果。这里用未转化质粒（加入相应体积无菌水）的酵母突变体作对照。本实验用于涂布的培养基为 SD-Ura 培养基。

本实验的转化步骤见图 4.1.1。

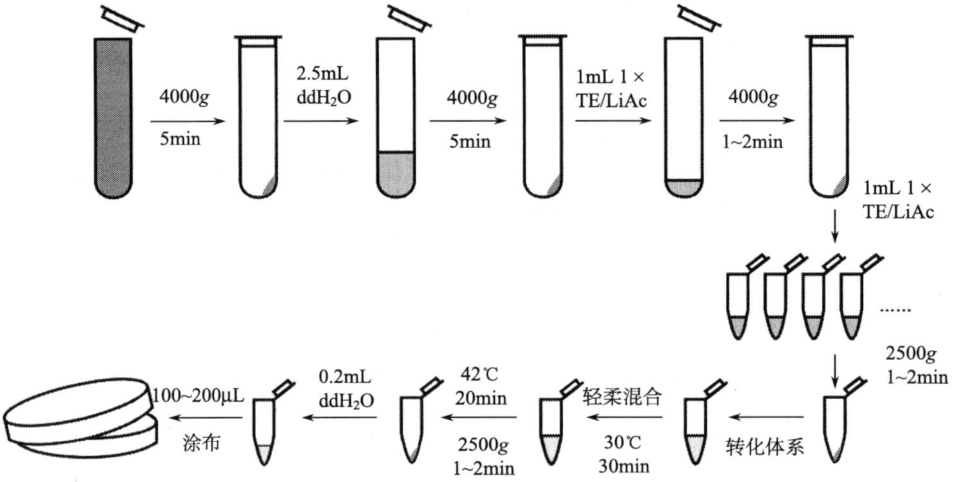

图 4.1.1 转化步骤图解

2. 酵母细胞表达绿色荧光蛋白的观察

挑取 SD-Ura 培养基的阳性克隆，用葡萄糖为碳源的 SD-Ura 液体培养基摇培至 OD_{600} 大于 1。离心摇培细胞，用半乳糖为碳源的 SD-Ura 液体培养洗涤细胞一次，离心沉淀后，将细胞悬浮于半乳糖为碳源的 SD-Ura 液体培养 8～12h。观察绿色荧光蛋白的表达情况。转化有空载体的转化子应同时作相应处理作为对照。

【结果与分析】

分别记录转化子在 SD-Ura 培养基上生长的结果并分析原因。

【思考题】

1. 如果实验所用载体使用的是色氨酸的筛选标记，转化子的筛选培养基应使用什么培养基？若同时转化两种质粒，载体上分别带有组氨酸、色氨酸的筛选标记，转化子的筛选培养基应使用什么培养基？

2. 转化子培养用两种碳源的培养基的原因是什么？

附 1. pYES2 载体简介（Invitrogen 载体说明手册）

pYES2 是可用于酿酒酵母表达的诱导型载体。筛选标记为 *URA3*，酵母受体需为 *ura3* 基因型酵母细胞。载体上元件除 *URA3* 外，还包括 *GAL1* 启动子，可被半乳糖诱导表达该启动调控下的下游基因，葡萄糖则抑制目的基因的表达；多克隆位点；*CYC1* 转录终止子；大肠杆菌复制起点以保证该质粒在大肠杆菌中的克隆；氨苄青霉素抗性基因，用于大肠杆菌中的筛选。

pYES-GFP 质粒是利用多克隆位点中的 *Bam*HⅠ和 *Eco*RⅠ酶切位点将 EGFP 编码序列连接到载体上形成的 GFP 表达载体（图 4.1.2）。

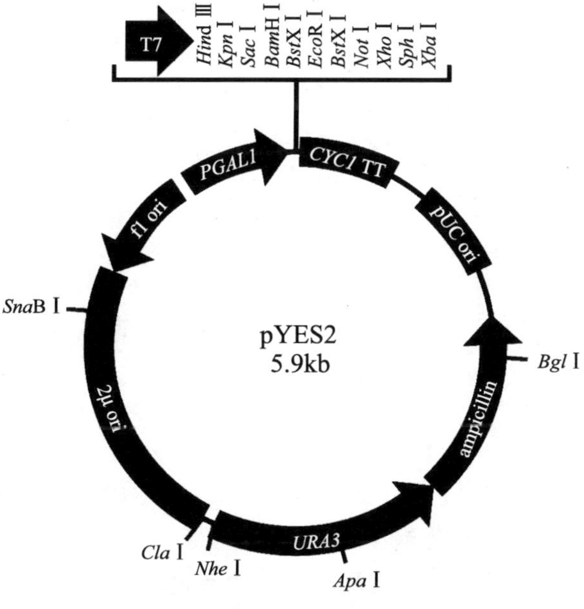

图 4.1.2　pYES2 载体图（Invitrogen 载体操作手册）

附 2. 酵母遗传学命名法（Burke，2000）

早期介绍的酵母遗传学命名法及其规则已由 Sherman 和 Lawrence 于 1974 年及 Sherman 于 1981 年做了概述。基因符号应与 Demerec 等于 1966 年提出的标准一致，即 3 个斜体字母命名（如 *arg*）。与 Demerec 等于 1966 年提出的标准不同的是，遗传学基因座通过跟在基因符号后的一个数字（而不是字母）来表示，如 *arg2*。显性等位基因使用基因符号的 3 个斜体大写字母来表示，如 *ARG2*。小写斜体字母则代表隐性等位基因，如营养缺陷型 *arg2*。野生型基因用一个右上角带＋

的符号表示，如 *sup6*$^{+}$或 *ARG2*$^{+}$。用一个连字符号将一个数字与一个基因座标记隔开的方式表示该座位上的等位基因，如 *arg2-14*。座位序号应与原来的标记一致，但等位基因的序号可能因不同实验室有所不同。

表型的名称通常用右上角带有＋或－的罗马字的相应基因标记表示，如用 Arg^{+}和 Arg^{-}分别表示精氨酸非依赖型和精氨酸依赖型。

下面的例子说明了用于酿酒酵母遗传学命名的规则。

ARG2	一个基因座或显性等位基因
arg2	一个产生依赖精氨酸作为表型的基因座或隐性等位基因
ARG2^{+}	该基因的野生型等位基因
arg2-9	一个特异等位基因或在 *ARG2* 基因座突变
Arg^{+}	一个不依赖精氨酸的菌株
Arg^{-}	一个依赖精氨酸的菌株
Arg2p	表示 *ARG2* 基因的蛋白质产物

除了上述普遍规则外，还存在一些特殊规则。基因簇、同一基因内的互补群或一个基因中具有不同特性的区域可以用带有大写字母的相应基因座标记表示，如 *his4A*、*his4B*。

随着酵母重组 DNA 技术的广泛应用，引入了一种适合于基因插入、基因融合和质粒命名的方法，如下。

ARG2∷*LEU2*	*LEU2* 基因插入 *ARG2* 基因座，但插入的位置没有破坏 *ARG2* 的功能
arg2∷*LEU2*	*LEU2* 基因插入 *ARG2* 基因座，但插入的位置破坏了 *ARG2* 的功能
arg2-101∷*LEU2*	*LEU2* 基因插入 *ARG2* 基因座，插入的位置破坏了 *ARG2* 的功能且标明了被破坏等位基因的位置
cyc1-arg2	*CYC1* 和 *ARG2* 基因发生融合，融合后的两个基因都是无功能的
P_{cyc1}-*ARG2*	*CYC1* 基因启动子和 *ARG2* 基因的融合体，融合后的 *ARG2* 基因是有功能的
[Ycp-*ARG2*]	携带一个有功能 *ARG2* 基因座的着丝粒质粒
[pCK101]	表示一个具体的质粒，其结构可查资料

命名过程中会尽量避免使用上标，但有时为了方便也会使用右上标 R 或 S 来区分抗性或敏感基因。例如，控制刀豆氨酸盐抗性（*can1*）和硫酸铜抗性（*CUP1*）的基因及其敏感等位基因可分别用 *can*^{R}*1*、*CUP*^{R}*1*、*CAN*^{S}*1* 和 *cup*^{S}*1* 表示。

交配型和相关基因的野生型和突变型等位基因的命名法不遵循上述规则。交配型基因座两种野生型等位基因用 *MAT a* 和 *MAT α* 表示；*MAT* 基因的突变体用 *mata-1*、*matα1-1*。*MATa* 和 *MATα* 细胞的交配表型分别用 a 和 α 表示。

实验 4.2 HeLa 细胞的传代培养

【实验目的】

1. 掌握 HeLa 细胞的培养方法。
2. 认识 HeLa 细胞增殖生长规律。

【实验原理】

细胞培养（cell culture）是模拟机体内生理条件，在人工条件下使其生存、生长、繁殖和传代，进行细胞生命过程、细胞癌变等问题的研究。近年来，广泛地应用于分子生物学、遗传学、肿瘤学、细胞工程等领域，发展成一种重要的生物技术。细胞株要在体外持续地培养就必须传代，以便获得稳定的细胞株或得到大量的同种细胞，并维持细胞种的延续。培养的细胞形成单层汇合以后，由于密度过大生存空间不足而引起营养枯竭，将培养的细胞分散，从容器中取出，以 1∶2 或 1∶3 以上的比率转移到另外的容器中进行培养，即为传代培养。细胞“一代”指从细胞接种到分离再培养的一段时间，与细胞世代或倍增不同。在一代中，细胞倍增 3～6 次。细胞传代后，一般经过 3 个阶段：游离期、指数增长期和停止期。细胞接种 2～3d 分裂增殖旺盛，是活力最好时期，称指数增长期（对数生长期），适宜进行各种实验。

Henrietta Lacks 是一位患有子宫颈癌的美国妇女的名字，HeLa 是 Henrietta Lacks 的简称，在她因病去世后，该细胞被广泛应用到各种研究中，并在全球不同科研机构中无限次地繁殖分裂下去。HeLa 细胞建立细胞系已经 50 多年了，是人们所知存在时间最长的细胞。此细胞系跟其他癌细胞相比，增殖异常迅速；其培养方法也已经很成熟。

【试剂和器具】

1. 试剂

（1）75％ 乙醇。

（2）配制好的 PBS 用灭菌锅 15lb①、20min 蒸汽灭菌。

（3）DMEM 培养液、小牛血清、胰蛋白酶消化液、100μg/mL 青霉素及 100μg/mL 链霉素用 G6 滤器负压抽滤后备用。

2. 器具

37℃、5％二氧化碳培养箱，超净工作台，倒置光学显微镜，酒精灯，37℃水浴锅，培养瓶等，无菌培养瓶，吸管，瓶塞，手套等。

---

① 1lb＝0.453 592kg

【实验程序】

（1）将 PBS 和新鲜培养基放置在 37℃水浴锅中预热。

（2）将长成单层的 HeLa 细胞从二氧化碳培养箱中取出，在超净工作台中倒掉瓶内的培养液。

（3）加入 PBS 10mL，洗净残留的培养液。

（4）加入 1mL 胰蛋白酶消化液消化，置于二氧化碳培养箱中，37℃ 静置 5min。

（5）在倒置光学显微镜下观察被消化的细胞，如果细胞变圆，相互之间不再连接成片，这时应立即在超净工作台中将消化液倒掉。

（6）加入 6mL 新鲜培养液，上下反复吹打，制成细胞悬液。

（7）将细胞悬液吸出 2mL 左右，加到另一个培养瓶中并向每个瓶中分别加 8mL 左右培养液，这样原细胞培养液就以 1∶3 的比率转移到了新的容器中。盖好瓶塞，送回二氧化碳培养箱中，继续进行培养。

（8）无菌操作中的注意事项：在无菌操作中，一定要保持工作区的无菌清洁。为此，在操作前要认真戴手套，并在手套上喷洒 75%乙醇消毒。操作前 30min 用紫外灯照射超净工作台消毒。操作时，严禁说话。培养瓶要在超净工作台内才能打开瓶塞，打开之前用乙醇将瓶口消毒，打开后和加塞前瓶口都要在酒精灯上烧一下，打开瓶口后的操作全部都要在超净工作台内完成。操作完毕后，加上瓶塞，才能拿到超净工作台外。使用的吸管在从消毒的铁筒中取出后要手拿末端，将尖端在火上烧一下，戴上胶皮乳头，然后再去吸取液体。总之，在整个无菌操作过程中都应该在酒精灯的周围进行。

【结果与分析】

一般情况，传代后的细胞在 2h 左右就能附着在培养瓶壁上，2～4d 就可在瓶内形成单层，需要再次进行传代。如果在传代过程中发生污染，则在第二天 HeLa 细胞会悬浮死亡，而培养皿中细菌或真菌会大量繁殖。

【思考题】

什么是细胞传代？细胞传代过程中要注意哪些无菌操作事项？

实验 4.3　脂质体介导的外源基因转染 HeLa 细胞

【实验目的】

掌握脂质体介导的 HeLa 细胞转染法。

【实验原理】

转染指将具生物功能的核酸转移或运送到细胞内并使核酸在细胞内维持其生物功能。转染的方法包括 DEAE-葡聚糖法、磷酸钙法、病毒介导法、Biolistic 颗粒传递法、显微注射法、电穿孔法、阳离子脂质体法。其中阳离子脂质体法虽在体外转染中有很高的效率，但在体内，能被血清清除，并在肺组织内累积，诱发强烈的抗炎反应，导致高水平的毒性，这在很大程度上限制了其应用。新一代的脂质体（lipofectin reagent）基因转染试剂有效地解决了这个问题。此类试剂中带正电的聚合物与核酸带负电的磷酸基团形成带正电的复合物后与细胞表面带负电的蛋白质多糖相互作用，并通过内吞作用进入细胞。具有转染效率高，细胞毒性低等特点，是新一代的转染试剂。

本实验将使用 FuGENE 6。FuGENE 6 的细胞毒性很小，可转染的细胞系范围非常广泛，到目前为止已经超过 750 种。此外 FuGENE 6 转染试剂不仅可用于常规的 DNA 转染，还可用于长达 10kb 的大片段 DNA，寡聚核苷酸及核苷酸的转染，本实验将采用 FuGENE 6，以人组蛋白表达载体（pcDNA-GFP-H2AX）为外源 DNA，瞬时转染入 HeLa 细胞，并在显微镜下观察 GFP 信号。

【材料、试剂和器具】

1. 材料

HeLa 细胞。

2. 试剂

（1）75% 乙醇。

（2）配制好的 PBS 用灭菌锅 15lb、20min 蒸汽灭菌。

（3）DMEM 培养液、小牛血清、胰蛋白酶消化液、100U/mL 青霉素及 100μg/mL 链霉素用 G6 滤器负压抽滤后备用。

（4）pcDNA-GFP-H2A 储备液，过滤除菌。

（5）DAPI。

（6）指甲油。

3. 器具

培养瓶、吸管等在清洗干净以后，装在铝盒和铁筒中，121℃、2h 干烤灭菌后备用。瓶塞用灭菌锅 15lb、20min 蒸汽灭菌后备用。手套。6 孔培养板，盖玻片。37℃、5%二氧化碳培养箱，超净工作台，倒置光学显微镜，酒精灯，37℃水浴锅，6 孔培养皿，荧光显微镜等。

【实验程序】

（1）在转染实验前天接种细胞，接种前在 6 孔培养板里放入灭菌后的盖玻片。

各种细胞的平板密度依据各种细胞的生长率和细胞形状而定。进行转染当天细胞应达到 60%～80%覆盖。一般采用 6 孔培养皿，每孔 2mL 培养基含 2×10^5 个细胞。

(2) 第二天进行转染实验。从 4℃冰箱中取出 FuGENE 6，在室温化冻后混匀后取 3μL，用无血清培养基稀释到 100μL，混匀孵育 10min。

(3) 直接加入 1μg pcDNA-GFP-H2AX，混匀并孵育 15min 以上。

(4) 逐滴加入培养细胞的 6 孔培养板中，并振荡 6 孔培养板，使混合均匀。

(5) 培养细胞 1～3d 后检查结果。将盖玻片从 6 孔培养板里取出，用 DAPI 染色后，放置在载玻片上，用指甲油封片。

(6) 在荧光显微镜下观察 GFP 的自发荧光。

【结果与分析】

实验结果如图 4.3.1 所示。

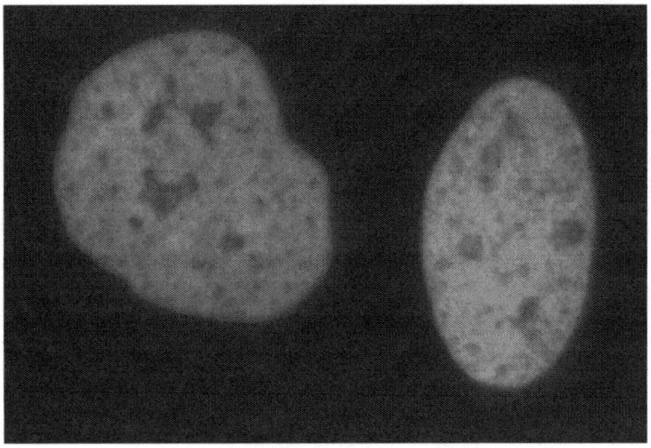

图 4.3.1　转入 H2AX-GFP 的 HeLa 细胞在荧光显微镜下发出绿色荧光信号

【注意事项】

(1) 转染前细胞最好经过 1～2 次传代，以保证细胞生长旺盛，容易转染。

(2) 转染时的细胞密度对转染效率影响非常显著。

(3) 用于转染的核酸应高度纯化。

(4) 在转染之前更换培养基，可提高转染效率，但所用培养基必须 37℃预温。

(5) 脂质体/DNA 混合物应当逐滴加入，尽可能保持一致，从培养皿一边到另一边，边加入边轻摇培养皿，以确保均匀分布和避免局部高浓度。

【思考题】

1. 如何确保比较高的转染效率？
2. 转染的方法有哪些？其中什么方法是最为优化的？

实验 4.4　植物原生质体的制备及基因的瞬时转化

【实验目的】

1. 掌握植物原生质体制备的方法。
2. 了解原生质体是进行基因功能分析的重要表达系统。

【实验原理】

植物原生质体是除去细胞壁的被质膜所包围的裸露细胞。用酶解法脱去细胞壁的原生质体在合适的离体培养条件下具有繁殖、分化、再生成为完整植株的能力。利用原生质体可开展因细胞壁存在而难以进行研究的问题，如质膜的表面特性、细胞壁的形成、细胞器的提取、体细胞的杂交，也适于作为基因工程的良好受体系统，通过基因转化获得转基因植株。植物原生质体是细胞水平上一种良好的研究系统。目前已经获得了从高等植物的根、茎、叶、花、果实、种子等各种组织和器官分离得到原生质体的技术，若利用无菌苗可免去表面灭菌的操作步骤并避免不适条件对材料生长造成的不良影响。而使用愈伤组织或悬浮细胞系制备原生质体则具有操作简易快捷的特点。

【材料、试剂和器具】

1. 材料

继代 3～4d 后的水稻悬浮系，带有 *GFP* 报告基因的瞬时转化膜泡载体 sec24∷GFP，和带有红色 *mCherry* 报告基因的瞬时转化质膜载体 pma2∷mCherry（不少于 1μg/μL）。

2. 试剂

全部溶液高压灭菌

200mmol/L MES（pH 5.7）	20mL
MES	0.78g
H_2O	20mL
酶解缓冲液（WDB）	100mL
200mmol/L MES（母液）	5mL
0.6mol/L 甘露醇（终浓度）	10.93g
H_2O	95mL

注意：因酶制剂经过高压灭菌处理后会失活，故先将 WDB 灭菌，待用时再将酶制剂按比例加入到已灭菌的 WDB 内。5mL 酶液可消化 30mL 水稻悬浮细胞（相当于首次离心后的 4～5mL 的悬浮细胞），酶液量可据转化数量调整。

W5 液（pH 5.7），4℃保存	200mL
200mmol/L MES（母液）	2mL
154mmol/L NaCl	1.780g
125mmol/L $CaCl_2$	2.775g
5mmol/L KCl	0.0746g
PEG 液（pH 5.7），4℃保存	12.5mL
40% PEG-3350	5g
0.6mol/L 甘露醇	1.364g
0.1mol/L $CaCl_2 \cdot 2H_2O$	0.139g
MMG 液（pH 5.7），4℃保存	25mL
200mmol/L MES（母液）	0.5mL
15mmol/L $MgCl_2 \cdot 6H_2O$	0.076g
0.6mol/L 甘露醇	2.733g
孵育液（pH 5.7），4℃保存	10mL
200mmol/L MES	0.2mL
4mmol/L KCl	0.003g
0.6mol/L 甘露醇	1.1g
154mmol/L NaCl	0.09g
125mmol/L $CaCl_2$	0.14g

3. 器具

高压灭菌锅、水浴锅、摇床、离心机、倒置显微镜、细胞筛、大小培养皿、15mL 刻度离心管、50mL 小烧杯、1mL/200μL 枪头及剪头枪头、50mL 锥形瓶、平皿。

注意：器皿均需要灭菌。

【实验程序】

本实验需要连续 2d，第一天原生质体制备和转化，第二天对转化后的原生质体进行显微观察。下述所有离心步骤需慢起慢停。

第一天：原生质体制备

(1) WDB 预热至室温，分别称量含纤维素酶和离析酶

细胞壁酶解液	5mL 含酶
1.5% 纤维素酶（cellulase-R10）	0.080g
0.75% 离析酶（macerozyme）	0.040g

(2) 用 5mL WDB 溶解酶，50～55℃避光水浴溶解 10min。含酶液加入 0.5% BSA 牛血清蛋白 0.005g，50mmol/L $CaCl_2$ 0.1mL。

(3) 选继代 3～4d 后的水稻悬浮细胞液分至 2 个 15mL 离心管，每管约

10mL。1900r/min 离心 5min。

(4) 移除上清，重悬于含有 5mL 含酶液体系的小烧杯（50mL）中，加入 5mmol/L β-巯基乙醇 5.25μL，混匀。

(5) 用锡纸包上，先 28℃，80r/min 的摇床中摇 0.5h，再 28℃，40r/min 摇 0.5h。

(6) 镜检，当视野中的细胞大部分已经变成单个又大又圆的原生质体时可进行下一步，否则继续酶解。

(7) 细胞筛过滤，并用 5mL W5 液冲洗。4℃，1900r/min 离心 15min。

(8) 快速弃上清，加入 3mL W5 液，剪掉枪头，轻柔地吹打细胞，使其充分混匀。

(9) 4℃，1900r/min 离心 15min，用枪头将上清小心地吸走，此时尽量吸干，保留沉淀。

(10) 加入 300μL MMG，用黄枪头（剪掉枪头）吹均匀。

(11) 取两个 1mL EP 管加入悬浮的原生质体 100μL。注：剪掉枪头，并将枪调制为 20μL。

加入双基因载体，即 15μg 含膜泡基因的重组载体 sec24∷GFP，和 15μg 含质膜重组载体 pma2∷mCherry（不少于 1μg/μL）。注：枪头插入原生质体打进基因后迅速取出。

(12) 加入 130μL PEG，用剪过头的黄枪头轻轻吹打，然后避光处理 15～20min。注：PEG 含量＝原生质体含量＋基因含量。

(13) 加入 500μL（2 倍体积）W5 液，1900r/min 离心 15min。

(14) 弃上清，加入孵育液（incubation solution）500μL，混匀后放入小皿中，过夜培养。

第二天：转基因原生质体观察

(1) 取出瞬时转化后的原生质体，小心吸取 200μL 放入显微镜用观察皿中，加盖，上镜观察明场下原生质体状态是否饱满良好。

(2) 开启荧光显微镜，按下激发按钮，开启荧光用光闸，选择蓝色激发光相应激发阻挡滤光片组，切断明场光路。

(3) 荧光观察原生质细胞瞬时表达情况。

(4) 关闭荧光显微镜，保存图像。

【实验结果】

实验结果如图 4.4.1 所示。

【思考题】

1. 影响原生质体成功制备的因素是什么？

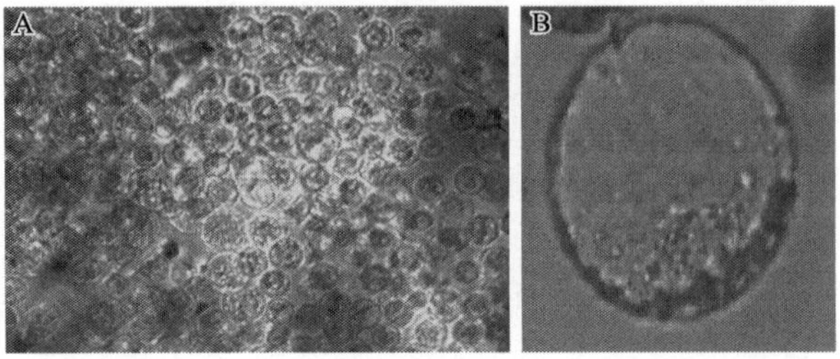

图 4.4.1　转化后的植物原生质体的显微观察

A. 200×；B. 400×

2. 基因的瞬时转化与稳定转化有何区别？

实验 4.5　细胞的融合

【实验目的】

掌握细胞融合的实验技术。

【实验原理】

细胞融合是 20 世纪 60 年代发展起来的一门细胞生物学技术。它不但在基础研究，如核质相互关系，而且在基因治疗、疾病诊治等应用领域也展现着美好的前景。细胞融合是指不同的细胞在离体条件下相互接触，用物理或化学的方法使其成为一体而产生杂种细胞的技术。细胞融合的方法有仙台病毒法、聚乙二醇（PEG）法及细胞融合电击仪技术，而现在普遍采取的是后两种方法。在诱导物作用下，相互融合的细胞发生凝集，随后在质膜接触处发生质膜成分变化，主要是某些化学键的断裂和重排，最后两个质膜融合，形成双核或多核细胞同核体或异核体。通过有丝分裂，细胞核便发生融合，形成杂种细胞。

1. 化学融合剂

化学融合剂是进入 20 世纪 70 年代以后才开始研究和使用的。其中使用最广泛的是聚乙二醇（PEG），它具有来源方便、活性稳定及诱导频率较高等优点，但它对细胞有毒。

通常情况下，选用相对分子质量 1000～4000，浓度 30%～50%的 PEG 进行细胞融合，同时也必须严格掌握它的处理时间，若按悬浮法，将细胞混合物悬于 30%～40%的 PEG-6000，再通过离心进行融合，以处理 5～8min 为宜，随后均需立即加液稀释，并及时中止 PEG 作用。

2. 电融合法

电融合法的原理是将游离细胞或原生质体，置于电融合室中，在高频交流电的作用下，细胞被极化，成为偶极子，造成细胞之间连接，如果加的高频交流电压过高或电击时间过长，则细胞连接成串珠状，因适当控制以上条件，尽量使两细胞处于点接触状态；然后施加六波脉冲予以刺激。由于电脉冲的瞬间作用，可击破细胞接触点部位的质膜，此时质膜的脂类分子发生重组，同时由于细胞表面的张力作用，使两细胞融合逐步完成。

植物细胞融合除了需要有效的促融合方法外，另外的重要条件是要制备原生质体。动物细胞的外层只有一层脆弱的细胞膜，融合前无需作前期处理。而植物和微生物细胞则不同，尤其是植物细胞，其中外部有一层天然屏障——坚硬的细胞壁。为了促使这样的细胞融合，就必须事先去细胞壁，才能获得植物原生质体或微生物原生质。因此在植物和微生物细胞融合中一般属于原生质体融合。由此可看出，不同类型的细胞融合需要作不同的前期处理，以保证细胞融合的实现（李素文，2001；奥斯伯等，1998）。

【材料、试剂和器具】

1. 材料

1 龄公鸡，洋葱根尖原生质体，转基因 *GFP* 的烟草原生质体。

2. 试剂

1）动物细胞融合试剂

（1）GKN 液：NaCl 8g，KCl 0.4g，$Na_2HPO_4 \cdot 2H_2O$ 1.77g，$NaH_2PO_4 \cdot 2H_2O$ 0.69g，葡萄糖 2g，酚红 0.01g，溶于 1000mL 蒸馏水中。

（2）Alsver 液：葡萄糖 2.05g，柠檬酸钠 0.8g，NaCl 0.42g，加蒸馏水至 100mL。

（3）50% PEG：将称好的 PEG 放入刻度试管中，在酒精灯下或沸水中加热溶化。待冷至 50℃时，加入等体积并预热至 50℃的 GKN 混合。

（4）0.85% NaCl 液。

（5）无血清培养液。

2）植物细胞融合试剂

（1）制备原生质体的酶储备液：见实验 4.4。

（2）电融合液（高压灭菌）（pH5.8 超纯水配制）：甘露醇 0.6mol/L，$CaCl_2$ 0.5mmol/L，PEG 4%。

（3）PEG 液（pH5.8～6.2）：PEG-6000 30%（*W/V*），$CaCl_2 \cdot 2H_2O$ 10mmol/L，KH_2PO_4 0.7mmol/L，山梨醇 0.1mmol/L。

3. 器具

CRY-3X 型细胞融合仪、样品池（一个盛细胞的容器和两个平行的金属电极）、倒置显微镜、离心机、细胞计数板、天平、离心管、注射器、试管、载玻片、盖玻片、水浴锅、酒精灯等。

【实验程序】

1. 血红细胞的融合

（1）购置动物血，置4℃冰箱中可备用。

（2）实验时取50% PEG溶液1mL于含有血红细胞的离心管中，加入4mL 0.85%的NaCl液，混匀平衡后以1200r/min离心5min。

（3）去上清液。重复Alsver液两次，最后一次离心10min。

（4）在沉降血红细胞中加入2mL GKN液，使之成为10%的悬液。

（5）取0.85% NaCl液一滴，用细胞计数板计数，加GKN液稀释至每立方毫米含血红细胞3万～4万个。

（6）取无血清培养液1mL，加入0.5mL 50%的PEG液，迅速混匀，常温下2～3min滴片镜检。

（7）计算融合率：融合率＝融合细胞核数/总细胞核数×100%。

2. 原生质体的制备

（1）酶储备液的制备。

（2）酶液制备。

（3）酶解分离原生质体。

（4）原生质体的分离与纯化。

（5）洗涤原生质。

3. 原生质体的融合

1）电融合方法

（1）开机调节好融合仪的参数，见表4.5.1。

表4.5.1　融合仪的参数

正弦频率	调整正弦电压	成串时间	融合脉冲幅宽	融合槽间距
0.5MHz	30V	1min	40μs	1mm

（2）在融合小室中加入100μL左右的原生质体悬浮液。将融合小室接好电极后置于倒置显微镜下。静止约3min，使悬浮的原生质体沉降到平板底部同时打开成串脉冲输出开关及融合脉冲输出开关。使高压脉冲发生电路与融合小室接通，然后轻触脉冲触发开关，施加3次融合脉冲，每次间隔1s。在显微镜下观察融合过程。

2）PEG法

（1）洗涤原生质：用吸管吸去上清，将两种原生质体的沉淀分别加入0.2mL 10mmol/L $CaCl_2 \cdot 2H_2O$（各400μL左右）后等量混合。

（2）用刻度吸管将混合的原生质体悬液滴在小培养皿中。每皿滴7～8滴，每滴约0.1mL。然后静置10min，使原生质体贴在皿底上，形成一薄层（应有3～

5 个平皿）。

（3）用吸管将等量的 PEG 溶液缓慢地加入原生质体悬液上，再静止 10min。此时可取一个平皿在倒置显微镜上观察原生体的粘连。

4. 细胞学观察

（1）GFP 观察：在倒置显微镜下，观察原生质体的融合过程。方法：取一滴原生质体悬浮液放在载玻片上，加一滴 0.1%荧光增白剂，在荧光显微镜下以 366nm 的紫外光照射细胞，可以看到 GFP 发出的绿色荧光。培养 2 周后，可能发展成细胞团。这时应向培养物添加等量新鲜培养基（渗透压减半），以促进细胞团增殖。

（2）细胞融合观察：培养 24h 后，可在倒置显微镜下，观察到融合的异核体。为了进一步证实是异核细胞，可用改良苯酚品红，对融合产物进行染色，因为不同植物的细胞核染色程度不同。根据颜色特征可统计异源融合频率（Palmgren et al.，1990；Li and Zhao，1996）。

【结果与分析】

1. 原生质体分离结果

（1）洋葱根尖：分离原生质体较好。原生质体呈圆形，较为透明但大小不一。

（2）转 *GFP* 基因的烟草：分离原生质体均一和洋葱根尖原生质体比，体积小，叶绿体明显，颜色较深，带发绿光的荧光蛋白 GFP。

（3）观察记录两种原生质体的粘连情况和 GFP 的分布情况。

2. 融合结果

（1）观察时注意不同程度的融合现象。通常分为 5 个阶段：①两个细胞膜接触，粘连；②细胞膜形成穿孔；③两个细胞的胞质连通；④通道扩大，两个细胞连成一体；⑤细胞完全合并，形成一个含有两个或多个细胞核的圆形杂种细胞。

（2）观察统计异源融合频率。

【思考题】

1. 电穿孔参数对细胞的存活有影响吗？

2. 为什么在进行高强度的电脉冲之后，必须用低幅、高频电场使细胞排成一串？

3. 哪些因素会影响原生质体融合？

实验 4.6 农杆菌介导的叶盘法转化烟草

【实验目的】

掌握农杆菌转化植物组织的方法。

【实验原理】

土壤农杆菌（*Agrobacterium tumefaciens*）是一种革兰阴性菌，能够感染植物的受伤部位，使之产生冠瘿瘤。由于冠瘿瘤在生长过程中能合成多种植物激素，因此它可以在植物体内不添加任何外源激素的情况下持续生长。农杆菌之所以可以被用来介导对植物的基因转化是因为其体内天然含有一种大小在200kb的环形Ti质粒（tumor-inducing plasmid）。通过对农杆菌致病机制的研究，发现其体内携带的Ti质粒由4部分基因组成：T-DNA（transferred DNA）、Vir（virulence gene）毒性区、控制结合转移的区域和与冠瘿碱利用有关的基因区。Ti质粒最重要的两个区域为T-DNA区和Vir毒性区，T-DNA是Ti质粒上唯一能够整合到植物染色体上的序列，而毒性区上一系列基因则帮助T-DNA区整合到植物的染色体上。T-DNA区大小约为20kb，两端各有一段长约25bp的末端重复序列，分别为左、右边界，实验证明左、右边界尤其是右边界对T-DNA区整合到植物染色体上至关重要。

在外源基因的上下游分别连接合适的启动子和终止子，然后将连接好的序列插入到非致瘤性Ti质粒的T-DNA区内，使T-DNA末端重复序列保持完整，这样外源基因就会随着T-DNA区一起整合到植物染色体中。采用这种方法的载体系统有两类：共整合载体系统和双元载体系统，现在主要采用后一系统。

双元载体系统是农杆菌中含有两种独立复制的质粒，它们彼此相容。一个是多功能的表达载体质粒，它在大肠杆菌和土壤农杆菌中都能复制。该质粒具备以下特点：①含有T-DNA的两个边界序列，在边界序列之间有多克隆位点和选择标记基因；②可从大肠杆菌移到土壤农杆菌中。另一个是Ti衍生质粒，包含着Vir区，具有Vir功能，可以帮助T-DNA整合到植物染色体上。植物双元表达载体pBI121结构见图4.6.1。将双元表达载体转移到土壤农杆菌中主要有两种方法：一种是三亲交配法，另一种是利用$CaCl_2$制备感受态，改变土壤农杆菌细胞膜通透性，并用冻融法将中间载体转化到土壤农杆菌中。

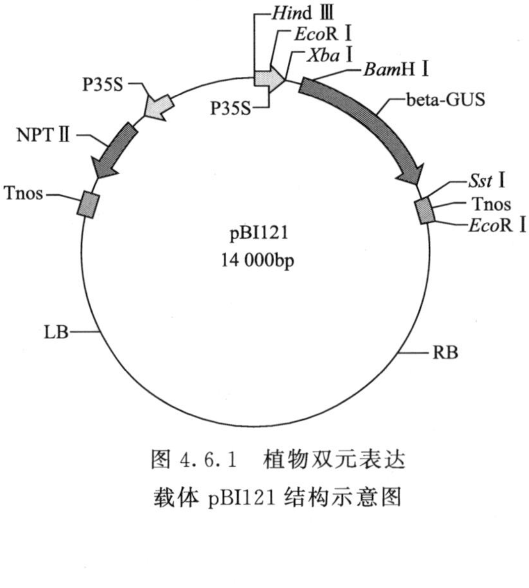

图4.6.1 植物双元表达载体pBI121结构示意图

土壤农杆菌转化植物的方法有多种，如原生质体共培养法、创伤植物感染法和叶盘法等。目前最广泛应用的技术是叶盘法（图4.6.2）。这种转基因方法十分简单，一般是将植物的叶片切成小圆片，用农杆菌感染后共培养2～4d，而后转移到加有选择压的分化培养基上分化出芽，在 MS 培养基上生根后，再生出完整的植株。

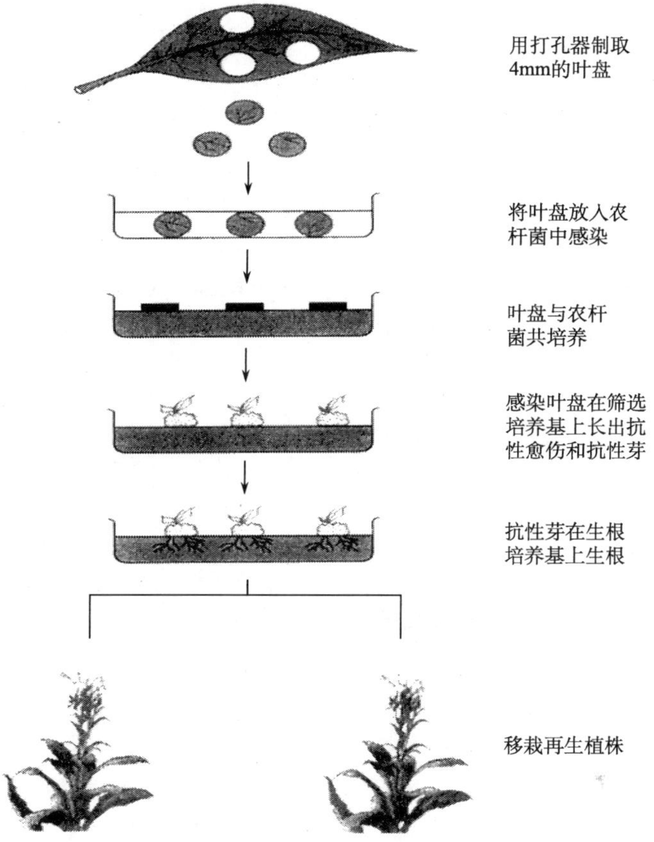

图 4.6.2　叶盘法转化烟草示意图（吴乃虎，2001）

【材料、试剂和器具】

1. 材料

（1）土壤农杆菌 LBA4404 菌株（含缺失 T-DNA 区的 Ti 质粒，该质粒具有 Rif^r，Str^r）。

（2）烟草在 MS 培养基上生长 1～2 个月的无菌苗。

（3）重组的植物双元表达载体（Kan^r）。

2. 试剂

（1）20mmol/L $CaCl_2$。

（2）链霉素母液（Str，100mg/mL）。

（3）利福平母液（Rif，100mg/mL）。

（4）卡那霉素母液（Kan，100mg/mL）。

（5）羧苄青霉素母液（Cb，500mg/mL）。

（6）6-BA 母液（2mg/mL）。

（7）NAA 母液（1mg/mL）。

（8）培养基。

- MS 培养基
- 1/2 MS 培养剂（液体）
- T1 培养基（共培养培养基）：MS 固体培养基＋6-BA（1mg/L）＋NAA（0.1mg/L）
- T2 培养基（筛选培养基）：T1 培养基＋Kan(100mg/L)＋Cb（500mg/L）
- T3 培养基（生根培养基）：MS 固体培养基＋Kan（100mg/L）＋Cb（500mg/L）

3. 器具

光照培养箱、恒温摇床、微量台式离心机、恒温水浴、超净工作台、电泳装置、离心管等。

【实验程序】

1. 土壤农杆菌感受态的制备和转化

1）土壤农杆菌菌株 LBA4404 感受态细胞的制备

（1）将菌株 LBA4404 接种于 5～10mL YEB 液体培养基中（Str 100μg/mL，Rif 50μg/mL），28℃，振荡过夜。

（2）取 1mL 活化的菌液接种于 50mL 含有抗生素的 YEB 液体培养基中，同样条件下培养至 OD_{600} 值为 0.4～0.5。

（3）将菌液冰浴 30min 后，转至 50mL 的离心管中。4℃，5000r/min 离心 10min，收集菌体。

（4）弃上清，用 1mL 20mmol/L 的冰预冷 $CaCl_2$ 重悬沉淀。

（5）按每管 200μL 分装，可立即使用。若感受态细胞暂时不用可加入灭菌甘油至 15%～30%（*V*/ *V*），混匀，液氮速冻后于－80℃保存。

2）冻融法转化土壤农杆菌 LBA4404

（1）取 0.5～1μg 载体 DNA 加到 200μL 的感受态细胞中，轻混，冰浴 30min。

（2）液氮中速冻 5min，37℃水浴 3min，再迅速冰浴 2min。

（3）加入 800μL YEB 液体培养基，28℃轻摇 4～6h。

（4）取 50～200μL 菌液涂布于 YEB（Str 50μg/mL，Rif 50μg/mL，Kan 50μg/mL）选择平板上，28℃倒置培养 1～2d。若转化率低可离心收集后，弃去一部分培养基后重悬，全部涂板。

2. 土壤农杆菌转化株的鉴定

鉴定转化株的方法很多，一般采用 PCR 法、酶切鉴定法或菌落杂交法。其中

PCR 法简便操作如下：挑取单菌落于 2mL 带抗生素的 YEB 液体培养基中（Str 100μg/mL +Rif 50μg/mL +Kan 50μg/mL，28℃振荡培养过夜，煮沸法少量快速提取质粒 DNA，50μL 体系做 PCR 反应，能够特异扩增出目的片段的克隆就是已转入载体的农杆菌。

3. 叶盘法转化烟草

1）土壤农杆菌的培养　接种阳性转化单菌落于 2mL YEB（Rif 50μg/mL + Kan 50μg/mL + Str 50μg/mL）液体培养基中，28℃培养 1～2d，再转接入 40mL YEB 液体培养基中，28℃继续培养至 OD_{600} 约为 0.5，5000r/min 离心 10min，菌体用 40mL 1/2 MS 重新悬浮。

2）侵染　取新鲜烟草无菌苗的叶片，剪成 $1cm^2$ 大小（避开主脉，因主脉细胞不易被农杆菌转化），浸入制备好的农杆菌液中侵染 10～15min，取出后用已灭过菌的滤纸吸去非伤口面上多余菌液（叶盘边缘不要吸得过度）。

3）共培养　接着将其正面朝上放入 T1 培养基上，暗培养 2～4d（直到叶盘边缘出现白色农杆菌毛，边缘稍稍膨大，不要拘泥于时间）。

4）选择培养　正面朝上转入 T2 培养基，25℃、2000lx、16h 光/8h 暗光周期条件下继续培养，每 15d 左右换一次 T2 培养基。进行继代培养，叶片上长出抗性不定芽及愈伤组织（此处用野生型烟草叶片作负对照）。

5）生根培养　待芽长到 1～2cm 后，切下转至 T3 培养基，5～14d 生根。

6）转基因烟草的 PCR 鉴定　对已经生根的转基因烟草提取总基因组 DNA，用基因特异引物或 *Npt* Ⅱ基因引物进行 PCR 验证。

7）土培获得种子　将经过鉴定阳性生根转基因烟草移出培养室，培养基表面覆盖一层灭菌水，室内条件下炼苗 2d。小心取出烟草苗，不要损伤根，如果根上粘过多培养基也不用过分洗去。栽入灭过菌的营养土和蛭石（1∶1）中，浇水，覆盖保鲜膜（防止过度蒸腾，留小孔透气），阴暗处放置一周，待小苗健壮后，移入培养室，16h 光/8h 暗培养，直到开花结籽。

【结果与分析】

一个叶盘可以产生很多芽，选择那些绿色正常的芽，而不选那些蜡质化的芽。一般而言，只有 10%～20%的芽可以生根，而长根的小苗中，60%～70%是阳性转基因的小苗（图 4.6.3）。

在 Kan 抗性培养基中农杆菌浸染的叶盘长出绿色小芽，而未经侵染的叶盘则发黄变白直至死去。选择培养中出现了个别白化苗、嵌合体的现象。由于转化细胞对周围非转化细胞的滋养作用，因此在含 Kan 的选择培养基中非转化细胞能够生活，但是其细胞中 70S 核糖体功能被抑制，光合作用被阻，故再生的植株叶片呈白化状态，结果产生嵌合体和白化苗。假转化体在继代选择培养的过程中常生长不良而死亡。在转化过程中出现假转化体是不可避免的，其原因可能是：①外植体的再生部位与选择培养基未充分接触，选择压不起作用；②转化细胞对非转化细胞的滋养作用；③转移 T-DNA 未整合，只是瞬时表达；④生理性抗性植株（图 4.6.4）。

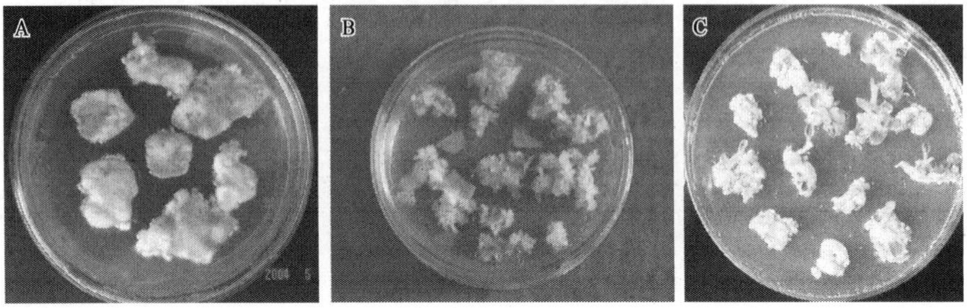

图 4.6.3　抗性芽的生成

A. 未转化的对照叶片；B. 转化叶盘生出的愈伤组织；C. 转化叶盘生出的抗性芽

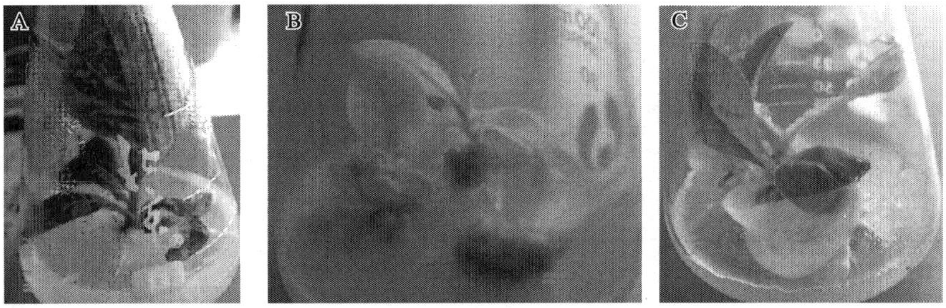

图 4.6.4　转化苗的类型

A. 转基因植株；B. 白化苗；C. 嵌合体

【注意事项】

（1）叶片在工程液中浸泡的时间一般控制在 10min 内，以叶盘边缘充分湿润为度。浸泡时间太短农杆菌尚未接触到伤口，在其培养时无农杆菌生长，不能转化。如果浸泡时间过长，常因农杆菌毒害缺氧而软腐。掌握好浸泡时间，有助于减少后继培养中可能造成的污染，并可减轻细菌对植物细胞的毒害作用。

（2）菌液浓度一般在 $OD_{600}=0.05\sim0.7$，本实验中 OD_{600} 约等于 0.5。对农杆菌敏感的植物，因其易产生过敏反应而导致外植体切口处褐化，常采用较低的 OD 值和较短的浸泡时间。

（3）浸泡后叶片在滤纸上吸干要适度，如果暴露时间太长造成叶片失水萎蔫，洗得太干在共培养时切口面无农杆菌生长。

（4）叶片在培养过程中会膨大而扭曲，使切口边缘不能接触培养基，不利于转化，因此可以把切口边缘压入埋藏在培养基中。

（5）叶脉的功能细胞常常在深层，农杆菌不易侵入，因此不易转化，特别是主脉，故在制备叶盘时最好避免叶脉进入。农杆菌要适度增殖，如果共培养时农杆菌增殖生长不良，叶片切口边缘只有很少的农杆菌生长，则转化的概率很小。反之，农杆菌过度增殖，可引起外植体的毒害，致使其褐化死亡。一般以覆盖切口面为适度。

【思考题】

1. 简述转基因植物的实验程序。
2. 分析白化苗和嵌合体产生的原因，如何减少白化苗和嵌合体的产生？

实验 4.7　转基因拟南芥的创建

【实验目的】

1. 掌握农杆菌介导的拟南芥转基因的原理与方法。
2. 学习如何筛选转基因成功的拟南芥植株。

【实验原理】

拟南芥（*Arabidopsis thaliana*）是具有根茎叶分化的高等植物。由于其具有自花授粉、种植方便、基因组小等特点，是植物发育学与遗传学研究的重要模式物种之一。随着研究的深入，通过基因转化拟南芥的方法对功能基因进行分析是生物学研究的基本手段。目前最为成熟的基因转化拟南芥的方法是由农杆菌介导的花序浸染转化方法。

土壤农杆菌浸染植物主要是利用其体内含有的 Ti（tumor-inducing plasmid）质粒。Ti 质粒上的 T-DNA（transferred DNA）在 Vir 区（virulence region）基因产物的介导下可以插入到植物基因组上，诱导宿主植物中瘤状物的形成。因此，利用基因工程将外源目的基因和抗性筛选基因同时插入到 T-DNA 中，借助 Ti 质粒的功能，可以使该目的基因最终整合到植物基因组中。通过共转化的选择标记基因来筛选含有目的表达基因的转化植株。

【材料、试剂和器具】

1. 材料

已经抽薹的野生型拟南芥 Col-0，含有双元载体 pBI121 的农杆菌 GV3101。

2. 试剂

（1）低盐 LB 培养基：胰蛋白胨 10g/L、酵母提取物 5g/L、氯化钠 5g/L、固体培养基另加琼脂粉 15g/L。

（2）浸染液：1/2 MS、5% 蔗糖、0.05% Silwet L-77。

（3）抗生素：Kan 50mg/mL、Gent（庆大霉素）50mg/mL、Rif（利福平）20mg/mL。

(4) 筛选培养基：1/2 MS、1% 蔗糖、7% 琼脂，调 pH 为 5.7，高压灭菌 15min，冷却至 50℃，加入卡那霉素至终浓度 50mg/L。

(5) 10%次氯酸钠。

(6) 75% 乙醇。

(7) 无菌水。

3. 器具

超净工作台、培养摇床、离心机、三角瓶、500mL 烧杯、离心管、保鲜膜、培养皿等。

【实验程序】

1. 农杆菌转化拟南芥

(1) 接种含有双元载体的农杆菌到 5mL 含有抗生素（庆大霉素 50mg/L，卡那霉素 50mg/L 和利福平 20mg/L）的低盐 LB 液体培养基中，28℃下振荡培养 48h。

(2) 两天后，将 1mL 培养的农杆菌转移到新鲜的 200mL 含有相同抗生素的低盐 LB 液体培养基中，28℃，220r/min 继续振荡培养 24h 至 OD_{600} 约为 0.8（以上实验可由实验技术人员准备）。

(3) 将农杆菌转入离心管中，室温条件下，6000r/min 离心 10min，然后将上清倒出。

(4) 将沉淀用 100mL 浸染液重悬，形成均匀的农杆菌悬浮液，并将农杆菌悬浮液转移到一个敞口的器皿中（500mL 烧杯）。

(5) 选取含有大量初果期的健壮植株，带盆钵一起倒扣于盛有农杆菌悬浮液的容器上方，将整个花序浸入上述农杆菌悬浮液中约 30s，注意叶片尽量不与浸染液接触。同一个烧杯中的农杆菌悬浮液可以转化 10 株或者更多株拟南芥。在此过程中，尽量避免将蛭石倒入农杆菌悬浮液中。

(6) 将盆钵取下，加盖保鲜膜保持湿度，横放于暗箱中约 24h。

(7) 24h 后将处理过的拟南芥植株放于 22～25℃的光照条件下使其正常生长。

(8) 大约 3 周后收取成熟种子。

2. 转化子筛选

(1) 将收到的种子每 25mg 分装于 1.5mL 的离心管中，每一管种子先用 75% 的乙醇漂洗一遍，再用次氯酸钠处理 10min，然后用无菌水漂洗 3～5 遍。

(2) 将消毒过的种子均匀地种植于含有卡那霉素的 MS 培养基上，置于 4℃条件下春化 2d。

(3) 取出筛选平板，放置于 22℃、光照 16h 的培养间中，培养 2 周，含有插入基因的拟南芥此时可以正常生长，未转化成功不含有插入基因的植株表现为黄化叶片。

（4）将具有卡那霉素抗性的植株转移到营养土中培养，等待种子成熟。

【结果与分析】

在不同品系的拟南芥中，转化频率略有差异。品种 1250 种子重约 25mg，体积约为 50μL。在 Col-0 型的拟南芥转化频率一般为 1%。根据种植的拟南芥总数和挑选得到的阳性转化子数目，计算各自实验的结果是否达到了应有的转化效率。

【思考题】

1. 为什么农杆菌可以介导植物的基因转化？
2. 为什么要采用 OD_{600} 约为 0.8 的农杆菌来进行转化拟南芥？

实验 4.8　基因枪转化技术

【实验目的】

1. 掌握基因枪的使用原理。
2. 学习使用基因枪转基因技术。

【实验原理】

基因枪转化技术是用一个高速的微粒载体，将包被在微粒上的 DNA 分子直接导入细胞。

与 PEG 法或电击法相比较，它的最大优点是只需要简单的组织培养技术，不必经过复杂的原生质体的制备和培养阶段。它的另一优点是无明显的宿主限制，几乎适用于任何受体材料，为植物的基因转化工作提供了一套更为简化的手段，尤其对于采用农杆菌介导法难以成功的重要的单子叶植物而言，更加具有重要的实际应用价值。

基因枪使用的基本原理都是通过一个动力系统，直接将包有外源 DNA 的金属颗粒高速射入植物材料，所用金属颗粒直径一般介于 0.6～1μm。当微弹打入或穿过受体细胞时，微弹上面所携带的外源基因就可能进入细胞，整合到染色体上并表达，从而实现对植物细胞的转化。

根据基因枪的不同动力系统，可将它们分为 3 类。第一类以火药爆炸力作为加速动力，它是最先出现的一种基因枪。这种基因枪自使用以来已先后将外源基因导入了洋葱表皮细胞、烟草、玉米、水稻、小麦等多种植物材料中，并获得了瞬间及稳定表达。第二类以电弧放电（electricarc-discharge）作为动力。第三类是以高压气体作为动力。我国在基因枪技术上起步较晚，应用较多的有中国科学院生物物理研究所研制的 JQ-700 型高速基因枪和清华大学生产的 ZHFQ-1 型基因枪（图 4.8.1）。国内许多单位均用这种基因枪进行转化实验，并取得了一定成果。

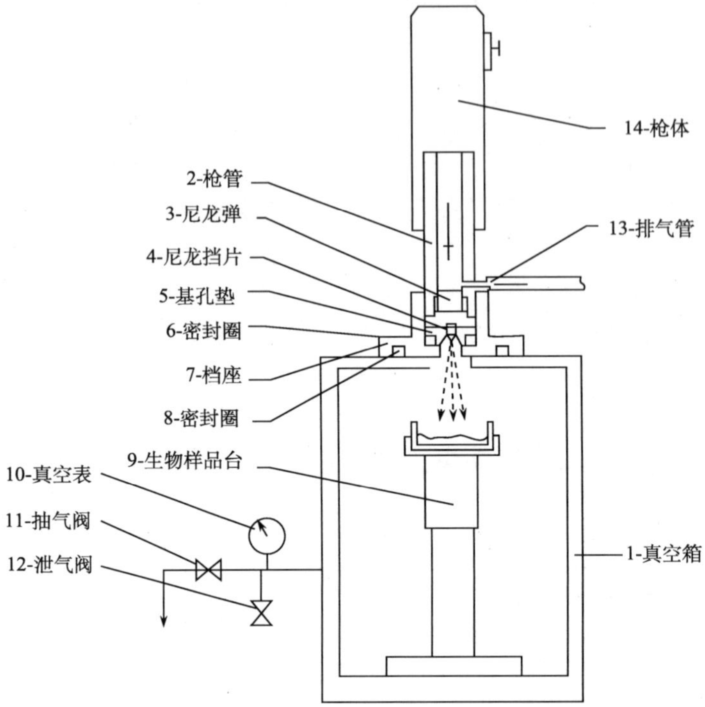

图 4.8.1　清华大学生产的 ZHFQ-1 型基因枪结构图

基因枪法的一般流程如下。

1. 微载体

Klein 等最先运用基因枪技术时，采用钨粉作 DNA 的载体，根据不同的植物材料直径一般以 0.6～1μm 为宜。Christon 等用金粉代替钨粉。他们认为金粉颗粒比钨粉呈更规则的球形，可以在相同体积下取得最大附着面积，化学性质也更为稳定，不像钨粉会产生一层对植物有害的氧化膜。此外，金粉对 DNA 的吸附力更强。因此，虽然金粉比钨粉在经济上昂贵，但鉴于研究需要，目前多使用金粉颗粒作为微载体。

2. 微弹的制备

将 DNA 沉淀到微粒上所用的有关辅助试剂有 $CaCl_2$、亚精胺、聚乙二醇、乙醇等。Klein 等实验证明 $CaCl_2$ 的适当浓度在 0.24～1.9mol/L，精胺浓度在 7.69～76.9mol/L 时吸附效果最好。Christon 等用金粉作载体，在加入亚精胺时，还加入 25%的 PEG，之后再加入 $CaCl_2$ 溶液。另外他们还曾直接将金粉和 DNA 混合液放在氮气流下吹干，DNA 沉淀在载体颗粒上，也获得了转化效果。一般来讲，亚精胺对植物细胞的毒害作用较大，而且作者在实验中还注意到亚精胺易使钨粉形成凝块，降低了转化效率，但也有报道指出亚精胺具有不可替代的作用。此外作者曾经将 DNA 的量提高 1 倍，不加沉淀剂，进行转化，也可得到基因转化结果。DNA 的浓度对微弹转化效率也有影响，Klein 认为 2.0μg DNA/mg 钨粉有较好的结果。DNA 浓度过高也会使金属微粒凝聚成块，反而降低了转化效率。作者总结多年的实验结果发现，采用 2.5mol/L $CaCl_2$ 和 100mmol/L 的亚精胺来促进 DNA 的沉淀，并以 2.0μg DNA/mg 金粉的浓度来制备微弹具有较好的效果。

总之，各种微弹制备方法的目的都是为了将 DNA 更好地吸附在载体上，尽量减小对细胞的伤害，以便最终高效率地完成对细胞的转化。

3. 微弹的速度

微弹的速度是影响转化效率的一个重要的因素，它直接决定了微弹对细胞和组织的作用力及产生损伤的程度。不同的植物材料，不同的转化要求，应选择不同的速度。国产 JQ-700 型基因枪的速度是通过弹药的爆炸力、爆炸仓的大小及滤网的孔径和层次来决定的，射速一般在 350～680m/s。目前国外的电枪和气枪可以分别通过调节电容和气压较好控制射速，从而可以控制微弹进入细胞的层数，为特定细胞的基因转化提供了方便。火药枪在这方面尚未有很大的突破。为了减小空气对微弹的阻力，基因枪弹仓内都需要一定的真空度，一般在 0.05～0.09MPa，实验中视受体材料的耐受程度而定。

如何准确地控制微弹的飞行速度和飞行方向，是摆在基因枪技术和工艺发展上的重要问题，国外的许多公司对此做了大量探索性的工作，也取得了很大的进展。尤其目前最常用的 Bio-Rad 公司生产的 PDS-1000/He 型基因枪在这方面具有较好的可控度，基本能够满足人们的需要。

【材料、试剂和器具】

1. 材料

pIL 质粒（带有抗除草剂的选择标记基因和一种抗病基因），小麦幼胚愈伤组织。

2. 试剂

（1）灭菌的金粉或钨粉。

（2）2.5mol/L $CaCl_2$。

（3）0.1mol/L 亚精胺。

（4）100% 乙醇，无菌水。

（5）培养基（见附录五）。

愈伤组织生长培养基（MS+2,4-D 2.0mg/L+KT 0.5mg/L+PPT 5.0mg/L）

选择分化培养基（MS+IAA 1.0mg/L+ZT 1.0mg/L+PPT 5.0mg/L）

生根筛选培养基（1/2 MS+IAA 5.0mg/L+PPT 2.0mg/L）

3. 器具

基因枪、离心管、超声波粉碎机、涡旋振荡器等。

【实验程序】

1. 材料的预处理

将新鲜的小麦幼胚愈伤组织在轰击前 4～6h 移至高渗的生长培养基上（MS+2,4-D 2.0mg/L+KT 0.5mg/L+甘露醇 0.4mol/L），并集中在培养皿的中央。

2. 微载体的洗涤

（1）取 50mg 微载体（金粉，直径最好选择为细胞直径的 1/10）溶于 1mL 100%乙醇中振荡悬浮，放置过夜。

（2）5000*g* 离心 3min，去上清，收集金粉，加 1mL 无菌水，振荡。

（3）5000*g* 离心 3min，移去上清。如此重复 2 次，将残留的乙醇除净。

（4）用 1mL 无菌水重悬沉淀，制成浓度为 50mg/mL 的金粉悬液，密闭储存于室温中，备用，不要超过 1 周。

3. DNA 微弹制备

（1）吸取 50μL 金粉悬液移至 1.5mL 离心管中，加入 5μL 质粒 DNA（1μg/μL），充分振荡混匀。

（2）加入 50μL 2.5mol/L $CaCl_2$ 溶液，充分振荡。

（3）加入 20μL 亚精胺（spermidine，0.1mol/L 自由碱基），充分振荡。

（4）混合液室温下静置 2min 使 DNA 沉淀到微载体上。

（5）加入 140μL 70%的乙醇洗涤，12 000*g* 离心 2min。

（6）移去上清液，加入 140μL 100%乙醇洗涤沉淀。

（7）12 000*g* 离心 2min，弃上清，加入 90μL 100%乙醇，4℃保存，备用。

（8）轰击时每枪上样 10μL。

4. 材料的轰击

可按照不同基因枪所配备的说明书进行。

5. 轰击后的材料处理

（1）枪击后的材料应立刻转入普通的愈伤组织生长培养基上，并使其分散，进行恢复生长（培养条件：25℃，暗培养或散射光培养）。

（2）恢复生长 10～14d 后，移至含有选择压的愈伤组织生长培养基（MS + 2,4-D 2.0mg/L+KT 0.5mg/L + PPT 5.0mg/L）上，进行抗性愈伤组织的筛选，15～20d 转接一次（培养条件：25℃，暗培养或散射光培养）。

（3）筛选 3～4 次后，将具有抗性的愈伤组织移至选择分化培养基（MS + IAA 1.0mg/L + ZT 1.0mg/L + PPT 5.0mg/L）上，于 25℃、2000lx 光照强度、16h/8h 光周期条件下进行抗性植株的分化。

（4）将长至 3～4cm 高的抗性植株，移至生根筛选培养基（1/2 MS + IAA 5.0mg/L + PPT 2.0mg/L）上，进行生根培养。

（5）得到的抗性植株在试管内便可进行目标基因的 PCR 检测，从而初步筛选是否为阳性植株。

（6）30d 后选取具有健壮根系的抗性植株移栽入土。转基因植株移栽入土后，可通过喷洒除草剂或接种病原菌等进行生物学鉴定，从而观察选择标记基因和目标基因的表达情况。取下足够的组织，进行目标基因的 Southern 杂交检测，以进一步验证外源目标基因是否确实已经整合到植株的基因组中。

【结果与分析】

基因枪转化后，其培养、筛选过程及实验结果与农杆菌介导的方法相同。

一个好的植物基因转化系统，应该具有以下 3 个特点：首先转化系统无较大的宿主限度，适用于不同的植物和不同的基因型；其次转化过程和转入基因对细胞伤害较小，可以得到大量的转基因植株；最后，应该尽量减小繁重而又耗时的组织培养工作，因此，基因枪在使用时必须配以正确的选材及适当的培养技术。

一些用基因枪直接转化植物的胚或芽尖的实验，由于微弹打入生长点实现整个植株转化的频率很低，因此得到嵌合体的比例很大。一个解决的途径是在转化时配以适当的组培技术，例如，使用易于产生胚性愈伤组织的受体材料，枪击后在一定的选择压下转化的胚性愈伤组织进行分化培养就能得到转化植株，降低嵌合体的比例。

对于一些重要的禾谷类作物而言，目前基因枪法仍是获得转化成功的不可替代的方法。大量的研究报道表明，只有受体材料同时处于转化的感受态和再生的感受态时，才有可能获得转基因植株。因此，选取具有高效的再生能力的基因型、合适发育阶段的外植体或生理状态良好的愈伤组织进行轰击是取得转化成功的关键。

由于高速射入的微弹会对植物细胞造成伤害，往往通过对材料进行特殊的处理（如转移到高渗的培养基上）和转化后在 1～2 周不加选择压，并且辅以加富培养基，以利于转化细胞的恢复，提高转化率。

由于基因枪的适用受体材料广泛，使得所需的组织培养工作大大简化，甚至可以完全不依靠组织培养技术，为植物转化的基因工作提供了一个有力手段。

附 1. 美国 Bio-Rad 公司 PDS-1000/He 型基因枪的轰击操作程序

（1）打开电源，将可裂圆片（经乙醇消毒）装入固定盖，旋紧。

（2）取微弹悬液 10μL，点在经 70% 乙醇消毒的微粒子弹载体中心区域，在超净工作台上吹干后，与阻挡网一起装入微粒子弹发射装置中。

（3）将样品放在样品板上，关严轰击室。

（4）按 VAC 键抽真空，当达到 660～760mmHg 时，将 VAC 键转到 HOLD 位置。

（5）按FIRE键，使氦气压力达到适当值（与可裂圆片的型号相对应）时进行轰击。

（6）放出轰击室的气体，打开仓门，取出样品盖严封口后于培养室中培养。

附2. 清华大学ZHFQ-1型基因枪操作步骤

（1）在完成靶细胞的培养、微弹的制备、真空箱和挡片的消毒等准备工作之后按下述步骤操作。

（2）用吸枪把微弹滴到挡片的中心小凹窝内。

（3）把挡片放到基座中，注意吸附微弹的一面朝下。

（4）在枪管中先装尼龙弹，再装金属弹。注意别忘了装尼龙弹。

（5）把枪管装在枪体中，再插到真空箱上面的基座中。

（6）把靶细胞放在生物样品台上，调整到合适高度，关上真空室的门。

（7）关上泄气阀，打开抽气阀，启动真空泵。

（8）观察真空表，达到0.05MPa以上后，关上抽气阀，停掉真空泵。

（9）扣扳机，引爆空包弹，完成微弹发射。

（10）拧开泄气阀，观察真空表，真空度降到0后，打开真空箱的门，取出细胞。

（11）从基座中拔出枪，退开枪管，取出弹壳。

（12）若要继续操作，可重复上述步骤。

【注意事项】

（1）每次操作结束后，用丙酮擦洗枪管，安放好。

（2）长期不使用，尤其是在潮湿季节，应将枪管、基孔垫涂上防锈油。

（3）非工作时，枪管内严禁装入空包弹。

（4）搬动时必须抠底座，不得抓住抽气座部分（即放气阀和排气阀部分），注意防止抽气座松动漏气或掉下来（因真空箱比较薄，抽气座与之配合面较少）。

【思考题】

1. 简述基因枪转化的原理。
2. 基因枪转化与农杆菌介导转化各有哪些优缺点？

第五章　转基因细胞的检测

对于转基因细胞的鉴定和检测可以从DNA、RNA和蛋白质水平进行鉴定。由于在第三章已经介绍了DNA的提取，故围绕转基因细胞的检测这个主题，本章主要介绍植物总RNA的提取、RT-PCR检测、SDS-PAGE、Western杂交和免疫检测等实验技术，同时还介绍用于鉴定DNA-蛋白质、蛋白质-蛋白质互作的相关技术。

利用本章所介绍的实验技术可以从RNA和蛋白质两种水平对转基因是否表达进行分析。尽管PCR可以鉴定目的基因是否已经插入到基因组，但该基因是否能被正常转录并被翻译为正确的蛋白质并不能被检测出。通过提取RNA分子后的逆转录-PCR（RT-PCR）可以鉴定目的基因是否表达。在蛋白质水平检测目的基因表达比较困难，如果有目的蛋白质的大肠杆菌表达产物，并用纯化后的蛋白质免疫兔子便可以获得相应的特异抗血清。但该过程略显繁琐而且耗时，目前有两种方法可以解决：目的蛋白质的多肽抗体（人工合成蛋白质免疫原性较高的短肽序列，然后免疫兔子获得多肽抗体），该目的蛋白质的C端添加上一个或几个标签序列如His6、HA、C-Myc等，利用这些标签的商品化单克隆抗体可以非常方便地鉴定目的蛋白质的表达，甚至可以进行免疫共沉淀获得相互作用的蛋白质。

目的基因可能是通过和DNA互作（如转录因子-启动子调控元件，DNA结合蛋白质），以及通过与其他蛋白质互作来发挥生物学功能的。利用本章的DNA-蛋白质互作技术和蛋白质-蛋白质互作技术可以达到这些目的。

实验5.1　植物组织总RNA的提取

【实验目的】

1. 掌握几种常见的植物组织总RNA的制备方法及原理。
2. 特别是掌握创造无RNase的内外源环境对提取高质量的RNA分子的重要性。

【实验原理】

RNA是基因表达的产物，是分子生物学的重要研究对象之一。提取纯度高、完整性好的RNA分子是RT-PCR、Northern blotting、纯化mRNA、cDNA的合成和体外翻译等后续实验成功的保证。因此RNA的提取和分析就显得非常重要。

针对不同的组织材料，提取RNA的方法有很多种，如Trizol法、热酚法、

LiCl 沉淀法、异硫氰酸胍（guanidinium isothiocyanate，GIT）-酚-氯仿法等。其中商品化地提取 RNA 试剂——Trizol 是最常用的提取 RNA 的方法，效果也很好。

Trizol 试剂中含有苯酚、8-羟基喹啉和异硫氰酸胍等 RNase 抑制剂，可以非常有效地抑制材料内源的 RNase 活性。在 Trizol 的植物材料匀浆液中，加入氯仿抽提后，溶液分为水相和有机相（含变性的蛋白质），移出含 RNA 的水相，用等体积的冰冷异丙醇可沉淀回收 RNA。

【材料、试剂和器具】

1. 材料

植物根或叶。

2. 试剂

（1）Trizol 试剂（含酚、异硫氰酸胍和溶解剂等）。

（2）75%乙醇：用 DEPC 处理水配制 75%乙醇，然后装入高温烘烤的玻璃瓶中，存放于低温冰箱。

3. 器具

水浴锅、离心管、低温高速离心机等。

【实验程序】

（1）将组织在液氮中磨成粉末后，按照 50～100mg 组织液加入 1mL Trizol，注意样品总体积不能超过所用 Trizol 体积的 10%。

（2）研磨液冰上放置 10min，然后以 1mL Trizol 液加入 0.2mL 的比例加入氯仿，盖紧离心管，用手剧烈摇荡离心管 15s。

（3）4℃，12 000*g* 离心 10min，取上层水相于一新的离心管，按每 1mL Trizol 液加 0.5mL 异丙醇的比例加入异丙醇，－20℃沉淀 30min。4℃，12 000*g* 离心 10min 回收 RNA。

（4）弃去上清液，按每 1mL Trizol 液加入至少 1mL 的比例加入 75%乙醇，4℃，12 000*g* 离心 5min。

（5）小心弃去上清液，然后室温或真空干燥 5～10min，注意不要干燥过分，否则会降低 RNA 的溶解度。然后将 RNA 溶于 RNase-free ddH_2O 中，必要时可 55～60℃助溶 10min。RNA 可进行 mRNA 分离，或储存于 70%乙醇中，于－70℃保存。

【结果与分析】

见实验 5.2。

【注意事项】

抑制外源 RNase 是成功提取 RNA 分子的关键。采用以下措施可以极大程度减少外源 RNase 的污染。

（1）配制的试剂，用 0.1% DEPC 处理至少 5h 以上，然后高压灭菌除去残留的 DEPC，否则残留的 DEPC 能和腺嘌呤作用而破坏 mRNA 活性。DEPC 能与氨和巯基反应，因而含 Tris 和 DTT 的试剂不能用 DEPC 处理。

（2）操作时戴上一次性手套和口罩。

（3）提取环境最好在超净工作台中进行，操作过程中尽量用镊子辅助操作。

（4）试管和吸头用 0.1% DEPC-H_2O 浸泡，甩干后，灭菌 30min，烘干备用。

（5）所用的不锈钢、玻璃器皿 200℃烘烤至少 2h。

【思考题】

1. 实验中使用的各种药品的作用？
2. 真核生物的总 RNA 提纯后，可以继续做哪些工作？

实验 5.2 RNA 的定量和完整性分析

【实验目的】

掌握鉴定 RNA 完整性和含量的常见方法。

【实验原理】

RNA 的完整性可以通过琼脂糖凝胶电泳或甲醛变性琼脂糖凝胶电泳分析检测，因为总 RNA 分子中核糖体 RNA 分子占主要成分，所以根据高等真核生物 28S rRNA 和 18S rRNA 特征条带有无及两者的比例关系（28S rRNA∶18S rRNA≈2∶1）判断。RNA 含量及质量则通过紫外分光光度计确定。

【材料、试剂和器具】

1. 材料

植物总 RNA 5～10μg。

2. 试剂

（1）RNA 加样运载缓冲液。

（2）10×TAE 缓冲液。

（3）5×甲醛凝胶电泳缓冲液：

0.1mol/L MOPs（pH 7.0）

40mmol/L 乙酸钠

5mmol/L DETA（pH 8.0）

（4）甲醛，甲酰胺。

（5）DEPC-H_2O。

3. 器具

电泳装置、紫外透射观测仪、仪器紫外分析仪、锥形瓶、石英比色杯等。

【实验程序】

（一）甲醛变性电泳检测 RNA 完整性

1. 甲醛变性的琼脂糖凝胶的配制

在 250mL 的锥形瓶中准确称量 2g 琼脂糖，再加 20mL 10×TAE 缓冲液，144mL DEPC 处理过的双蒸水，微波炉中化胶，待冷却至 50～60℃时加 EB 至终浓度≤0.5μg/mL。在通风橱中加入 36mL 甲醛，放置一段时间以减少甲醛蒸汽。

2. RNA 的甲醛变性电泳

（1）样品制备

RNA 总量	10μg
5×甲醛凝胶电泳缓冲液	4μL
甲醛	3.5μL
甲酰胺	10μL

加入无菌离心管中混合，95℃水浴变性 2min（或 55℃，15min），取出后放入冰中冷却。

（2）加入 2μL 无菌的 DEPC 处理的加样运载液。

（3）将胶板浸没在 1×甲醛凝胶电泳缓冲液中，点样前 5V/cm 预跑 5min。点样后 3～4V/cm 电泳。

（4）电泳结束后（溴苯酚蓝迁移到约 2/3 处），紫外灯下观察，照相。

（二）RNA 含量和纯度的测定

（1）开紫外分析仪。

（2）用 DEPC-H_2O 作空白调零。

（3）将 RNA 样品按一定的比例稀释于 DEPC-H_2O。

（4）混匀样品后在 230nm、260nm、280nm 和 310nm 波长下读数，还可扫描动态吸收图谱。

【实验结果】

（1）完整的 RNA 的甲醛电泳可明显地观察到 28S 和 18S 两条带（图 5.2.1），并且 28S 大约是 18S 的 2 倍宽。若两条带不明显，则说明 RNA 部分降解，可能的原因是污染了 RNase，或操作过于剧烈造成 RNA 剪切。

A　B

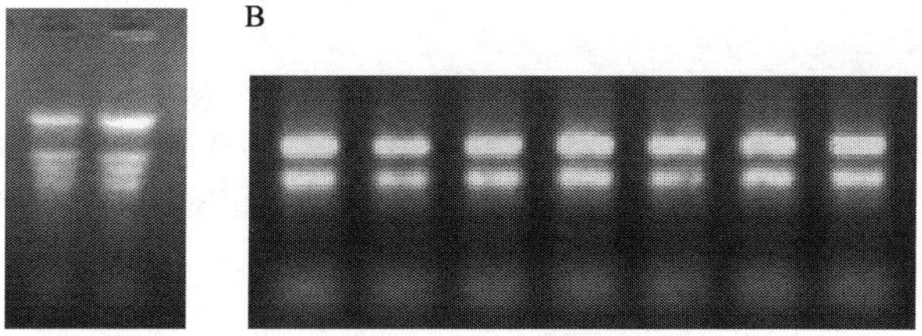

图 5.2.1　RNA 电泳图谱

A. 烟草叶片总 RNA 甲醛变性琼脂糖凝胶电泳图谱；B. 烟草叶片总 RNA 普通琼脂糖凝胶电泳图谱

（2）定量测定 DNA 或 RNA，应选 260nm、230nm、280nm 和 310nm 波长读数。其中 260nm 读数用来估算样品中核酸浓度，310nm 为背景吸收值。1 个 OD_{260} 值相当于 40μg/mL 单链 RNA。

$$样品浓度(\mu g/mL)=[OD_{260}-OD_{310}]\times 稀释倍数\times 40$$

OD_{260}/OD_{280} 的比值用于估计 RNA 纯度，OD_{260}/OD_{230} 估计去盐的程度。对于 RNA 纯制品，其 $OD_{260}/OD_{280}\approx 2$，$OD_{260}/OD_{230}$ 应大于 2。$OD_{260}/OD_{280}<2$ 可能是蛋白质污染所致，可以增加酚抽提；$OD_{260}/OD_{230}<2$ 说明去盐不充分，可能是 GIT 污染所致，可以再次沉淀和 70%乙醇洗涤。

【思考题】

1. 如何分析 RNA 的完整性和纯度？
2. 若出现 RNA 降解或纯度不高，应如何解决？

实验 5.3　转基因细胞的 RT-PCR 检测

【实验目的】

掌握 RT-PCR 的原理及在转基因细胞的鉴定方法。

【实验原理】

逆转录 PCR（reverse transcription PCR，RT-PCR）是由 mRNA 逆转录合成 cDNA 为模板进行的 PCR。具体操作上可以分为两步：逆转录和 PCR 扩增。oligo (dT) 引物，随机引物（random primers）或基因特异引物（gene specific primer）都可以用来作为逆转录合成的引物（表 5.3.1）。由于从总 RNA 纯化分离的 mRNA 过程繁琐而且会引起降解，因此现在的逆转录模板常用总 RNA。RT-PCR 广泛应用于扩增特异基因 mRNA 序列，用于克隆真核生物基因、制备 cDNA 探针或从少量 mRNA 构建 cDNA 文库等研究。

表 5.3.1　逆转录所用引物适用范围

逆转录引物	适用范围
oligo(dT)引物或 oligo(dT)-adaptor	适合于具有 poly(A)$^+$的真核生物 mRNA [原核生物 RNA、真核生物的 rRNA、tRNA 和某些不具 poly(A)$^+$尾巴的 mRNA 不能用]
随机引物（9mer）	适用于长的或具有发卡结构的 RNA 的逆转录
基因特异引物	适合序列已知的 cDNA 克隆

在转基因细胞中用于鉴定目的基因是否已经转录。首先提取转基因细胞的 RNA，然后利用 oligo(dT)引物逆转录为 cDNA 第一条链。以 cDNA 第一条链为模板，采用基因特异引物就可以扩增目的基因。

【材料、试剂及器具】

1. 材料

植物组织 RNA、oligo(dT)18、基因特异引物 GSP-F 和 GSP-R。

2. 试剂

（1）AMV First Strand cDNA Synthesis 试剂盒：

5×反应缓冲液

dNTPs（10mmol/L）

RNase inhibitor（20U/μL）

AMV reverse transcriptase（20U/μL）

RNase-free ddH_2O

（2）PCR 试剂盒。

3. 器具

PCR 仪、恒温水浴锅、电泳装置、离心管等。

【实验程序】

（1）在一灭菌的 0.5mL 小离心管中依次加入（共 12μL）：

RNA（1～5μg）	5μL
oligo(dT)(20pmol/μL)	1.0μL
RNase-free ddH_2O	6μL

（2）混匀，稍离心汇于管底，70℃保温 5min，然后置于冰中 30s，变性 RNA 分子并使引物与模板 RNA 分子退火。

（3）稍离心汇于管底，置冰上，按顺序加入以下溶液：

5×缓冲液	4.0μL
dNTPs	2.0μL
RNase inhibitor	1.0μL（8U）

短暂离心后，42℃保温 5min 后，加入 1μL AMV reverse transcriptase，42℃保温 60min。

（4）70℃加热 10min 停止逆转录反应，稍离心，置冰上准备 PCR 反应，或－20℃保存备用。

（5）取 1μL 逆转录产物建立如下反应体系（24.5μL）：

逆转录产物	5.0μL
10×缓冲液	2.5μL
dNTPs	2.0μL
GSP-F	1.0μL（10pmol）
GSP-R	1.0μL（10pmol）
ddH_2O	13μL

（6）短暂离心后，待 PCR 仪温度升至 85℃时，插入离心管，按 Pause 键暂停 30s 后，加入 *Taq* E 0.5μL（2U）（此为热启动，可以防止非特异性扩增）。其上机的循环条件为：94℃变性 30s，55℃退火 30s，72℃延伸 30s，共进行 30 个循环，然后 72℃再延伸 7min 以补平 DNA 端。

（7）1％琼脂糖凝胶电泳检测，紫外照相。

【实验结果】

在 RT-PCR 鉴定转基因细胞中目的基因是否表达的设计中，应该用没有转基因的细胞作为对照（其预期结果不应该出现扩增产物）。因为在提取 RNA 时不可避免会污染基因组 DNA，这些污染的基因组 DNA 会引起假阳性结果，还需要设置以 RNA 为模板的 PCR 对照（图 5.3.1）。为了避免这种假阳性结果，通常采用两种方法。其一，用 RNase-free DNase 处理 RNA 样品，除去污染的基因组 DNA；其二，设计扩增内含子的引物，可以避免污染 DNA 的扩增。

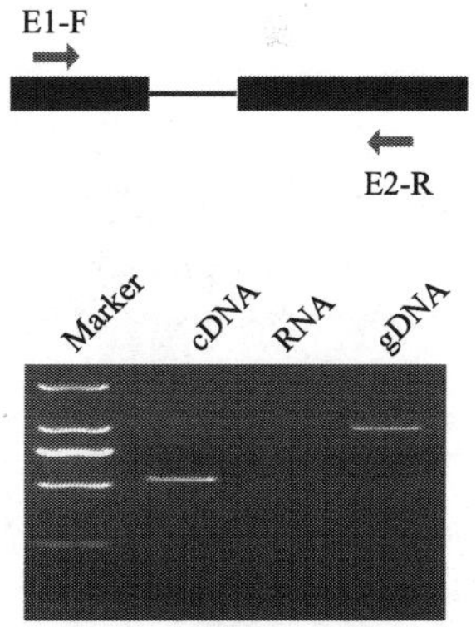

图 5.3.1　含有内含子的基因的 RT-PCR 分析

上图为含有内含子（单线表示）的基因示意图，扩增所用引物（E1-F 和 E2-R）如图所示。总 RNA 为模板的 PCR 监测是否存在基因组 gDNA 污染，gDNA 为阳性对照，cDNA 模板为正常的 RT-PCR

【注意事项】

（1）在预料的位置应出现 DNA 条带，若没有出现，可能的原因是相应的 mRNA 拷贝少或没有、逆转录失败、PCR 失败等。

(2) 由于 PCR 的敏感度高，因此 RNA 或 mRNA 纯度不太高也可以用，但用 RNA 作模板应加大量。逆转录之前最好热变性 RNA 和 mRNA，以便露出逆转录引物结合位置。

(3) cDNA 第一条链合成以后，不必用 RNaseH 或碱处理，95℃灭活逆转录酶时使 cDNA/RNA 杂交分子同时变性，游离的 RNA 不会对 PCR 扩增有影响。

(4) 如果扩增条带比预计的长，可能是 RNA 中污染的基因组 DNA 扩增的结果，而且该基因含有内含子。

(5) 为防止污染的基因组 DNA 被扩增，可以利用基因组 DNA 和 cDNA 第一条链结构上的差异来选择 PCR 扩增的条件。基因组 DNA 为长的双链分子，而逆转录出来的 cDNA 第一条链为短的单链分子，这样可以省略预变性阶段并采用低温（80～90℃）变性。

【思考题】

1. RT-PCR 在基因工程中有哪些应用？
2. 如何验证 RT-PCR 扩增结果是 cDNA 扩增还是污染的基因组 DNA 扩增？

实验 5.4 SDS-PAGE 和蛋白质分子质量的测定

【实验目的】

掌握 SDS-PAGE 工作原理及其在测定蛋白质分子质量中的应用。

【实验原理】

十二烷基硫酸钠变性聚丙烯酰胺凝胶电泳（sodium dodecyl sulfate polyacrylamide gel electrophoresis，SDS-PAGE）是以聚丙烯酰胺为支持介质，根据蛋白质分子质量进行的分离与鉴定技术。聚丙烯酰胺凝胶是由单体丙烯酰胺（Acr）和交联剂 *N*,*N*-甲叉双丙烯酰胺（Bis）在引发剂过硫酸铵（AP）和加速剂四甲基乙二胺（TEMED）的作用下聚合交联成三维网状结构的凝胶。SDS-PAGE 采用的是由浓缩胶与分离胶组成的不连续的凝胶系统。浓缩胶孔径较大，能允许较大的蛋白质分子穿过，因此起到浓缩样品的作用。而分离胶的孔径较小，起到分离作用。

SDS 是一种阴离子去污剂，作为变性剂和助溶性试剂，它能断裂分子内和分子间的氢键，使分子去折叠，破坏蛋白质分子的二级和三级结构。强还原剂如 β-巯基乙醇（β-mercaptoethanol）和二硫苏糖醇（dithiothreitol，DTT）则能使半胱氨酸残基之间的二硫键断裂。在蛋白质样品和凝胶中加入 SDS 和还原剂后，蛋白质分子被解聚成亚基，解聚后的氨基酸侧链与 SDS 充分结合，形成带负电的蛋白质亚基-SDS 复合物。当 SDS 单位浓度大于 1mmol/L 时，大多数蛋白质与 SDS 结合的质量比可达 1∶1.4。

由于 SDS 分子的十二烷基硫酸根带负电，因此使不同蛋白质的 SDS-蛋白质复合物都带上相同密度的负电荷，其所带的负电荷量大大超过了蛋白质分子原有的电荷量，这就消除了不同种类蛋白质亚基间原有的电荷差异。蛋白质分子与 SDS 结合后，蛋白质分子变性，构象发生改变，蛋白质 SDS 复合物是近似于雪茄烟形状的长椭圆棒，其短轴长度都一样，约 1.8nm，而长轴则随蛋白质分子质量成正比地变化。这样的蛋白质-SDS 复合物在凝胶电泳中的迁移率，不再受蛋白质原有电荷和形状的影响。电泳迁移率仅仅取决于蛋白质的分子质量。

【材料、试剂和器具】

1. 材料

植物材料。

2. 试剂

1）可溶性蛋白质提取液

（1）蛋白质提取液：25mmol/L Tris-HCl（pH 7.5），10mmol/L KCl，20mmol/L $MgCl_2$，1mmol/L DTT，1mmol/L PMSF（现用现加）。

（2）蛋白质溶解液：0.0625mol/L Tris-HCl（pH 7.5），2% SDS，10% 甘油，5% β-巯基乙醇，0.001%溴酚蓝。

2）电泳储备液的配制　在实验过程中会用到一系列的药品，可以将它们通称为“工作液”。组成各种工作液的一些最基本的药品，可以单独配制，储存起来，供多次实验使用。这些药品通常被称为“储备液”。

（1）2mol/L Tris-HCl（pH 8.8），100mL。称取 24.2g Tris 碱，加 50mL 蒸馏水，缓慢地加浓盐酸调至 pH 8.8（约加 4mL），加双蒸水至 100mL。

（2）1mol/L Tris-HCl（pH 6.8），100mL。称取 12.1g Tris 碱，加 50mL 蒸馏水，缓慢地加浓盐酸调至 pH 6.8（约加 8mL），加双蒸水至 100mL。

（3）10%（*W/V*）SDS，100mL，室温保存。称取 10g 的 SDS，加双蒸水至总量为 100mL。

（4）50%（*V/V*）甘油，100mL。倒取 50mL 100%的甘油，加入 50mL 双蒸水。

（5）1%（*W/V*）溴酚蓝，10mL。称取 100mg 溴酚蓝，加双蒸水至 10mL，搅拌直到完全溶解，过滤去除聚合的染料。

3）染液的配制　考马斯亮蓝染液试剂的配制如下。

（1）称取考马斯亮蓝 1g，加 450mL 乙醇，100mL 冰醋酸，双蒸水 450mL。

（2）脱色液乙醇 250mL，双蒸水 675mL，冰醋酸 75mL。

样品处理液中加入适量的蔗糖或甘油以增大溶液密度，保证上样时样品溶液可以沉入点样孔底部。

溴酚蓝指示剂是一个较小的分子，可以自由通过凝胶孔径，所以它显示着电泳的前沿位置。

提取的蛋白质样品最终溶解在 1× 样品缓冲液中，故应事先计算好缓冲液的用量及稀释倍数。关于蛋白质样品的终浓度，由于电泳仪器与凝胶厚度对样品承载量有不同的限定范围，因此应查阅相关说明书及实验手册。一般而言，可以将蛋白质样品烘干，称量出 100～1000mg 的质量，溶解于 50～100μL 的 1× 样品缓冲液中。

4）电泳工作液的用量

（1）灌制不同厚度凝胶所需的凝胶液量（Bio-Rad 公司 Mini-Protein 槽，两块胶板的量）。

凝胶厚度	分离胶	浓缩胶
0.5mL	5.6mL	1.4mL
0.75mL	8.4mL	2.1mL
1.0mL	11.2mL	2.8mL
1.5mL	16.8mL	4.2mL

凝胶液量通常应稍微多配制一点。

（2）X%分离胶的计算（两块胶板的量）（10mL）：

A 液	X/3mL
B 液	2.5mL
双蒸水	(7.5－X/3)mL
10% 过硫酸铵	50μL
TEMED	5μL（10μL，如果 X＜8%）

（3）灌制分离胶

计算 10%的分离胶（厚 0.75mm）的用量（10mL）：

A 液	1.65mL
B 液	1.25mL
双蒸水	2.1mL
10% 过硫酸铵	50μL
TEMED	5μL

3. 器具

微型凝胶电泳装置（Bio-Rad 公司 Mini-Protein），稳压稳流电泳仪（100mA、600V），精密 pH 计，微量注射器，10mL 注射器，取液器（20μL、200μL、1000μL），高速冷冻离心机，水平摇床，1.5mL 离心管及 50mL 离心管等。

【实验程序】

1. 可溶性蛋白质的提取

（1）植物材料 2g 放入预冷的研钵中研磨成粉，转至已有 10mL 蛋白质提取液的 50mL 离心管中。

（2）10 000r/min 离心 30min，转上清于另一离心管中，测定上清体积。

（3）向管中加入 6 倍体积 10%的 TCA（丙酮配制，含 0.07% β-巯基乙醇），−20℃沉淀 2～3h。

（4）11 000r/min 离心 30min，弃上清。用 2 倍体积丙酮（含 0.07% β-巯基乙醇）洗沉淀 1h 或过夜。

（5）11 000r/min 离心 30min，沉淀用适量乙醇∶乙醚（1∶1）洗，11 000r/min 离心 30min，重复两次。

（6）真空冰冻干燥，将蛋白质粉末称重，然后溶于适量蛋白质溶解液中（浓度为 10μg/μL，4℃溶解）。

（7）沸水浴 3～5min，11 000r/min 离心 1min，取上清进行 SDS 电泳。

2. 电泳操作程序

1）灌制分离胶

（1）装配好灌胶用的模具（按照 Bio-Rad 说明书的操作步骤进行，见图 5.4.1）。

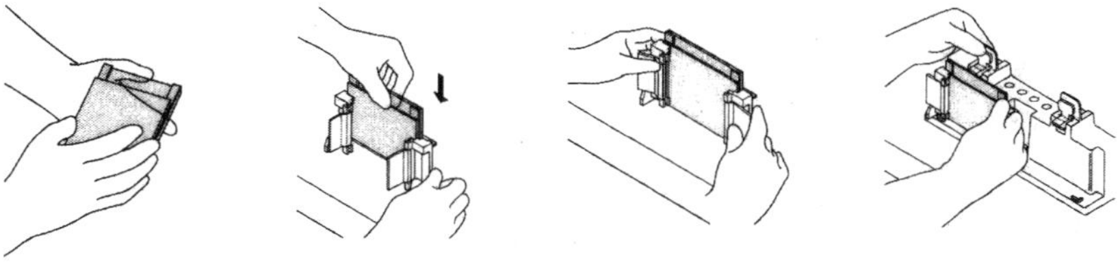

图 5.4.1　灌胶模具的装配步骤

（2）将分离胶配制在一个小烧杯中，操作时须戴手套。加入 AP 和 TEMED 后，轻轻混匀不要产生气泡，否则会干扰聚合。注意此时凝胶开始聚合，所以操作要迅速。

（3）小心将凝胶缓慢加入模具中，注意在凝胶中不能产生气泡。

（4）凝胶液加至约距前玻璃板（较短的玻璃板）顶端 1.5cm，轻轻在胶面上覆盖一层 5mm 的水层。

（5）当凝胶聚合后，在分离胶和水层之间会出现一个清晰的界面，将水层吸净。

注意：水封的作用为压平胶面和隔绝空气，防止氧与自由基结合影响聚合速度。

2）灌制浓缩胶

（1）计算 5% 浓缩胶（厚度为 0.75mm）的用量（2mL）：

双蒸水	1.15mL
A 液	0.35mL
C 液	0.5mL
10%	25μL
TEMED	5μL

（2）将浓缩胶配制在小烧杯中，注意事项同“灌制分离胶”中的程序（2）。

（3）用移液器将浓缩胶加至分离胶的上面，直至前玻璃板的顶端，并插入梳子，确保梳子齿的末端没有气泡。

（4）凝胶聚合后，将凝胶板装入电泳槽内（按照 Bio-Rad 说明书的操作步骤进行，见图 5.4.2）。加入电泳缓冲液，拔去梳子。

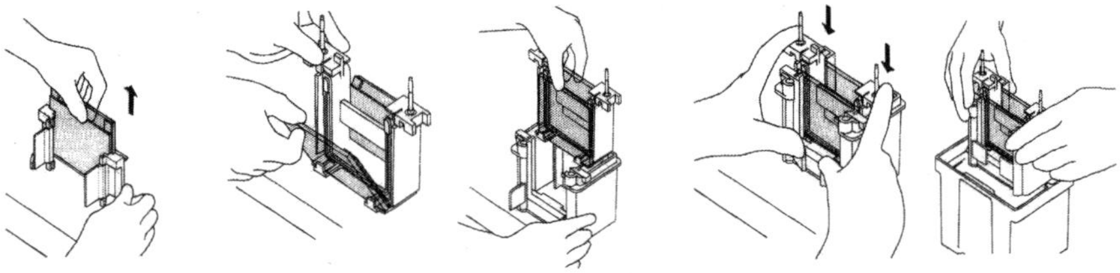

图 5.4.2　电泳槽安装示意图

3）蛋白质样品的处理

（1）蛋白质样品变性：100℃，5min。

（2）10 000r/min 离心 5min。

（3）用微量注射器将样品加入样品孔中。

4）电泳

（1）电泳仪与电源相接，电流应流向阳极。可采取稳压或稳流。

（2）当溴酚蓝的前沿迁移至凝胶的底部时，关闭电源。

（3）将胶剥离在培养皿中（预先加上固定液），测量溴酚蓝的迁移距离。

3. 染色

考染：电泳后的凝胶立即放入考马斯亮蓝染色 20～30min，然后换过脱色液脱去底色，直到蛋白质带清晰为止。

【实验结果】

1. 蛋白质 Marker

图 5.4.3 中共有 6 条蛋白质带。由迁移速率与分子质量之间的关系可知，在某一个泳道中，蛋白质带的分子质量从上到下逐渐变小。在电泳实验中，经常要将一

种蛋白质 Marker 和样品一同上样。所谓 Marker，就是一系列分子质量已知的蛋白质样品，用来获取制作标准曲线的参数。蛋白质 Marker 一般由各个公司提供，图 5.4.3 为一种常用的商品 Marker。

图 5.4.3　一组常见的低分子蛋白质 Marker（分子质量的单位符号是 Da）

2. 相对迁移率的计算

在剥胶时需要测量一下溴酚蓝迁移的距离。这是计算相对迁移率必不可少的数据之一。对于凝胶厚度在 1mm 以下的电泳实验，可用下式计算相对迁移率（MR）：MR＝蛋白质带迁移距离/溴酚蓝迁移距离。

3. 标准曲线的绘制

以每条 Marker 带的相对迁移率为横坐标，相应分子质量的对数值为纵坐标，绘制标准曲线，如图 5.4.4 所示。

由于蛋白质的分子质量越大，其迁移速率相对越小，因此标准曲线的斜率一定是单调递减型的。

4. 未知蛋白质样品分子质量的测算

计算未知蛋白质样品的相对迁移率，在标准曲线上找到对应的纵坐标，即可得该样品的分子质量，如图 5.4.5 所示。

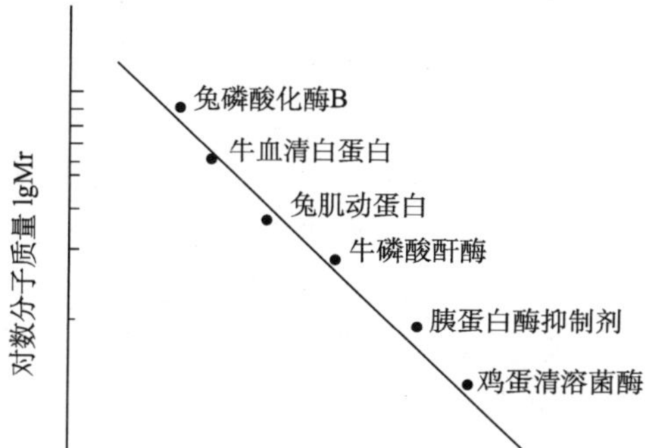

图 5.4.4　标准曲线的制作

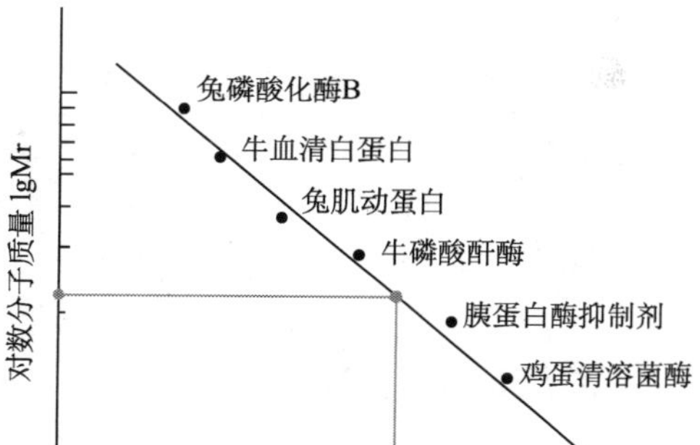

图 5.4.5　未知蛋白质样品分子质量的测算

【思考题】

1. 请思考 PAGE 凝胶的分辨能力同凝胶的类型和浓度关系？

2. 依据 SDS 的作用原理，计算所分离出的蛋白质带的分子质量是天然蛋白质的分子质量吗？

3. 在 SDS-PAGE 测定蛋白质分子质量时，必须加入过量的 SDS 和巯基试剂，为什么？

实验 5.5 Western 杂交

【实验目的】

掌握 Western 杂交检测目标蛋白质的原理和实验程序。

【实验原理】

Western blotting 又名蛋白质印迹，是利用特异抗体检测目标蛋白质表达情况的重要分子生物学技术，其过程由蛋白质的 SDS-PAGE 电泳、电转膜、抗体杂交及显色几部分组成。

通过 SDS-PAGE 电泳分离的蛋白质经过电转，把聚丙烯酰胺凝胶中的蛋白质转移到硝酸纤维膜上（PVDF 或者 NC 膜），对蛋白质进一步检测；转移后的杂交膜就称为一个印迹（blot），用其他蛋白质如 10％的 BSA 或脱脂奶粉溶液作为封闭液，将膜上余下的其他疏水性蛋白质结合位点封闭；然后将膜置于含有与靶蛋白能特异结合的一抗的 BSA 或者脱脂奶粉溶液体，经免疫反应，一抗与靶蛋白结合成抗原抗体复合物；膜经洗液洗涤后，抗体仅与靶蛋白结合。再加入与一抗有免疫特异性的二抗（即一抗的抗体），使之与一抗反应，后经洗液洗涤，二抗只结合于一抗上，从而指示一抗的位置，即目标蛋白质的位置；现在最常用的二抗为酶标抗体，底物通过酶的催化反应生成有颜色的产物，即指示了靶蛋白-一抗-二抗的位置。酶标抗体中使用的酶通常是碱性磷酸酶（AP）或辣根过氧化物酶（HRP）。碱性磷酸酶可以将无色的底物 5-溴-4-氯吲哚磷酸盐（BCIP）转化为蓝色的产物；而辣根过氧化物酶可以H_2O_2为底物，将 3-氨基-9-乙基咔唑氧化成褐色产物或将 4-氯萘酚氧化成蓝色产物。另一种检测辣根过氧化物酶的方法是用增强化学发光法，辣根过氧化物酶在H_2O_2存在下，氧化化学发光物质鲁米诺并发光，通过将印迹放在照相底片上感光就可以检测出辣根过氧化物酶的存在，即目标蛋白质的存在和含量。

【材料、试剂和器具】

1. 材料

转化有 TricHis-osNRAMP-GFP 质粒的大肠杆菌菌液。

2. 试剂

（1）50mmol/L 蛋白酶抑制剂 PMSF，40μL 10mg/mL 溶菌酶，脱氧胆酸（可选）。

（2）裂解缓冲液：50mmol/L Tris-HCl（pH 8.7），1mmol/L EDTA（pH 8.7），100mmol/L NaCl。

（3）洗涤缓冲液：①溶液Ⅰ为 2.5mol/L NaCl，0.5%（*V/V*）Triton X-100；②2mol/L Urea，50mmol/L Tris-HCl（pH 8.7），2mmol/L EDTA（pH 8.7）。

（4）2×上样缓冲液：4% SDS，4% β-巯基乙醇，20% 甘油，1.5mol/L NaCl，0.1mol/L Tris-HCl（pH 6.8）。

（5）SDS-PAGE 胶配方见表 5.5.1。

表 5.5.1　SDS-PAGE 胶配方

溶液名称	成分	体积/mL
浓缩胶（4%）	蒸馏水	6.1
	10%（*W/V*）SDS	0.1
	Rotiphorese®Gel 30	1.3
	0.5mol/L Tris-HCl（pH 6.8）	2.5
	10%（*W/V*）APS	0.05
	TEMED	0.01
分离胶（12%）	蒸馏水	3.4
	10%（*W/V*）SDS	0.1
	Rotiphorese®Gel	4.0
	301.5mol/L Tris-HCl（pH 8.8）	2.5
	10%（*W/V*）APS	0.05
	TEMED	0.005

注意：TEMED 在 10% APS 之前加入体系。

（6）5×电泳缓冲液：900mL ddH_2O 中加入 72g Gly，10% SDS 50mL，15.1g Tris-HCl，pH 8.3，定容至 1L。

（7）1×电泳转移缓冲液：2.9g Gly，5.8g Tris-HCl，0.37g SDS，200mL 甲醇，用 ddH_2O 定容至 1L。

（8）TBS 缓冲液：10mmol/L Tris-HCl，150mmol/L NaCl，pH 7.5。

（9）封闭液：TBS 缓冲液中加入 0.05%（*V/V*）的 Tween-20 和 5%（*W/V*）BSA，pH 7.5（注意：根据不同抗体的用法要求，也可选用脱脂牛奶代替 BSA）。

（10）TBST1 缓冲液：TBS 缓冲液中加入 0.05%（*V/V*）的 Tween-20。

（11）TBST2 缓冲液：50mmol/L Tris-HCl（pH 7.5），100mmol/L NaCl，0.1%（*V/V*）Tween-20。

（12）显色液：2mL 1×AP 缓冲液，80μL BCIP，80μL NBT。

3. 器具

冷冻离心机、制冰机、SDS-PAGE 电泳装置、电泳转移装置、4℃一抗摇床、室温摇床等。

【实验程序】

1. 蛋白质样品（抗原）的制备

1）*细菌破碎*　　通常有3种方法。

（1）酶溶解法破壁：用裂解缓冲液悬浮细菌，按每克细菌加1.5μL 50mmol/L蛋白酶抑制剂PMSF，40μL 10mg/mL溶菌酶，搅拌20min，同时加入2mg脱氧胆酸。以上步骤在4℃冷室中进行。待溶液变黏稠时，加入10μL DNaseⅠ（1mg/mL），室温放置至溶液不再黏稠，置于4℃冰箱待用。

（2）超声波法破壁：用裂解缓冲液悬浮细菌，冰浴下150W×100次×2s超声处理。

（3）超声波与液氮冻融结合法：用裂解缓冲液悬浮细菌，先对悬液进行冰浴超声处理（150W×100次×2s），再液氮冻融30min，取出后立即置于37℃水浴融化，反复两次。

2）*冷冻离心*　　上述裂解液经4℃，12 000r/min离心20min后，取沉淀。

3）*洗涤*　　将破碎的菌体10 000*g*离心10min，收集沉淀，用洗涤缓冲液洗两次，从而获得包涵体蛋白。

2. SDS-PAGE

参见实验5.4。

3. 转膜（湿转）

（1）将凝胶玻璃板置于盛有电泳转移缓冲液的容器中，浸泡几分钟。如为PVDF膜，需将杂交膜置于甲醇中15s。

（2）戴上手套，准备好滤纸和NC膜或PVDF膜（83mm×75mm），避免污染滤纸和膜，将裁减好的滤纸膜和海绵浸泡于1×电泳转移缓冲液中，驱除气泡。

（3）打开转移盒并放置于浅盘中，用转移缓冲液将海绵垫完全浸透后将其放在转移盒壁上，海绵上再放置一张浸湿的滤纸。

（4）按“(－）黑板—海绵—滤纸—凝胶—NC膜或PVDF膜—滤纸—海绵—红板（＋)”的顺序装置好，放入电泳槽中。注意不能有气泡。

（5）将冰盒装入缓冲液槽，注满4℃预冷的电泳转移缓冲液。

（6）将整个装置放在冰浴中并用磁力搅拌器搅拌，接通电源，恒流100mA转移7～8h。

4. Western blotting杂交过程

（1）清洗：电转完毕后，将杂交膜做好记号（可在一角处剪一个三角标志）置于TBST1缓冲液中清洗5min。

（2）封闭：将清洗后的杂交膜放置于10mL的封闭液中，在摇床上室温封闭2h。

(3) 一抗孵育：去除封闭液，加入10mL用封闭液以1∶1000比例稀释的一抗反应液，置于4℃摇床上过夜或者室温摇床轻摇2h，使蛋白质和抗体充分发生抗原抗体免疫反应（注意：根据不同抗体的用法要求，抗体比例需进行调整）；含有一抗的反应液可以回收－20℃保存，重复利用。

(4) 清洗：去除一抗反应液，用TBST1液洗膜手洗3次；之后在室温摇床上机洗3次，每次5min。

(5) 二抗孵育：加入10mL用TBST2以1∶1000比例稀释的二抗反应液（注意：根据一抗的不同，选择二抗通常为羊抗兔或羊抗鼠标记的碱性磷酸酶），置于室温摇床轻摇1h，使一抗和二抗发生免疫反应。

(6) 清洗：去除二抗反应液，用TBST1液洗膜手洗3次；之后在室温摇床上机洗3次，每次5min。

(7) 显色：加入2～3mL BCIP/NBT底物反应液，置于暗处显色2min左右，直至目标条带显色清晰为止。最后加入ddH_2O终止反应，晾干并分析结果。

【注意事项】

1. 蛋白SDS-PAGE分离时注意

收集完蛋白质样品后，测定蛋白质样品的浓度来确定每个蛋白质样品的上样量一致。根据所使用的裂解液的不同，需要采用适当的蛋白质浓度测定方法。因为不同的蛋白质浓度测定方法对于一些去垢剂和还原剂等的兼容性差别很大。

2. 转膜（transfer）

推荐选用PVDF膜。硝酸纤维素膜（NC膜）也可以使用，但硝酸纤维素膜比较脆，在操作过程中特别是用镊子夹取等过程中容易裂开。如果使用Bio-Rad的标准湿式转膜装置，可以设定转膜电压为80V，转膜时间为2h。在转膜过程中，特别是高电流快速转膜时，通常会有非常严重的发热现象，最好把转膜槽放置在冰浴中进行转膜。蛋白质Marker最好选用预染的，转膜后可以通过观察Marker的转膜效果来判断所有蛋白质的转移效果；还可以用考马斯亮蓝快速染色液对完成转膜的SDS-PAGE胶进行染色，观察蛋白质的残留情况。

3. 封闭（blocking）

转膜后，立即把蛋白质膜放置到预先准备好的TBST洗涤液中，漂洗5min，以洗去膜上残留的转膜液。从转膜完毕后所有的步骤，一定要注意膜的保湿，避免膜的干燥，否则极易产生较高的背景。

【实验结果】

以大肠杆菌中表达并纯化得到GFP蛋白为例进行分析，见图5.5.1。

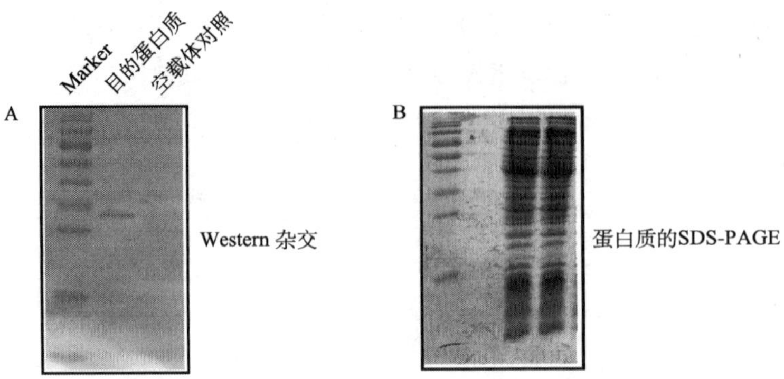

图 5.5.1　SDS-PAGE 电泳和 Western 杂交结果

A. 在大肠杆菌菌株 BL21 中诱导表达某外源蛋白 GFP，以空载体表达作为对照；
B. SDS-PAGE 电泳的考马斯亮蓝染色表示上样量的一致性

【思考题】

1. 进行 Western blotting 的目的及原理？
2. 阐述实验中需要设置哪些内参，各内参的意义有哪些？
3. 如何提高 Western blotting 检测的特异性？

实验 5.6　凝胶阻滞分析

【实验目的】

掌握凝胶阻滞体外鉴定 DNA-蛋白质互作的原理。

【实验原理】

凝胶阻滞实验（gel retardation），又称为凝胶迁移或电泳迁移率实验（EMSA-electrophoretic mobility shift assay），是在 20 世纪 80 年代初期出现的用于在体外研究 DNA 与蛋白质相互作用的一种特殊的凝胶电泳技术。其基本原理如下。

在非变性聚丙烯酰胺凝胶电泳中，DNA 结合蛋白质后会受到阻滞，与对应的结合的自由 DNA 分子相比产生了滞后条。因为细胞提取物中与特定 DNA 分子结合的蛋白质占的比例极微小，所以需要将待鉴定的 DNA 分子标记，如同位素标记和非生物（如 Biotin 和 DIG）标记等。为了评价结合是否有特异性，通过在反应中加入竞争性抑制剂（与探针序列完全相同的非标记 DNA 片段）可以很容易地评价蛋白质与 DNA 结合的特异性。随着反应中竞争性抑制剂的增加，蛋白质与探针的结合机会逐渐减少，造成凝胶中特异结合带形逐渐减弱直至消失。为了减少蛋白质与探针的非特异结合，实验中常需加入 DNA 携带物（DNA carrier），也称为非特异性竞争性抑制剂。一般反应中加 3μg poly（dI-dC）可明显减少非特异结合反应，但使用过量可抑制蛋白质与探针的特异结合。实验前应摸清非特异性竞争性抑制剂剂量与反应的关系，所使用的剂量应以不影响蛋白质特异性结合又能抑制非特异性结合为原则。此外，大肠杆菌或鲑类精子 DNA 也可以作为非特异性竞争抑制剂，降低蛋白质-DNA 的非特异结合，但这些 DNA 分子中可能存在探针同源序列（图 5.6.1）。

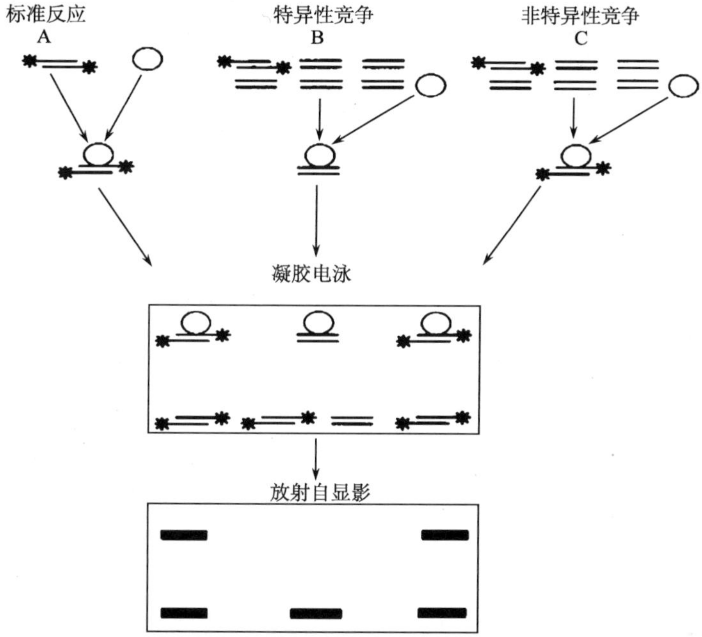

图 5.6.1　凝胶阻滞实验原理示意图

标记探针与蛋白质提取物温育，形成滞后条带 A，当加入过量的特异性抑制剂，未标记探针后特征滞后带减弱或消失 B，而加入与探针序列有差异的非特异性 DNA 竞争抑制剂时，滞后条带没变化 C。这些非特异性 DNA 竞争抑制剂通常是改变了探针中推测的蛋白质结合序列的 DNA 分子，用来初步鉴定蛋白质结合序列

【材料、试剂和器具】

1. 材料

植物材料如烟草目的双链 DNA 片段。

2. 试剂

（1）提取液（NiB）：25mmol/L Mes/KOH（pH 6）；0.25mol/L 蔗糖；5mmol/L EDTA；10mmol/L KCl；0.5mmol/L DTT；0.5mmol/L PMSF；0.3%（V/V）NP-40。

（2）裂解液（NEB）：25mmol/L Mes/KOH（pH 6）；5%（V/V）甘油；0.1mmol/L EGTA；420mmol/L KCl；0.5mmol/L DTT；0.5mmol/L PMSF。

(3) 透析液：25mmol/L Mes/KOH (pH 6)；20% (*V*/*V*) 甘油；0.1mmol/L EDTA；50mmol/L KCl；14mmol/L β-巯基乙醇（用时再加）。

(4) 10×结合缓冲液（不同的实验，溶液成分不同）：200mmol/L Tris-HCl (pH7.5)；300mmol/L KCl；2% (*W*/*V*) Tween-20；10mmol/L EDTA；10mmol/L DTT。

(5) 3mg/mL poly (dI-dC) · poly (dI-dC) 或 1mg/mL 鲑鱼精 DNA。

(6) 阻滞凝胶储备液：丙烯酰胺（Acr）∶甲叉双丙烯酰胺(Bis) 为 29.2∶0.8；0.5×TBE；10%过硫酸铵；TEMED。

3. 器具

垂直板电泳装置、凝胶干燥器、离心机、布氏漏斗、纱布等。

【实验程序】

1. 烟草细胞核蛋白的提取

按照 Staiger 等于 1989 年提取烟草核蛋白的方法进行（稍做修改）。

(1) 将烟草小苗叶片及幼茎剪下，称重后用灭菌水冲洗 2 次后用 NiB 冲洗 1 次，放在冰预冷的灭菌的研钵中，加入适量灭菌的石英砂，按每克材料 2.5mL 提取液，冰上研磨。

(2) 用布氏漏斗抽滤，过 3 层纱布，再过 1 层纱布。

(3) 4℃，2000*g* 离心 10min，弃上清。粗提的细胞核用 NiB 洗 2 次。

(4) 细胞核重新悬浮于 3 倍体积的 NEB 中，在短暂声处理后，在冰上搅拌 45min，裂解细胞核。

(5) 4℃，100 000*g* 离心 45min 后取上清，上清液透析处理 2h，在液氮中保存备用。

(6) 用 Bradford 法测核蛋白含量。

2. 放射性（非放射性）末端标记和纯化探针

放射性（非放射性）末端标记和纯化探针的具体操作参见所采用的试剂盒说明书。

3. 核蛋白与 DNA 探针的结合反应（25μL 结合体系）

按表 5.6.1 加样，室温下保温 25min。

4. 凝胶滞缓电泳

(1) 用 40mL 凝胶储备液、400μL 10%过硫酸铵和 30μL TEMED 铺一块 4% 的丙烯酰胺凝胶板，胶厚 1.0mm。在 0.5×TBE 中恒压（7V/cm）预电泳 30min。

(2) 冲洗上样孔，上样后恒压（7V/cm）电泳 2～3h。

(3) 对放射性标记的探针可以将凝胶仔细转至 Whatman 3MM 滤纸上，真空抽干，压 X 线片，－70℃放射自显影。

(4) 对非放射性标记的探针可以采用直接接触转膜法（contact-blotting）将

DNA 或 DNA-蛋白质复合物转移到带正电荷的尼龙膜上。简述如下，电泳完毕后，仔细移去上层玻璃板，将与胶大小相同的带正电荷的干燥尼龙膜（millipore）直接铺在胶上，用玻璃棒赶走气泡，然后放置 3 层滤纸，再次赶走气泡。最后压上 200g 的重物，转膜 1h。转膜后，仔细除去膜上粘的胶块，将膜夹杂在 2 层滤纸之间，120℃烘膜 30min 以固定 DNA 或 DNA-蛋白质复合物。然后按照所采用的非放射性标记探针试剂盒检测信号。

表 5.6.1　结合反应体系

试剂 \ 结合类型	对照	特异结合	竞争性结合
10×结合缓冲液	2.5μL	2.5μL	2.5μL
3mg/mL poly（dI-dC）· poly（dI-dC）	1μL	1μL	1μL
标记探针	2μL	2μL	2μL
核蛋白粗提物	—	XμL（20μg）	XμL（20μg）
竞争性抑制剂	—	—	XμL（25～50 倍标记探针）
非特异性抑制剂	—	—	—
水	19.5μL	XμL	XμL

【结果与分析】

典型的实验结果在胶的底端有自由探针的信号出现，而探针结合特异蛋白后会出现特异滞后带，在竞争反应（本例中为 120 倍）中该滞后带会减弱或消失（图 5.6.2）。

凝胶滞后实验是一种检测 DNA-蛋白质相互作用的简便、敏感的方法。实验中的影响因素也较多，DNA-蛋白质结合反应及凝胶的状况可直接影响实验结果，而反应体系中 KCl、NaCl、$MgCl_2$ 离子浓度，pH，蛋白质浓度，探针浓度，非特异性竞争剂的浓度等也是实验中必须注意的问题。实验中出现的现象、原因及解决措施如表 5.6.2 所示。

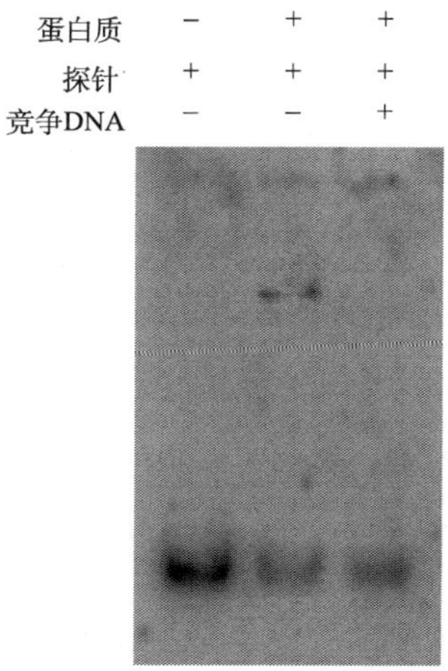

图 5.6.2　凝胶滞后实验放射自显影图（祁晓廷等，2006）

表 5.6.2　凝胶滞缓实验中的问题，原因分析和解决措施

出现的现象	可能原因	解决措施
信号弱或无信号	探针标记效率不高 放射自显影时间短	提高探针标记效率，如 yon 端转移酶标记或用末端补平标记 延长放射自显影时间

续表

出现的现象	可能原因	解决措施
没有滞后带出现	蛋白质量不足 poly（dI-dC）过量 不适合结合反应液	加大蛋白质量 减少 poly（dI-dC） 针对性改变结合反应液成分和 pH
出现多条滞后带	蛋白质降解 探针 DNA 存在多种结合序列	防止蛋白质多次冻融 用超级凝胶电泳鉴定感兴趣的结合蛋白
DNA/蛋白质结合带留在点样孔没有进到胶中	蛋白质量过量 poly（dI-dC）量少 胶的浓度高	减少蛋白质量 增加 poly（dI-dC）量 降低胶的浓度

【思考题】

1. 如何通过凝胶滞后实验评价一段 DNA 序列与核蛋白结合是特异性的？
2. 试述细胞核蛋白提取的原理。

实验 5.7　免疫共沉淀技术

【实验目的】

1. 掌握免疫共沉淀技术的操作。
2. 了解分离与目的蛋白质互作的原理和方法。

【实验原理】

免疫共沉淀（co-immunoprecipitation，Co-IP）是以抗体和抗原之间的专一性作用为基础的用于研究与目的蛋白质相互作用的蛋白质复合体的经典方法之一，也是确定两种蛋白质在完整细胞内生理性相互作用的有效方法。其基本原理是：在细胞裂解液中加入抗体，与抗原形成特异免疫复合物，经过洗脱，收集免疫复合物，然后进行 SDS-PAGE 获得复合体成分后通过质谱分析互作蛋白质成分或采用 Western blotting 确认。

【材料、试剂和器具】

1. 材料

HeLa 细胞。

2. 试剂

(1) 4℃预冷的 IP buffer：250mmol/L NaCl，50mmol/L Tris-HCl（pH 7.5），5mmol/L EDTA，0.5% NP-40。

(2) 蛋白酶抑制剂。

(3) PBS (预冷)。

(4) 细胞裂解液：IP buffer 加上蛋白酶抑制剂配成。

(5) 蛋白样品缓冲液 (protein sample buffer)。

3. 器具

带制冷的离心机、细胞刮子 (用乙醇洗干净、风干)、Falcon 管等。

【实验程序】

(1) 用细胞刮子将 HeLa 细胞从培养皿上刮下来，连同培养基一起转移到 50mL 的 Falcon 管中。

(2) 在离心机中 500g 离心 5min。

(3) 吸干上清，用 5mL PBS 吹打细胞，500g 离心 5min。

(4) 吸干上清，用细胞裂解液裂解细胞，在冰上静置 30min。

(5) 4℃，14 000r/min 离心 10min。

(6) 取上清，此为 HeLa 细胞提取物。

(7) 每 500μg 蛋白质样品中，加入蛋白 A 溶胶 (protein A sepharose)，加入 2μg 抗体，在 4℃摇床上振荡过夜。

(8) 将与蛋白 A 溶胶孵育过夜的蛋白质样品用 4℃的离心机 2000g 离心 2min。

(9) 用 1mL IP 缓冲液洗 3 次，每次在冰上放 3min，然后用 4℃的离心机 2000g 离心 2min。

(10) 加入 100μL 蛋白质样品缓冲液，在 100℃煮 5min。至此免疫沉淀的蛋白质样品制备完成。

【实验结果】

如果实验目的是检测两种特定蛋白质是否在体内存在相互作用，那么，第二种蛋白质通常用 SDS-PAGE 凝胶电泳及 Western 免疫印迹方法检测 (图 5.7.1)；如果实验目的是发现新的结合蛋白，可以直接对胶上蛋白质进行考马斯亮蓝染色来确定。

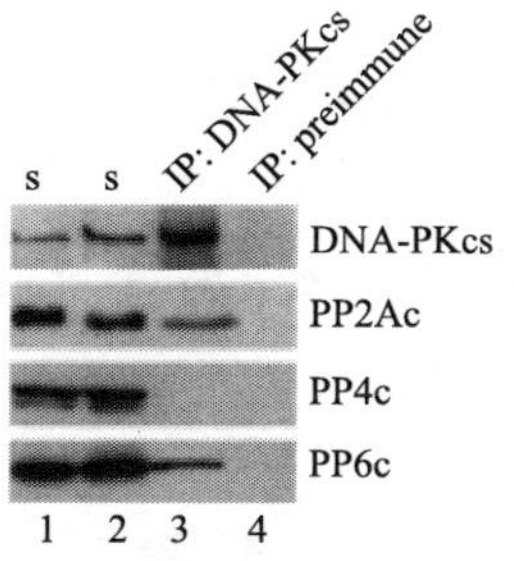

图 5.7.1 DNA-PKcs 与 PP2Ac、PP6c 相互作用 (Douglas et al.，2010)

HeLa 细胞提取物用抗 DNA-PKcs 的抗体做 IP，然后用抗 DNA-PKcs、PP2Ac、PP4c、PP6c 的抗体做免疫印迹实验，图示 DNA-PKcs 可与 PP2Ac、PP6c 相互作用，不与 PP4c 相互作用；s 为 supernatant，指作免疫沉淀前的细胞提取液

【思考题】

1. 如果免疫共沉淀实验为阳性，那么研究的两个蛋白质一定直接相互作用吗？

2. 为什么免疫共沉淀实验过程中一直用预冷的离心机？

实验 5.8　荧光素酶报告基因的检测

【实验目的】

1. 掌握荧光素酶（luciferase）作为报告基因的原理。
2. 学习检测荧光素酶报告基因的方法。

【实验原理】

转录因子是一种能够调控基因表达的蛋白质分子，它们通常与靶启动子上的特异 DNA 序列结合，从而起到对目的基因表达的增强或抑制的调控作用。在研究生物体内各个信号转导途径中，转录因子扮演着重要作用。荧光素酶报告基因被广泛用来鉴定转录因子、目的基因启动子中与转录因子结合的 DNA 序列及定量分析基因表达情况。

荧光素酶报告基因系统是以荧光素（luciferin）为底物来检测萤火虫荧光素酶（firefly luciferase）活性的一种报告系统。其原理是荧光素酶可以催化荧光素氧化成氧荧光素（oxyluciferin）。在荧光素氧化的过程中，可以发出被化学发光仪（luminometer）检测到的生物荧光（bioluminescence）。荧光素和荧光素酶这一生物发光体系，可以极其灵敏、高效地检测基因的表达。

本实验中，利用荧光素酶报告基因来检测烟草 Rubisco 小亚基的基因表达。将含有烟草 Rubisco 小亚基基因启动子∷萤火虫荧光素酶报告基因∷终止子完整表达盒的载体通过 PEG 介导的方法转入 BY2 原生质体中，通过裂解细胞、检测荧光素酶催化荧光素底物释放出的生物荧光的强度来学习如何应用荧光素酶报告系统。

【材料、试剂和器具】

1. 材料

BY2 烟草悬浮细胞、载体 pUC19-Pro-LUC-NOS_{Ter}。

2. 试剂

（1）荧光素酶测试液（Promega E1501）。

（2）原生质体裂解液：2.5mmol/L Tris-phosphate（pH 7.8）、1mmol/L DTT、2mmol/L 反式-1,2-环己二胺四乙酸单水合物（DACTAA）、10% 甘油、1% Triton X-100。

3. 器具

化学发光仪等。

【实验程序】

（1）BY2 细胞原生质体的制备参见实验 4.5。

(2) PEG 介导的载体 pUC19-Pro-LUC-NOS_{Ter}转化按照实验 4.5 进行。

(3) 将原生质体裂解液按 1∶1 体积分别加入转化 16h 后的原生质体和未转化的原生质体，涡旋振荡充分混匀后静置 5min。

(4) 4℃，1000g 离心 2min。

(5) 取 20μL 上清液与 100μL 荧光素酶测试液混匀。

(6) 用化学发光仪检测荧光信号。

【实验结果】

比较不同实验组的荧光素酶样品的荧光强度。

第六章　细胞电生理技术

本章主要介绍了 3 种技术：非损伤微测技术、膜片钳技术和电生理技术。

非损伤微测技术（non-invasive micro-test technique，NMT）：NMT 起源于产生了众多诺贝尔奖获得者的美国海洋生物学实验室（Marine Biological Laboratory，MBL）。1990 年 MBL 的科学家 Kühtreiber 和著名神经生物学家 Lionel F. Jaffe 利用非损伤微电极检测单细胞 Ca^{2+} 的运动方向和流速，开创了从静态测量到动态测量转变的先河。1995 年 MBL 的科学家进一步在 *Nature* 发表文章阐明了非损伤微测技术的数学物理学基础，即 Fick 第一扩散定律及应用方式。

“非损伤微测技术”是可特异进行离子/分子检测技术，主要是在电脑自动控制下，利用特异性选择电极，在不接触被测样品的情况下获得进出样品的各种分子和离子浓度、流速及其运动方向的信息。被测样品可以是细胞器、单个或多个细胞、组织甚至器官。该技术的应用不仅操作简单、测量方便、快捷、三维和实时，而且对被测对象不会产生任何伤害，是继膜片钳之后又一项细胞电生理研究的有力手段。由于其无损伤的特点，使其成为了膜片钳技术的很好补充。目前，非损伤微测技术在现有的技术平台基础上又结合了荧光显微观测技术和光钳技术，这一改进可以在实验中将转有荧光蛋白标记的蛋白质的阳性细胞聚集在一起，更有利于收集有效的电生理实验数据。

膜片钳技术（patch clamp recording technique）：1976 年德国马普生物物理研究所 Neher 和 Sakmann 首次在青蛙肌细胞上用双电极钳制膜电位的同时，记录到乙酰胆碱（Ach）激活的单通道离子电流，根据欧姆定律，测出的跨膜电流的变化，即膜电导变化，或膜通透性的改变情况，从而创建了膜片钳技术。这是一种以记录通过离子通道的离子电流来反映细胞膜单一的或多个的离子通道分子活动的技术。这一伟大的贡献，使 Neher 和 Sakmann 获得 1991 年度的诺贝尔生理学或医学奖。

电生理技术（electrophysiological technique）：1849 年 E.H.杜布瓦-雷蒙发表了《动物电的研究》，他的刺激技术和记录技术是电生理技术的先导。1922 年 J.厄兰格开始使用阴极射线示波器记录生物电，标志着现代电生理技术的开始。早期电生理技术只记录大量细胞的同步电活动，以后逐渐向微观和整体两个方面发展。在微观方面：1949 年，G.凌宁等开始用微电极插入细胞内记录其电活动，使电生理技术达到细胞水平。在整体方面：20 世纪 60 年代起，由于应用了计算机，人们能从人或动物的体表记录到非常微弱的体内深部小群细胞的电活动。电生理技术是以多种形式的能量（电、声等）刺激生物体，测量、记录和分析生物体发生的生物电和生物体的电特性的技术。

实验 6.1 非损伤微测技术简介和 H^+ 微电极的操作

【实验目的】

1. 了解电极电解质灌制，LIX 充制和氢电极银丝氯化 3 个基本技术的操作技术。

2. 学习氢电极的操作方法。

【实验原理】

物质在液体环境中有从高浓度到低浓度扩散的趋势。对于带电粒子而言，还有从高电化学电势到低的电化学电势运动的趋势。如果离子电极的移动距离 dx 在几十微米以下，生物材料实验证明，影响带电粒子运动的电化学电势的梯度可以忽略不计，那么，该离子的扩散运动速率可以通过 Fick 第一扩散定律计算出来。以 Ca^{2+} 为例，离子选择性电极由玻璃微电极、Ag/AgCl 导线、电解质（100mmol/L $CaCl_2$）及液态离子交换剂（LIX）4 部分组成。该电极在待测离子浓度梯度中以已知距离 dx 进行两点测量，并分别获得电压 V_1 和 V_2。两点间的浓度差 dc 则可以从 V_1、V_2 及已知的该电极的电压/浓度校正曲线计算获得。D 是离子/分子特异的扩散常数（单位：$cm^{-2} \cdot s^{-1}$），将它们代入 Fick 的第一扩散定律公式：$J_o = -D\mathrm{d}c/\mathrm{d}x$，可获得该离子的移动速率［单位：pmol/($cm^2 \cdot s$)］，即每一秒钟通过一个平方厘米的该离子/分子摩尔数（图 6.1.1）。

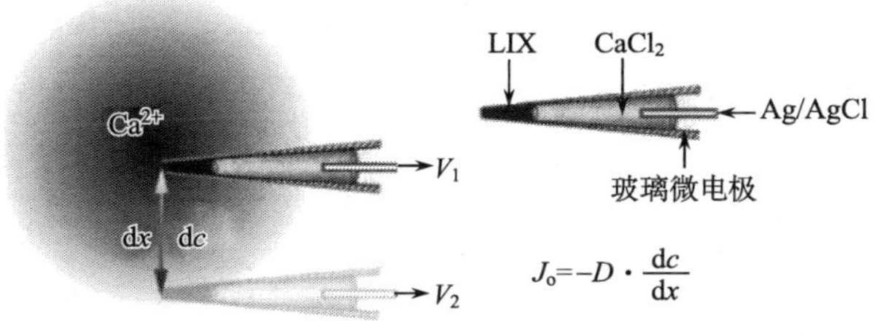

图 6.1.1 非损伤微测技术工作原理（印莉萍等，2006；Xu et al.，2006）

【非损伤微测系统的组成】

非损伤系统的样品操作区主要是由荧光显微镜、前置放大器、参比电极及数控步进电机等元件组成（图 6.1.2）。操作过程当中要保持身体接地以去掉身上的静电。非损伤系统的监视器是荧光显微镜的监视器（图 6.1.2），步进电机由控制箱控制，实验人员可以通过操纵连接控制箱的电脑精确操纵该系统。

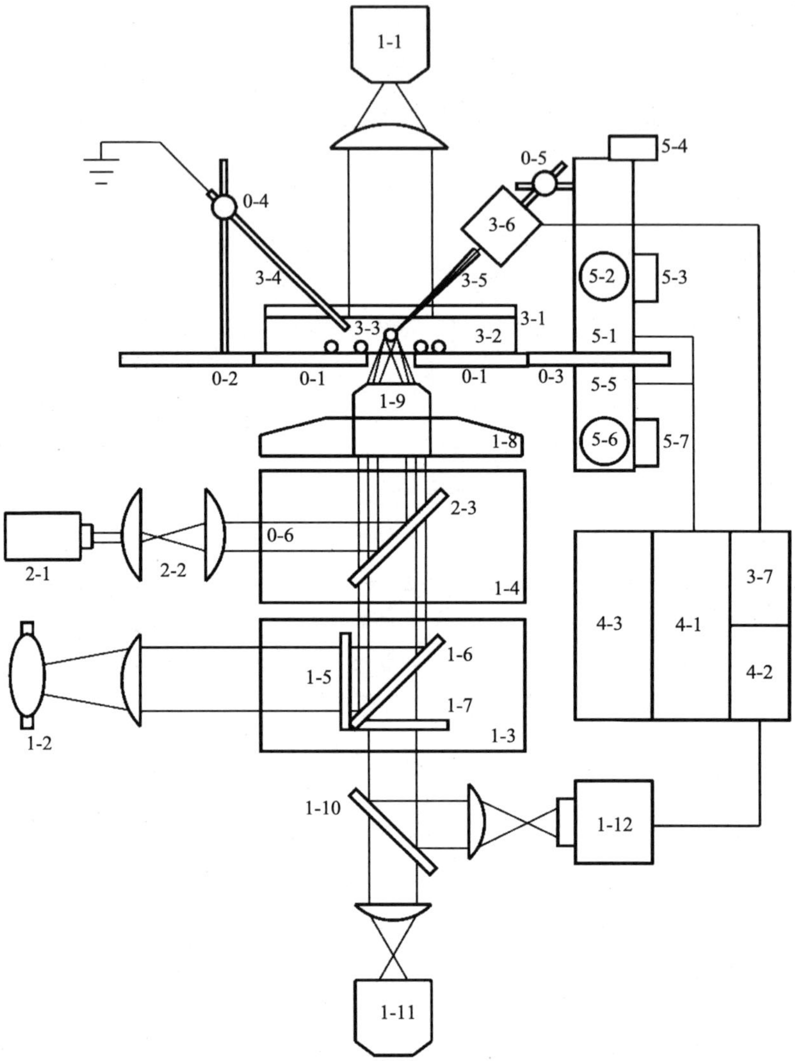

图 6.1.2　非损伤微测系统组成示意图

1-1. 明场照明器；1-2. 荧光照明器；1-3、1-4. 滤光片转盘转换器；1-5. 激发滤光片；1-6. 荧光分色镜；1-7. 阻挡滤光片；1-8. 物镜转换器；1-9. 物镜；1-10. 光路切换器；1-11. 目镜；1-12. CCD数码相机；2-1. 激光发射器；2-2. 光学耦合器；2-3. 光钳分色镜；3-1. 检测容器；3-2. 测试液；3-3. 样品；3-4. 参比电极；3-5. 离子/分子选择微电极；3-6. 前置放大器；3-7. 后置放大器；4-1. 计算机系统；4-2. 图像采集卡；4-3. 软件；5-1. 电极三维移动系统；5-5. 载物台二维移动系统；5-2、5-3、5-4、5-6、5-7. 步进电机；0-1. 载物台；0-2、0-3. 扩展平台；0-4、0-5. 多向节；0-6. 后端口

【电极制备仪器的使用】

电极拉制加热器是制备玻璃电极用的设备。电极灌充设备是将离子选择交换树脂（LIX）和缓冲液灌入电极当中，然后将银丝在银丝氯化仪上处理（图 6.1.3C），插入灌充好的电极中。最终将整个电极插在前置放大器上，就可以使用了。

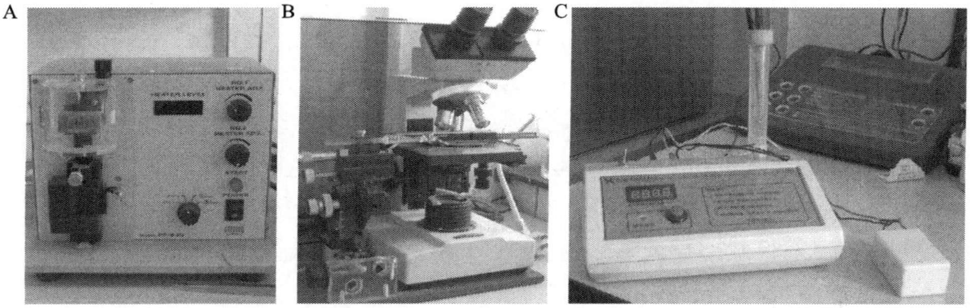

图 6.1.3　电极拉制加热器（A）、电极灌充设备（B）和银丝氯化仪（C）

1. 玻璃电极拉制

主要实验器具：电极拉制加热器，直径为 1.5mm，长 100mm 的毛细玻璃管，镊子。

（1）将加热器电源接好，打开开关，调节旋钮加热 1（No.1，heater）至 80.6℃；加热 2（No.2，heater）至 51.9℃；调至 step2；高度尺调至最上方，静息态检查显示数为 24.8℃。

（2）用镊子取出玻璃毛细管，自上方入槽，下端至下螺旋螺心，拧紧上螺旋，提升热丝及砝码至顶，拧紧下螺旋，拨挡板到左侧，盖防护盖。

（3）按红按钮（start），待管拉至挡板处，调节热丝至毛细管最细处，将挡板拨到右侧；再按红按钮，待管拉至底。

（4）开防护盖，松下螺旋，小心水平取出，热丝下调至底，松上螺旋，略提，小心水平取出。

（5）电极放好备用，关防护盖，关开关，拔电源。

注意：①全过程中不要用手触摸毛细管中部，即将拉成先端的部分；②拧螺丝用力不要太大，否则会拧断毛细管；③取下电极时一定不要碰到玻璃尖端；④最后硅化。目前主要从公司直接购入。

2. 电极电解液灌制

主要实验器具：离子选择相应的电解液（backfilling solution）、玻璃电极管、长细注射器、大注射器（带三通）、显微镜。

（1）右手执 buffer 长细注射器，将内空气打净。左手执玻璃电极管，将针头先端伸入电极管距顶端 10mm 左右，轻推注射器，打入 10mm 左右长度（若有气泡或多余液体用针头吸出），注意，不要弯曲针头。

（2）松开大注射器前的接口，插入电极管（不触底）拧紧接口。

（3）调节三通，吸空气入大管，关闭空气端，推动注射器，使电极管中的液柱移置前段（左手拿住电极管和接头，不要对人，右手施加恒力）。

（4）将接头连同电极管固定在有机玻璃块上的槽内，水平拧紧，镜检观察。

3. LIX 充制

主要实验器具：具有专一性的 LIX、微电极管（空）、显微镜。

（1）左手执空电极管（命名为 holder），右手用另一玻璃管沿空电极管长轴由基部向先端滑出。

（2）显微镜观察 holder 的开口，大小约为 20μm。

（3）holder 先端与 LIX 液面接触，通过虹吸纳入一小点 LIX（动作要迅速，否则会沾很多），将基部插入 holder 的软管中，固定在显微镜一侧的槽内，在显微镜下呈清晰图像。

（4）装有 LIX 的 holder 管和装有 buffer 的微电极管要同时出现在显微镜视野中。

（5）调节显微镜下方 holder 压力旋钮，使 holder 内 LIX 突出于管口，移动载物台使 buffer 管插入 LIX 液面，抽回大管吸取少量 LIX（3～4 格）。

（6）移动载物台使玻璃微电极与 holder 相离，取下电极管和 holder。

4. 氢电极银丝氯化

主要实验器具：电极银丝、银丝制备器。

银丝氯化用溶液：10mmol/L KCl。

（1）取出银丝制备器，插入电池线，开关置 A（20s）。

（2）取出电极银丝，用砂纸在桌上打磨先端发黑部分直至发亮。

（3）将银丝氯化用溶液倒入制备管至 7cm 处左右。

（4）电极银丝插入制备管盖，盖在制备管上，不必拧紧，使银丝下端 1cm 部分没入 KCl 即可。

（5）按开始键，电解 20s。

（6）取出电极银丝检查，前端应为黑灰色。

【非损伤测定氢离子流速的方法】

（1）从电极后部灌入 5cm 左右的特定缓冲液，然后利用虹吸作用从尖端吸入长约 10μm 长度的 H^+ 的 LIX。

（2）将氯化好的 Ag/AgCl 银丝从玻璃电极的后部插入，并使银丝浸入到电极里的缓冲液中，以保证电极和微测系统的正常连接，然后将微电极固定到前置放大器上。

（3）把参比电极和微电极分别同时放入 pH 5.5 和 pH 7.5 校正液中，使用 imFlux 软件中“校正”程序，最终使能斯特斜率（Nernst slope）稳定在 53～63mV/倍频程（mV/decade，一价正离子 58＋5mV/decade）并保存。

（4）将参比电极冲洗干净后与玻璃电极一并置入测试液中，形成测试回路。

（5）测试并保存数据，处理数据。

i. 针对样品情况设定或选择一个合适的采样规则。例如，样品在采样点处表面方向有所倾斜，为了着重测量垂直于表面方向的离子流动可以进行 Rotation。

ii. 只需进行单点测量，选择 Mode-Point 或直接点击 F5，即可进行一次测量。

iii. 需要进行实时监测，选择 Mode-Watch 或直接点击 F8 进入观察模式。点击“Record”，再点击“Resume”即可开始测量。

iv. 测量过程中如需要在培养皿中加入药品，先点击“Pause”暂停，然后需将微电极移离样品数百微米，以免打开屏蔽罩时的振动造成微电极或样品的损坏。

v. 加药结束后回到原测量点，点击“Resume”继续测量。

vi. 需在暂停期间点击“Log Entry”添加 Log 文字。

vii. 测量完成后，应将微电极取下，从微电极固定架上取下非损伤微电极，以免腐蚀电极固定架上的银丝。取出参比电极，用去离子水冲洗后重新用 3mol/L KCl 溶液浸泡。保存 vpo 文件。关闭信号放大子系统开关、运动控制子系统电源、计算机电源、显示器电源、显微镜光源及防震工作台的空气供应。

注意：①确保玻璃电极液体内部无气泡充斥；②确保两次校正过程中参比电极和玻璃电极之间距离的相对恒定。

【结果与分析】

为了检测质膜 ATPase 的作用，用非损伤氢离子选择微电极，测定瞬时转化的 OsPMA2（质膜 ATPase）基因 22～23h 后 H^+ 的分泌情况。结果显示野生型也就是没有转化过的水稻原生质体向外泌氢的趋势不太显著（图 6.1.4A），转化后的水

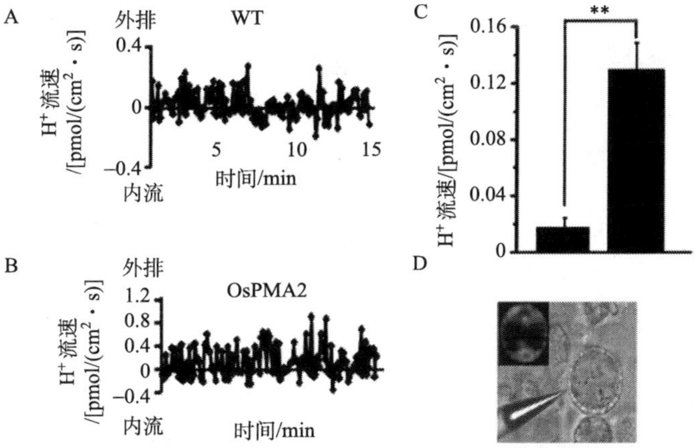

图 6.1.4　微电极检测转基因水稻原生质体和野生型水稻原生质体 H^+ 的流向和流量

A. 野生型水稻原生质体的 H^+ 流速和流向的实时测定（正值为外排，负值为内流）；B. 瞬时转入 OsPMA2 的水稻原生质体的 H^+ 流速和流向的实时测定；C. 水稻原生质体的 H^+ 的流量平均值比；D. 微电极测转基因后的水稻原生质体照；** 表示差异极显著（$P<0.01$）

稻原生质体比野生型有明显泌氢现象（图 6. 1. 4B）。

【思考题】

1. 电极电解液和 LIX 的作用。
2. 氢电极为何要进行银丝氯化?

实验 6. 2　蟑螂巨大神经和空气振动感受器

【实验目的】

1. 学会电极、参比电极和随身听耳机安装。
2. 学会观察蟑螂的尾铗感觉毛和神经索中的巨大神经纤维。

【实验原理】

蟑螂巨大神经系统是经过亿万年进化形成的逃跑反射系统，对其生存和躲避天敌有极其重要的意义。蟑螂尾铗上有特化的细长感觉毛，对空气振动极为敏感。空气振动引起感觉毛的极少位移都可造成毛底部感觉细胞的兴奋，并通过兴奋性突触使腹神经节中的巨大神经细胞产生动作电位。巨大神经元的动作电位在腹神经链中迅速传播，并通过脑神经节中的运动神经细胞产生跳跃等逃逸反射。

巨大神经的轴突直径达几百微米，是其他神经纤维直径的几十至数百倍。由于直径粗大，因此动作电位传导的速度就非常快，这点在逃逸反射中反应速度快于其捕猎者方面有重要的生物学意义。

本实验通过普通解剖镜看到腹神经链中的巨大神经纤维，并用电生理仪器看到巨大神经轴突中的动作电位，观测到微小气流扰动（说话、挥手等）造成的神经活动，并能测量神经传导和突触传递所需要的时间。

用昆虫进行电生理实验，材料便宜，节省脊椎动物资源，并给学生提供更多的动手机会和显微手术的经验。

【材料、试剂和器具】

1. 材料

美洲大蜚蠊成虫，30～50mm 长。

2. 试剂

昆虫生理溶液：120mmol/L NaCl，8mmol/L KCl，4.5mmol/L Ca_2Cl，4.0mmol/L MgCl，2.1mmol/L $NaHCO_3$，0.1mmol/L NaH_2CO_3，7.85mmol/L 葡萄糖。

3. 器具

（1）电生理放大器，示波器和记录系统。国产 BL-420E 生物机能实验系统提供了完整的放大、显示和记录功能。

（2）声音刺激器，可以用一般随身听用的耳机代替。

（3）三维微动操纵器，用于控制电极与神经接触。

（4）蜡盘，可用 80～100mm 直径培养皿，在其中灌溶化的石蜡制成，蜡厚度约 20mm。

（5）昆虫针，用于固定虫体，每个标本用 6～8 枚，可用 25 号一次性注射针头代用。

（6）立体显微镜，要求有 6×至 60×连续变倍。

（7）显微镜灯，要求能调节照射角度。从标本上，平面 10°～30°方向照射，以便能看清腹神经索和尾铗细毛。

（8）5 号钟表镊 2 把，滴液管一支，眼科手术剪一把，玻璃针（用 3mm 血清管拉制）。

【实验程序】

（1）昆虫标本制备：将蜚蠊放入－4℃冰箱约 10min，使之活动能力下降。

（2）将虫体拿在手中，迅速将头部剪掉。并从第三对足下剪断尾部，保留尾部用于实验。头和脑放入冰箱，冰冻死亡。

（3）将尾部背部向上钉在蜡盘上，用 6 枚昆虫针钉住虫体两侧。

（4）在解剖镜 10×下进行显微手术，将背部外壳两侧剪开，用钟表镊和玻璃针把剪断的外壳一片一片揭下，暴露内脏；记得不能除去尾部两节，以保护尾铗神经。

（5）用镊子夹住肠子向上提起，最大限度地除去所有内脏和脂肪。腹神经索在腹侧贴近腹部外壳，故在除去内脏脂肪时不要触及身体底部，以保护神经。

（6）除去内脏后滴入生理盐水冲洗，边冲边除去剩余脂肪，直到能看清底面（腹侧）神经索。

（7）将解剖镜变到 30×，调整焦距观察腹神经索，腹神经索上有 6 对腹神经节，每对的左右神经节融合成椭圆一体。最尾部的神经节（第六对）最大，并向尾铗发出 4 根（左右各两根）尾铗神经（图 6.2.1）。

（8）将解剖镜放大倍数开到最大，并调整焦距和照明角度以看清腹神经节两侧的腹部肌肉膜和神经枝杈。用玻璃针沿腹神经索走向在两侧进行分离，直到腹神经索与腹部外壳游离，较粗的肌肉和神经，气管可以用镊子帮助夹断，但注意不要用镊子碰神经索，也不要牵拉神经索或触碰第 6 对以下的神经。保护神经，不牵拉挤压是本实验技术成功的关键。

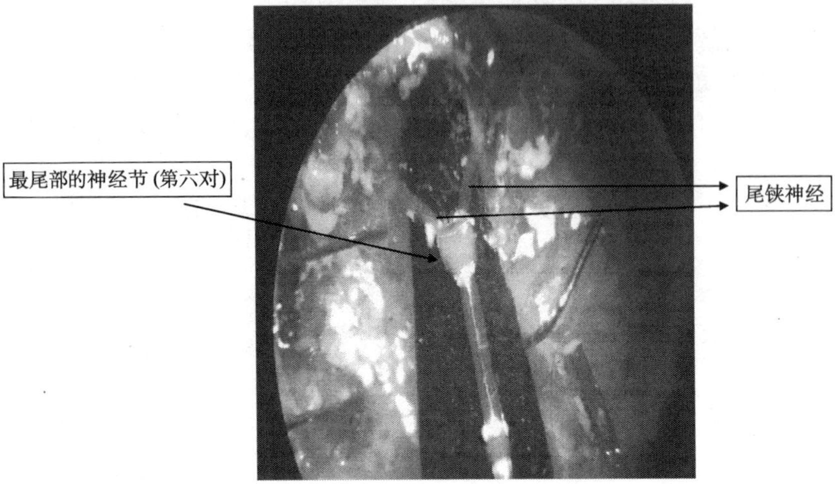

图 6.2.1　蟑螂巨大神经轴突的最尾部的神经节（第六对）和尾铗神经

【结果与分析】

1. 结果记录

(1) 把分离好的腹神经索充分保护在昆虫生理溶液中，把显微镜调至低倍 10×。

(2) 把 BL-420E 的 ch1 接在记录电极和参比电极上（图 6.2.2），把参比电极与溶液接触。在镜下把记录电极放到神经附近，与溶液接触。

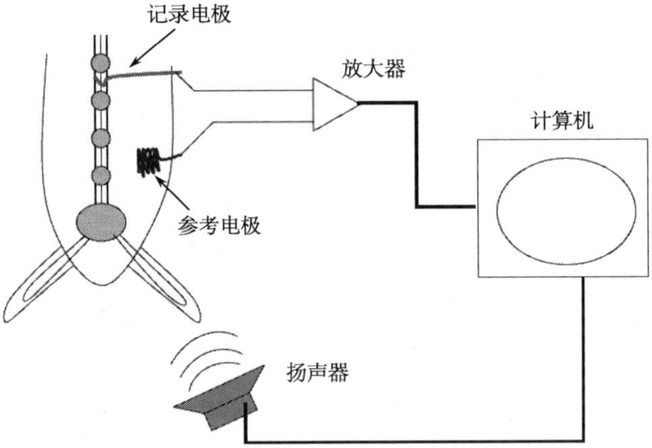

图 6.2.2　电极、参比电极和随身听耳机安装示意图

(3) 把 BL-420E 的刺激通道接到随身听耳机，把耳机放在尾铗附近（图 6.2.2）。

(4) 打开 BL-NewCentury 的主界面，在菜单条上选择“大脑皮层的诱发电位”增益＝5000，滤波范围 2～1000Hz。当用记录电极把腹神经索挑出水面时，就可看到神经索中各种突触的自发放电。用手指在尾铗附近轻轻挥动，则可见到诱发的巨大神经元动作电位。

(5) 当腹神经索被电极挑离水面时应注意勿使其干燥，可用凡士林覆盖以保护神经。

2. 证明神经索电位与空气振动有关

可以用 BL-420E 程序中的刺激功能，把随身耳机连接在 BL-420E 的刺激通道上，在程序中把刺激强度调至 10V，宽度调到 2ms，手动刺激。这时把耳机放在离尾铗很近的地方。在给予一个刺激的时候，都可以在记录中看到一个较大的针状电位。针状电位出现在刺激标记后约 10ms 的时间（图 6.2.3）。

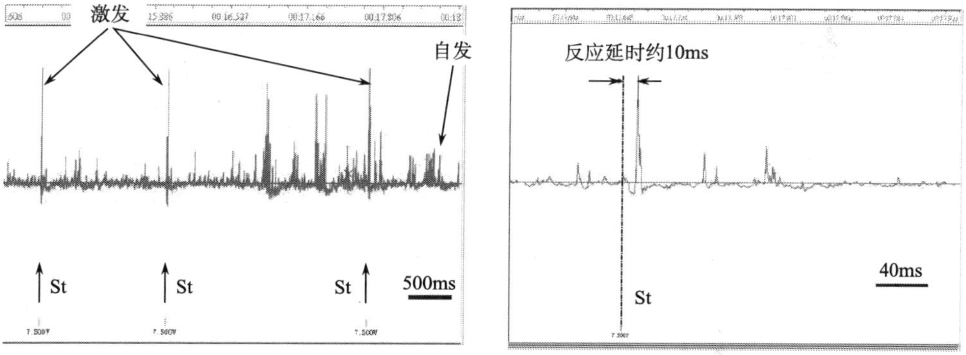

图 6.2.3　声波刺激的针状电位和反应延时结果

从刺激到反应之间 10ms 的时间，称反应延时（latency）（图 6.2.3），是由感受器延时、神经传导时间和突触传递延时等几部分组成。当测出神经传导速度后，可以标出神经传导时间。从总反应延时里减去神经传导时间即可估计出感受器延时和传递延时。测量神经传导速度的方法是从两个测量点测量总反应延时。例如，从腹神经索的胸部末端（腹神经节Ⅰ）处测到的总反应延时为 12ms，把电极移到腹神经索尾端接近腹神经节Ⅱ的地方，测得总反应延时为 10ms，两次测量电极在腹神经节上移动的距离为 10mm，由此可标出神经传导速度为 10mm/2ms＝5m/s。这样如果总反应延时时间为 10ms，电极离第 6 腹神经节距离为 10mm，则神经传导时间约为 2ms，而触发细毛运动，在感觉神经元中产生动作电位，传到第 6 腹神经节并通过兴奋性突触产生巨神经元动作电位的时间则需要 8ms。逃跑系统中的反应总延时对昆虫的生存有重要意义，利用巨大神经进行高速度的传导是昆虫与其捕食者亿万年来共同进化造成的。

3. 对尾铗感觉毛的观察

在完成电生理记录之后，可以把一侧尾铗剪下，腹侧向上放在高倍解剖镜下观察。感觉毛很长很细，上下一样粗，毛基部有一个圆盘，与其他根粗尖细，长短不一的毛有明显的不同。

4. 观察神经索中的巨大神经纤维

在完成电生理记录后，沿腹神经索仔细向尾端解剖，分离，直到尾铗神经的末端。把分离好的神经索移出虫体，用生理盐水冲洗干净，再放在一个黑色背景（如黑纸片）上，然后再解剖镜下观察，用侧光照明并把解剖镜的倍数调到最大。巨大神经纤维在半透明的腹神经索中呈现为黑色（透明）的条状，可以看到腹神经索中有多条巨大神经纤维。实际上，在一对神经索中共有 14 根巨大神经，每侧有腹 3 背 4 两组。

【思考题】

1. 腹神经索中针状电位的幅度是多少毫伏？动作电位的底部宽度是多少？
2. 为什么在神经索中可以计到许多大小不同的针状电位？
3. 从刺激到反应间的延迟是多少毫秒？为什么会出现延迟现象？
4. 针状电位的幅度和刺激的强度有关吗？为什么？
5. 怎样排除记录系统中的电干扰？怎样区别？

实验 6.3　电压钳系统和膜片钳技术

【实验目的】

1. 了解显微注射技术。
2. 利用爪蟾卵母细胞电压钳系统测定细胞膜离子运输基因功能。

【实验原理】

爪蟾卵母细胞（*Xenopus oocytes*）来源于一种南非生长的爪蟾（South African clawed toad），其卵母细胞直径可达 1.0～1.2mm。爪蟾卵母细胞能翻译外源性 mRNA 或 cRNA，是一种功能强大、适用范围广的表达体系。用于表达的载体可以是从细胞或组织中提取的 mRNA、体外转录合成的 cRNA、基因组 DNA 和载有目的基因的质粒。将外源性基因注入爪蟾卵母细胞，通过翻译将膜蛋白整合到活细胞膜中，并用双极电压钳技术记录离子激活时的膜电流，这种电流可以通过蛙卵母细胞的双微电极电压钳（two microelectrode voltage clamp）技术记录和分析，并显示一定的功能。爪蟾卵母细胞用于各种蛋白质的表达，包括受体、离子通道、转运体等，为研究所表达蛋白质的结构、功能及药理学特性提供了重要的手段，从而实现电生理实验和分子生物学实验的结合。

【材料、试剂和器具】

1. 材料

雌性非洲爪蟾卵母细胞，体外合成的目标 cRNA 或外源性 mRNA。

2. 试剂

主要使用 ND96、无钙 ND96 和孵育液。

ND96 液的配制（mmol/L）：NaCl（96g），KCl（2g），$CaCl_2$（1.8g），$MgCl_2$（1.0g），丙酮酸钠（2.5g），HEPES（10g），葡萄糖（5g），小牛血清 0.1%～0.2%，用三蒸水配制，再用 1mol/L 的 NaOH 调节 pH 至 7.4～7.6，高压高温灭菌并用滤器过滤。

无钙 ND96 为不含 $CaCl_2$ 的 ND96 液。

卵母细胞培养所用的孵育液：在 ND96 液中加入青霉素 10^5U/L、链霉素 500mg/L。

3. 器具

压钳放大器、微操纵器、微量注射仪、微电极拉制仪、体视显微镜、恒温摇床等。

【实验程序】

1. 卵母细胞分离和去滤泡膜处理

在体视显微镜下，左、右手各持显微镊 1 只，将卵叶分成 10～20 个细胞为一团的细胞团，用移液管将细胞团移入盛有无钙 ND96 液的容器中，并用无钙 ND96 液冲洗数次，除去液体中残留钙。然后将卵母细胞移入含胶原酶液体（用无钙 ND96 液配制，胶原酶浓度为 1.5g/L）的容器中，用封口膜封口，置于 22℃的恒温摇床中，以 60 次/min 恒温培养 1h。取出后，可看到大多数细胞已经分离成单独的细胞，除去消化残液，再用无钙 ND96 液冲洗细胞 5～7 次。另外一种分离细胞的方法是：将酶消化与机械剥膜相结合，同前所述，在摇床中轻摇 20～30min，待细胞开始分离时将其移入无钙 ND96 溶液中，在显微镜下可见到透明的滤泡膜细胞在细胞表面起泡分离，再用显微镊小心地剥去滤泡膜。这种方法可避免胶原酶消化过度损伤细胞膜。将分离好的卵母细胞移入盛有孵育液的培养皿中（经高压灭菌），封口，置于 19℃的生化培养箱中培养数小时至 1d 后，在显微镜下挑出膜褶皱或着色减退的不健康细胞，利用生长健康的细胞进行胞内注射研究。

2. mRNA 或 cRNA 的微量注射

选取Ⅳ～Ⅴ期的细胞进行微量注射。用微电极拉制仪将玻璃毛细管拉制成注射用玻璃针，针尖口径约 10μm，安装在微量注射仪上，充入待注射的 mRNA 或 cRNA（1g/L）。细胞放入盛有孵育液的培养皿中，每个细胞注射 50nL 左右来自于目标生物的 mRNA 或 cRNA。将注射的卵母细胞放入 19℃的生化培养箱培养 2～

3d 开始进行实验，每天需要更换孵育液 2～3 次，并及时清除长斑的和死亡的细胞。

3. 电生理记录

对于注射外源性 mRNA 或 cRNA 的卵母细胞是否翻译成有功能的蛋白质，可通过双极电压钳技术进行记录。用微电极拉制仪拉制玻璃微电极。电压电极和电流电极尖端直径分别为 3～5μm 和 5～7μm，电极内充灌液分别为 0.15mol/L 和 3mol/L 的 KCl 溶液，电极电阻分别为 5～10MΩ 和 0.1～1MΩ。参考电极用 Ag/AgCl 电极与细胞池相连，并用盐桥固定。实验过程中用 Ringer's 液以 2mL/min 的速度持续灌流细胞，通过微操纵器将电压电极和电流电极插入细胞，选取静息膜电位>－35mV 的卵母细胞进行实验，钳制电压为－50mV，电流信号输入计算机记录系统，记录膜电流反应。

【思考题】

举例说明如何利用爪蟾卵母细胞表达体系研究生物的基因功能，并对其应用前景进行评价。

实验 6.4　骨骼肌收缩综合实验

【实验目的】

本实验通过坐骨神经-腓肠肌标本，并用电生理仪器观察肌肉对不同强度、不同频率刺激的反应，从而确定刺激与肌肉收缩反应的关系，并分析骨骼肌单收缩的过程，了解骨骼肌收缩的总和现象。

【实验原理】

由于蛙类的一些生理功能与恒温动物相似，因此利用坐骨神经-腓肠肌标本检测腓肠肌对不同刺激的反应性。

（1）腓肠肌由许多肌纤维组成，刺激腓肠肌时，不同刺激强度会引起肌肉的不同反应。当刺激强度过小时，不引起肌肉发生收缩反应，此时的刺激为阈下刺激。当全部肌纤维同时收缩时，则出现最大的收缩反应。这时，即使再增大刺激强度，肌肉收缩的力量也不再随之加大。可以引起肌肉发生最大收缩反应的最小刺激强度为最适刺激强度。

（2）肌肉组织对于一个阈上强度的刺激，发生一次迅速的收缩反应，称为单收缩。单收缩的过程可分为 3 个时期：潜伏期、缩短期及舒张期。

（3）两个同等的阈上刺激，作用于坐骨神经-腓肠肌标本，若间隔大于单收缩的过程，肌肉出现两个分离的单收缩；若小于单收缩过程，则出现两反应的重叠，称为收缩的总和。当同等强度连续阈上刺激作用于标本时，则出现多个反应的融合，称为强直收缩。后一收缩发生在前一收缩的舒张期时，称为不完全强直收缩；后一收缩发生在前一收缩的收缩期时，各自收缩完全融合，肌肉处于持续的收缩状态，为完全强直收缩。

【材料、试剂和器具】

1. 材料

蟾蜍（或蛙）。

2. 试剂

任氏液（1L 溶液）：6.5g NaCl，0.14g KCl，0.12g $CaCl_2$，0.20g $NaHCO_3$，0.01g NaH_2PO_4，2.00g 葡萄糖。

3. 器具

BL-420E＋生物机能实验系统、张力传感器、刺激电极、引导电极、金冠剪、手术剪、手术镊、玻璃分针、蛙板、支架、双凹夹、肌槽、不锈钢盘滴管、棉线等。

【实验程序】

1. 蟾蜍（或蛙）坐骨神经-腓肠肌标本制备

将蟾蜍双毁髓后，剪除躯干上部和内脏：用金冠剪在枕骨大孔下部横断脊柱，并沿脊柱两侧剪开腹侧壁至耻骨联合前（图 6.4.1A～C），剪断内脏，仅留下后肢、骶骨、脊柱及由它发出的坐骨神经（图 6.4.1D～E）。剥皮并分离两腿：将后肢皮肤剥掉（图 6.4.1F）。

A　B　C　D

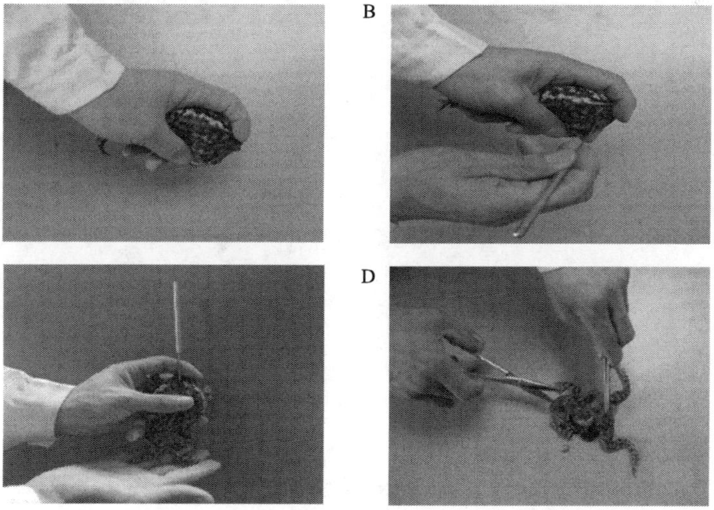

图 6.4.1　坐骨神经-腓肠肌标本制备（1）

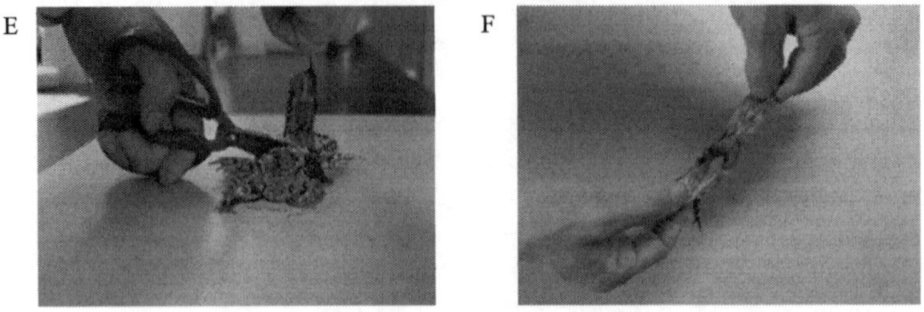

图 6.4.1　坐骨神经-腓肠肌标本制备（1）（续）

分离坐骨神经：用骨剪从中剪开，分离两后肢（图 6.4.2A）；取一后肢，背位固定，用玻璃分针将蟾蜍后肢分离（图 6.4.2B）；在股二头肌和半膜肌之间分离坐骨神经至膝关节，剪断坐骨神经分支，再向上分离至脊椎骨（图 6.4.2C～E）。

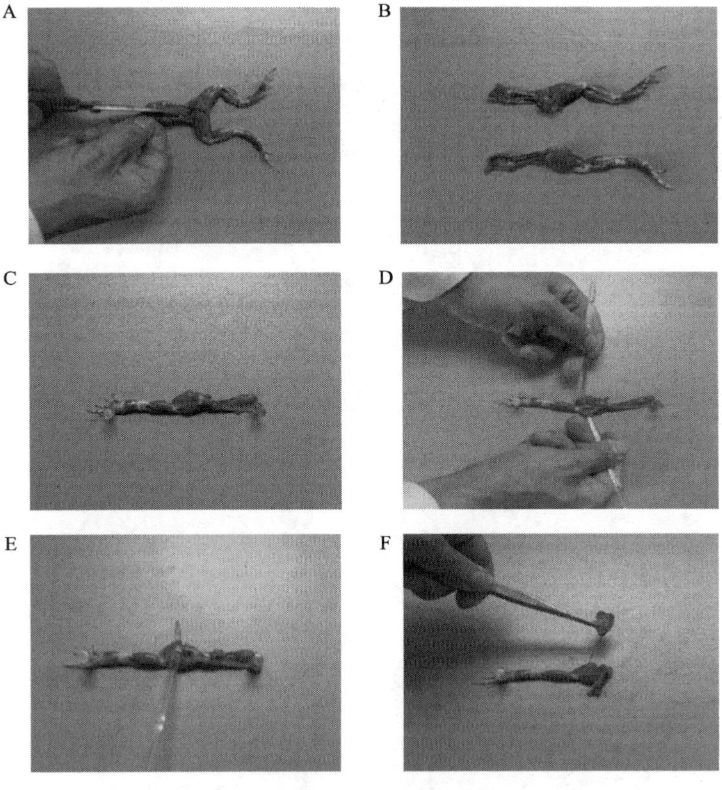

图 6.4.2　坐骨神经-腓肠肌标本制备（2）

游离腓肠肌：将游离的坐骨神经搭在腓肠肌上，在膝关节周围剪掉大腿的全部肌肉，只保留一段与膝关节相连的股骨。在腓肠肌跟腱处结扎，提起结扎线剪断跟腱和胫腓骨的联系，游离腓肠肌，再在膝关节下缘剪断胫腓骨（图 6.4.3）。

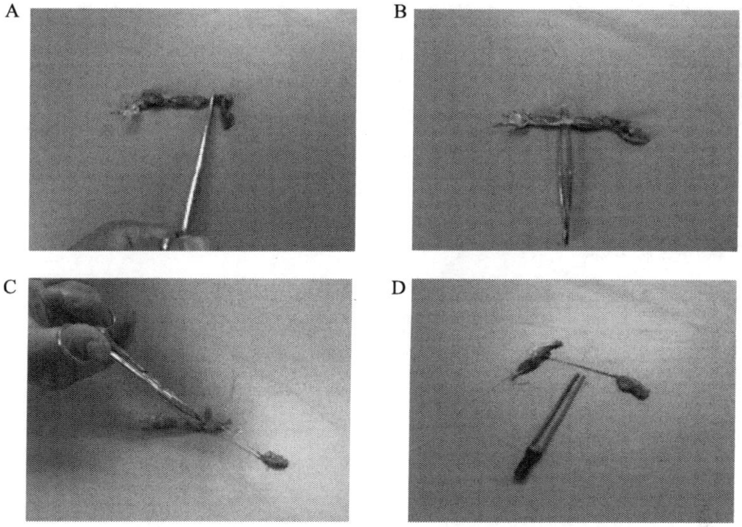

图 6.4.3　坐骨神经-腓肠肌标本活体检测

注意：制备标本过程中需经常用任氏液湿润标本。

2. 活体检验

将标本平放在蛙板上，轻轻提起标本的脊柱骨用经任氏液润湿的锌铜弓，间断接触神经。每接触一次，肌肉产生一次收缩，即标本制作成功。

【结果与分析】

1. 选择实验项目：刺激强度与反应的关系

（1）启动刺激图标，观察肌肉收缩反应。如果肌肉无收缩反应，则适当增加刺激强度，其他刺激参数保持不变。间隔少许时间，同法进行第二次刺激，直到出现肌肉的最小收缩。测量收缩幅度并记下刺激强度，此时的刺激强度为阈强度。

（2）同法逐渐增加刺激强度，观察刺激强度与肌肉收缩反应的关系（图 6.4.4）。

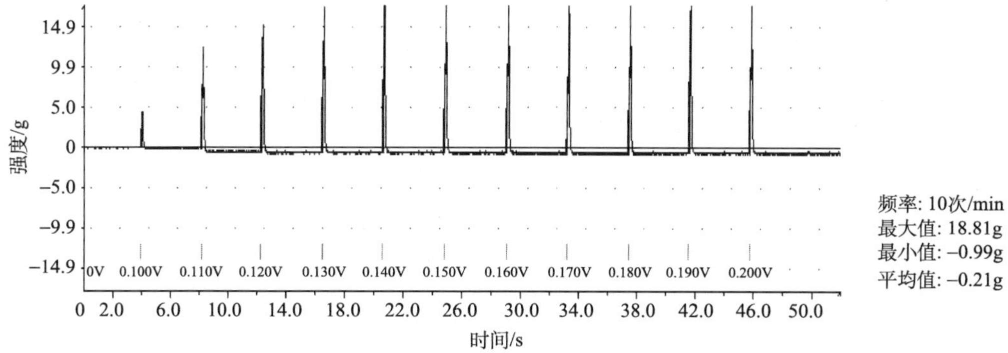

图 6.4.4　刺激强度与收缩反应的关系

（3）当刺激强度达到某一数值后，肌肉收缩幅度不再随刺激强度的增加而升高。记录 3～4 次同等高度的收缩曲线和刺激强度（图 6.4.4）。

2. 选择实验项目：刺激频率与反应的关系输入信号

1）经典实验　设置刺激对话框中的“刺激频率”、“刺激个数”、“时延”及“刺激强度”参数后点击“经典实验”按钮进行实验（图 6.4.5A）。

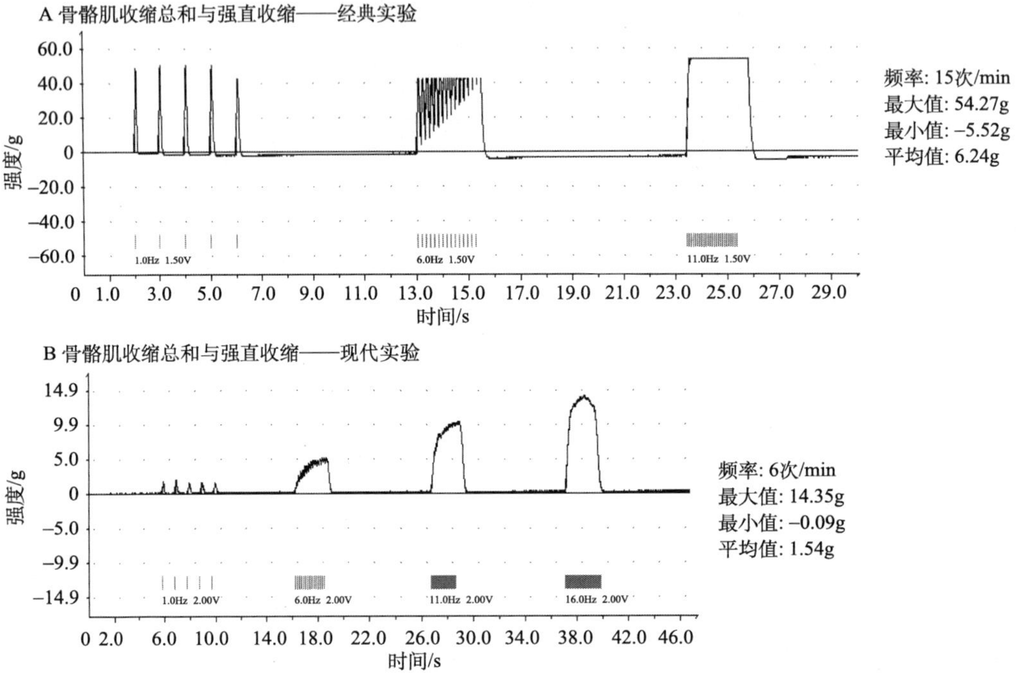

图 6.4.5　刺激频率与收缩反应的关系

2）现代实验　设置刺激对话框中的“刺激频率”、“刺激个数”、“时延”、“刺激强度”及频率阶梯等参数后点击“现代实验”按钮进行实验（图 6.4.5B）。

注意：用任氏液湿润标本，两次刺激之间稍有间歇，使肌肉休息片刻。

3. 选择实验项目：输入信号——张力（骨骼肌单收缩分析）

选用单刺激方式，调节刺激强度，使肌肉收缩的幅度适中（30mm 左右）。将实验用通道的扫描速度调快，启动刺激开关。波形显示通道出现一个单收缩曲线，可重复启动刺激开关进行实验观察。选择一个理想的图形、测量单收缩的 3 个时期：潜伏期、收缩期与舒张期（图 6.4.6）。

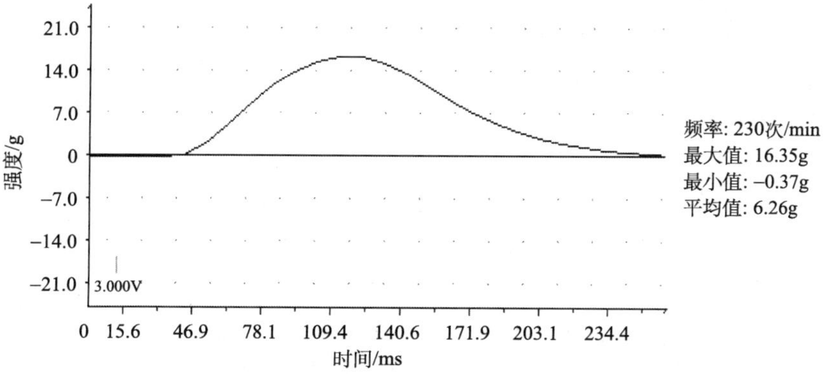

图 6.4.6　骨骼肌单收缩

【思考题】

1. 如何保持标本在实验过程中机能稳定？
2. 你所制作的标本兴奋性如何？其指标是什么？
3. 同一标本的阈刺激强度与最适强度是否会发生变化？为什么？
4. 骨骼肌单收缩实验结果说明骨骼肌有哪些生理特征？
5. 你在实验中观察到几种表示肌肉兴奋性的指标？
6. 分析讨论不完全强直收缩和完全强直收缩的条件与机制。
7. 本实验表明骨骼肌的哪些生理特性？试说明其生理意义。

实验 6.5　神经干电生理实验

【实验目的】

1. 观察蛙坐骨神经干复合动作电位的波形。
2. 学习测定神经干不应期的基本原理和方法。

【实验原理】

神经干在受到有效刺激后，可以产生动作电位，标志着神经发生兴奋。神经细胞的动作电位是以“全或无”方式发生的。坐骨神经干是由很多不同类型的神经纤维组成的，所以，神经干的动作电位是复合动作电位。复合动作电位的幅值在一定刺激强度下是随刺激强度的变化而变化的。神经干受到有效刺激兴奋以后，产生的动作电位以脉冲的形式按一定的速度向远处扩布传导。不同类型的神经纤维其传导速度是各不相同的。总体说来，直径粗的纤维传导速度快，直径相同的纤维，有髓纤维比无髓纤维传导快。蛙类的坐骨神经干属于混合性神经，其中包含有粗细不等的各种纤维，其直径一般为 3～29μm，其中直径最粗的有髓纤维为 A 类纤维，传导速度在正常室温下为 35～40m/s。测定神经纤维上兴奋的传导速度（v）时，在远离刺激点的不同距离处分别引导其动作电位，两引导点之间的距离为 m，在两引导点分别引导出的动作电位的时差为 s。再按照下面的公式来计算其传导速度：$v=m/s$。

神经在一次兴奋的过程中，其兴奋性也发生一个周期性的变化，而后才恢复正常。兴奋性的周期变化，依次包括绝对不应期、相对不应期、超常期和低常期 4 个时期。为了测定坐骨神经在一次兴奋后兴奋性的周期变化，首先要给神经施加一个条件刺激（S_1）引起神经兴奋，然后再用一个测试性刺激（S_2），在前一兴奋过程的不同时相给以刺激，用以检查神经阈值及所引起的动作电位的幅值，以判定神经兴奋性的变化。当刺激间隔时间长于 25ms 时，S_1 和 S_2 分别所引起动作电位的幅值大小基本形同。当 S_2 距离 S_1 接近 20ms 左右时，发现 S_2所引起的第二个动作电位幅值开始减小。在逐渐使 S_2向 S_1靠近，第二个动作电位的幅值则继续减小。最后可因 S_2 落在第一个动作电位的绝对不应期内而完全消失。

【材料、试剂和器具】

1. 材料

蟾蜍（或蛙）。

2. 试剂

任氏液（1L 溶液）：6.5g NaCl，0.14g KCl，0.12g $CaCl_2$，0.20g $NaHCO_3$，0.01g NaH_2PO_4，2.00g 葡萄糖。

3. 器具

BL-420E＋生物机能实验系统、张力传感器、神经屏蔽盒、金冠剪、手术剪、手术镊、玻璃分针、蛙板、支架、双凹夹、肌槽、不锈钢盘滴管、棉线等。

【实验程序】

1. 制备蟾蜍坐骨神经标本

取一只蟾蜍，双毁髓、去前肢及内脏、剥皮并分离两腿，将一侧后肢固定，分离一侧后肢的坐骨神经。向上分离坐骨神经至脊柱根部，向下分离内侧的胫神经和外侧的腓神经至踝关节。结扎坐骨神经干的脊柱端及胫、腓神经的足端，游离神经干。提起两端结扎线，将神经干标本放入任氏液中备用（图 6.5.1A～F）。

2. 实验装置连接

将蟾蜍的坐骨神经干标本置于屏蔽盒内的电极上，神经干的中枢置于刺激电极一侧，从末端引导动作电位。

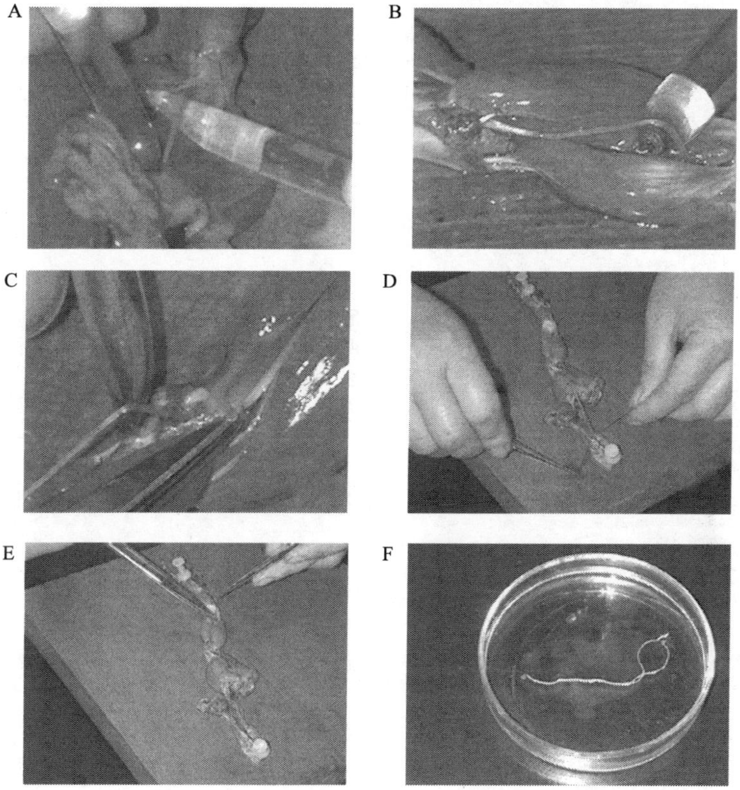

图 6.5.1　神经干标本制备

【结果与分析】

1. 神经干动作电位记录

1）神经干兴奋阈值的测定　　刺激强度从 0.1V 开始，逐渐增加刺激强度，当刚刚出现动作电位时的刺激强度，即为神经干的兴奋阈值。

2）双相动作电位　　在刺激阈值的基础上逐渐加大刺激强度，可见动作电位的图形为双相，而且其幅值随刺激强度增大而加大。当刺激增加到一定强度时，动作电位的幅值不再增大（图 6.5.2）。

3）单相动作电位　　在两个引导电极之间损伤神经干标本，即可使原来的双相动作电位的下相消失，变为单相；注意上相动作电位的图形有什么变化。

2. 神经冲动传导速度的测定

（1）连接生物机能实验系统与神经标本屏蔽盒。引导电极使用两对，近刺激端的一对（R_1 和 R_2），远离刺激端的一对（R_2 和 R_3），或近刺激端的一对（R_1 和 R_3），远离刺激端的一对（R_3 和 R_5）。然后将蟾蜍的坐骨神经干标本置于屏蔽盒内的电极上，神经干的中枢端置于刺激电极一端。

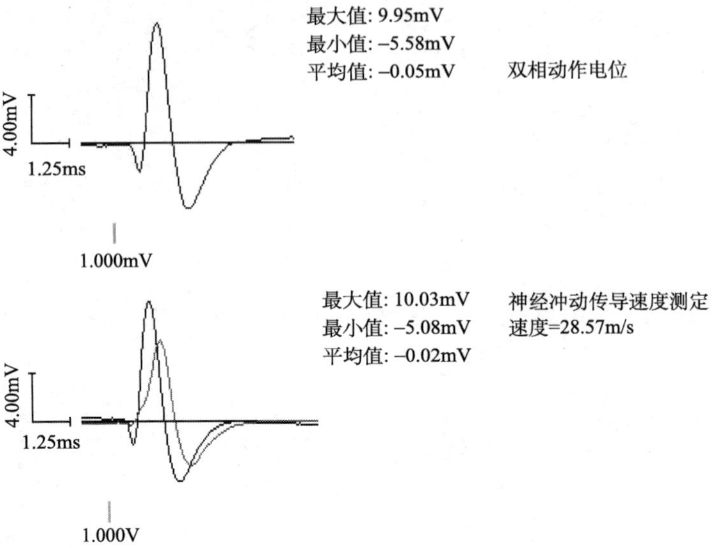

图 6.5.2　动作电位及神经冲动传导速度测定

（2）测定两对记录引导电极的动作电位时差，两对引导电极神经干的长度使用毫米刻度尺准确量出两对引导电极的距离，即为神经干的长度（mm）。

（3）按照实验原理中的计算公式，计算出蟾蜍坐骨神经干的兴奋传导速度（m/s）（图 6.5.3）。

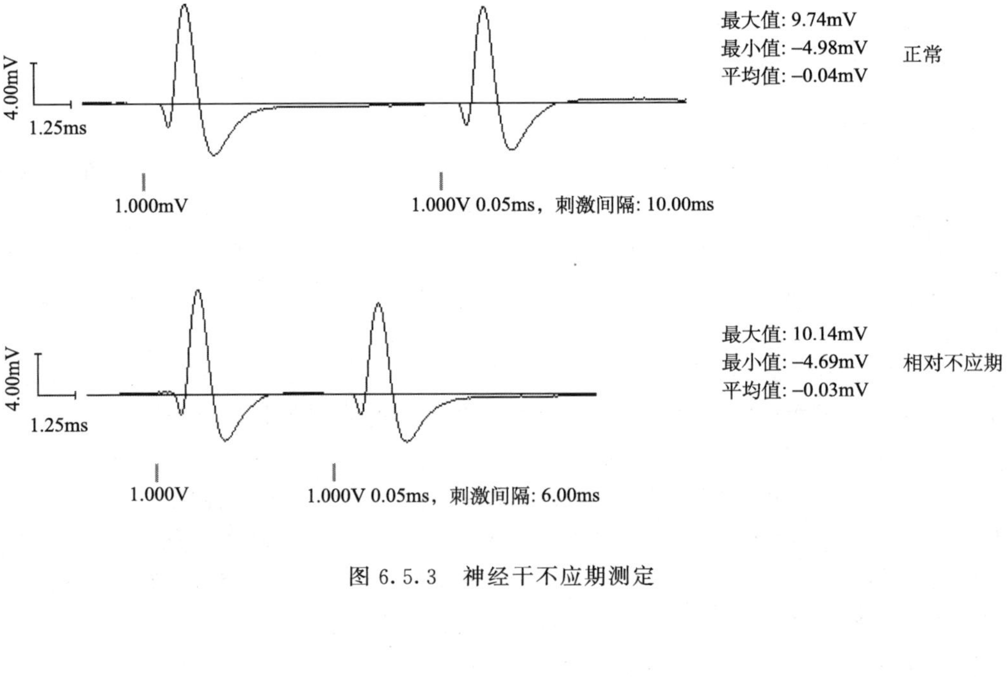

图 6.5.3　神经干不应期测定

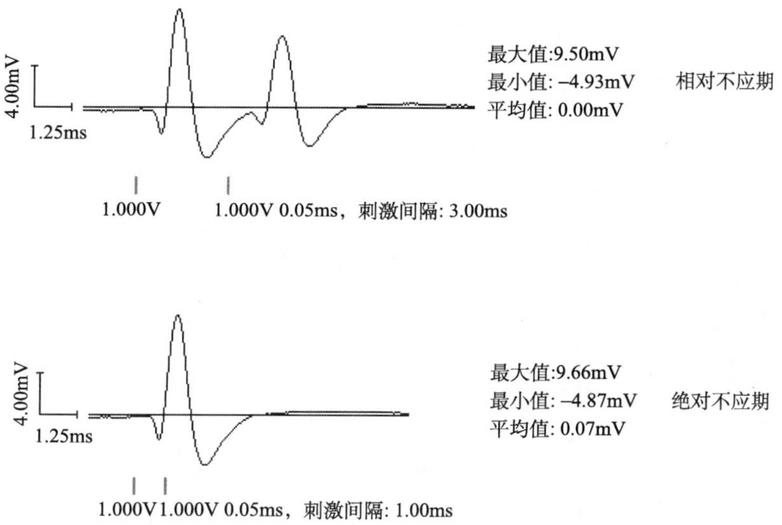

图 6.5.3　神经干不应期测定（续）

3. 神经干不应期的测定

开始“刺激”，最初可见相距 30ms（首间隔）的两个动作电位图形，而且两个图形幅值是同样大小的。此后用鼠标再次点击“刺激”，每刺激一次，第二个刺激即按照“间隔”所设定的时间向第一个刺激靠近一次，从而使第二个动作电位图形向第一个动作电位相应靠近。当发现第二个动作电位的图形幅值刚开始比第一个减小时，说明第二个刺激落入到第一次兴奋后的相对不应期，第二个刺激越是靠近第一个刺激，其动作电位的幅值就越小。当第二个刺激距离第一个刺激为 1.5～2ms 时，第二个动作电位则完全消失，表明第二个刺激落入到第一次兴奋后的绝对不应期。

【思考题】

1. 神经干动作电位的图形为什么不是“全或无”的？
2. 神经干的动作电位为什么是双相的？在两个引导电极之间损伤标本后，为什么动作电位变为单相？单相（上相）的动作电位形状与双相（有下相）时有何不同？为什么？
3. 如何改变两个引导电极之间的距离，观察双相动作电位的图形会发生什么样的变化？试解释原因？
4. 如果将引导电极距离刺激电极更远一些，动作电位的幅值会变小，这是兴奋传导的衰减吗？试解释原因。
5. 为什么两对引导电极相距越远，测定出的神经纤维兴奋传导速度就越准确？
6. 绝对不应期的长短有什么生理学意义？

实验 6.6　蟾蜍心搏描记实验

【实验目的】

本实验的目的在于学习暴露蛙类心脏的方法，熟悉心脏的结构。同时学习蛙类心脏活动的记录方法。

【实验原理】

两栖类动物的心脏为两心室、一心房，心脏的起搏点是静脉窦。静脉窦的节律最高，心房次之，心室最低。正常情况下，心脏的活动节律服从静脉窦的节律。其活动顺序为：静脉窦、心房、心室。这种有节律的活动可以用机械方法［记纹鼓记录或通过传感器（计算机采集系统）］记录下来，称为心搏曲线。

人体或动物心脏活动所产生的电信号变化之所以能从体表、肢体记录到，是因为机体存在可导电的液体，这些体液作为容积导电体可将心电信号传导到体表，故把引导电极置于体表的不同部位即可记录心电信号。

【材料、试剂和器具】

1. 材料

蟾蜍（或蛙）。

2. 试剂

任氏液（1L 溶液）：6.5g NaCl，0.14g KCl，0.12g $CaCl_2$，0.20g $NaHCO_3$，0.01g NaH_2PO_4，2.00g 葡萄糖。

3. 器具

BL-420E+生物机能实验系统、张力传感器、金冠剪、手术剪、手术镊、玻璃分针、蛙板、支架、双凹夹、蛙心夹、培养皿（或小烧杯）、滴管、纱布、棉线等。

【实验程序】

1. 暴露心脏

取蟾蜍一只，双毁髓（毁髓要彻底）后，背位置于蛙板上。一手持手术镊提起胸骨后方的皮肤，另一手持金冠剪剪开一个小口，然后将剪刀由开口处伸入皮下，向左、右两侧下颌角方向剪开皮肤。将皮肤掀向头端，再用手术镊提起胸骨后方的腹肌，在腹肌上剪一口，将金冠剪紧贴体壁向前伸入（勿伤及心脏和血管），并沿皮肤切口方向剪开体壁，剪断左右乌喙骨和锁骨，使创口呈一倒三角形。一手持眼科镊，提起心包膜，另一手用眼科剪剪开心包膜，暴露心脏（图 6.6.1A～C）。

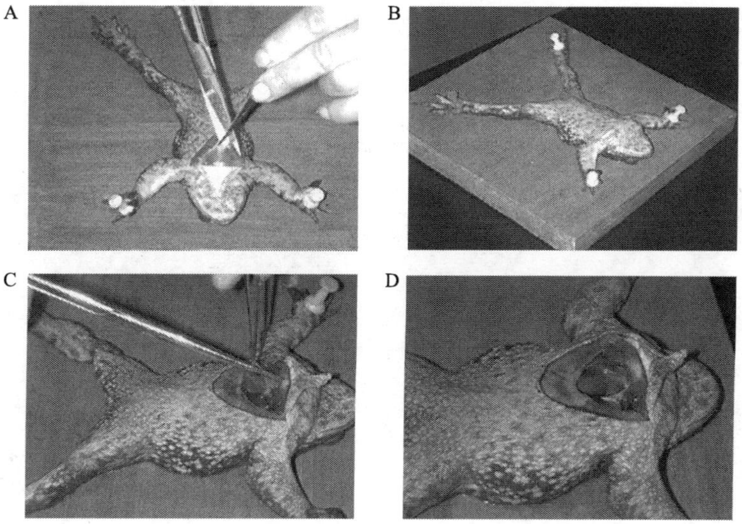

图 6.6.1　暴露心脏

2. 仪器连接

用系线的蛙心夹夹住少许心尖部肌肉。蛙心夹的系线与张力传感器的应变梁孔连接，调节系线的拉力，使心脏的收缩活动在显示屏上出现。打开计算机采集系统，接通张力传感器输入通道。

【结果与分析】

1. 观察心脏的结构

从心脏的腹面可看到一个心室，其上方有两个心房，房室之间有房室沟。心室右上方有一动脉圆锥，是动脉根部的膨大，动脉干向上分左右两分支（图 6.6.1 D）。用蛙心夹夹住少许心尖部肌肉，轻轻提起蛙心夹，将心脏倒吊，可以看到心脏背部有节律搏动的静脉窦。在心房与静脉窦之间有一条白色半月形界限，称为窦房沟前、后腔静脉与左、右肝静脉的血液流入静脉窦。

2. 观察心搏过程

仔细观察静脉窦、心房及心室收缩的顺序和频率。在主动脉干下方一条线，将心脏翻向头端，看准窦房沟，沿窦房沟作一结扎，称为斯氏第一结扎。观察心脏各部分搏动节律的变化，用秒表计数每分钟的搏动次数。待心房和心室恢复搏动后，计数其搏动频率。然后在房室交界处穿线，准确地结扎房室沟，此称为斯氏第二结扎。待心室恢复搏动后，计数每分钟心脏各部分搏动次数。记录结果。

3. 记录心搏曲线

蛙心夹的系线与张力传感器的应变梁孔连接，调节系线的拉力，使心脏的收缩活动在显示屏上出现。调整扫描速度，使心搏曲线的幅度和宽度适中。记录心搏曲线。仔细观察曲线各波与心脏各部位活动的关系。

模拟标准导联Ⅱ，将接有导线的鳄鱼夹固定在右前肢和双后肢的蛙腿钉上，白色输入线接右前肢，红色输入线接左后肢，黑色输入线接右后肢。将引导的心电信号输入端接通道1，此时显示屏上可显示出蛙的心电信号（图6.6.2，图6.6.3）。

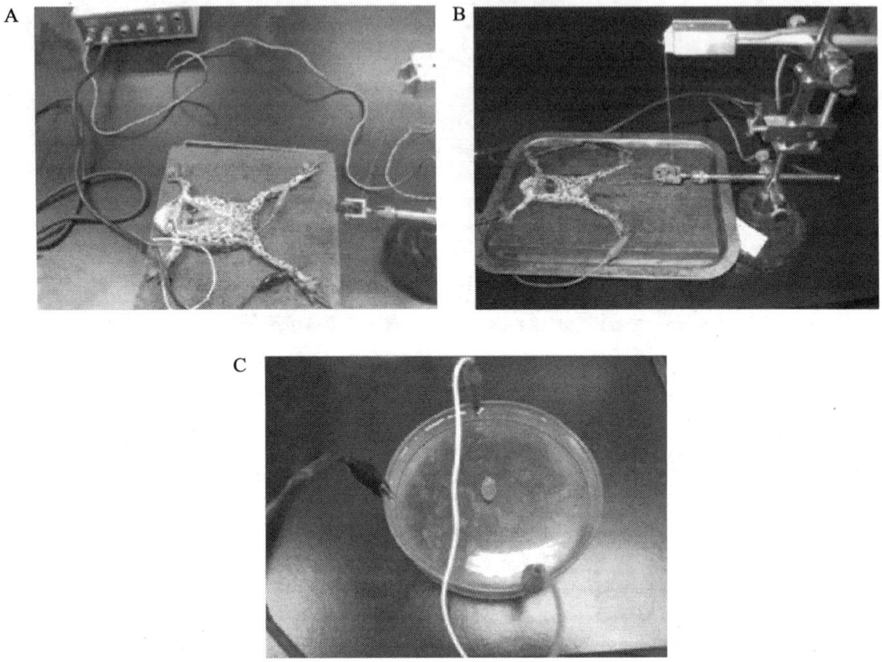

图6.6.2　心电描记

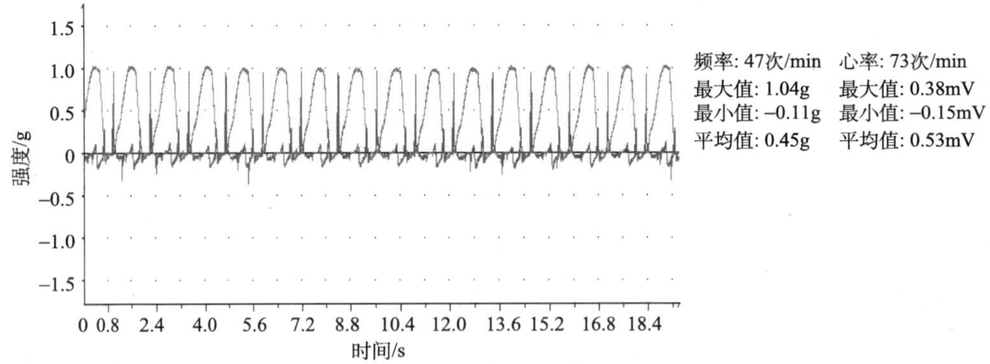

图6.6.3　心搏与心电比较

用镊子夹住心尖，连同静脉窦一起快速剪下心脏，将心脏放入盛有任氏液的培养皿内。

当蛙心脏取下以后，显示屏上不再显示心电波形。从培养皿中取出心脏再放回原心脏位置，此时又出现心电波形（图 6.6.4）。将心脏倒置，即心尖向上，此时波形发生变化，其主波方向恰与心尖向下时相反（图 6.6.5）。以上说明，记录的波形确系心脏的电活动，且心脏位置（通过综合向量的影响）可影响波形。

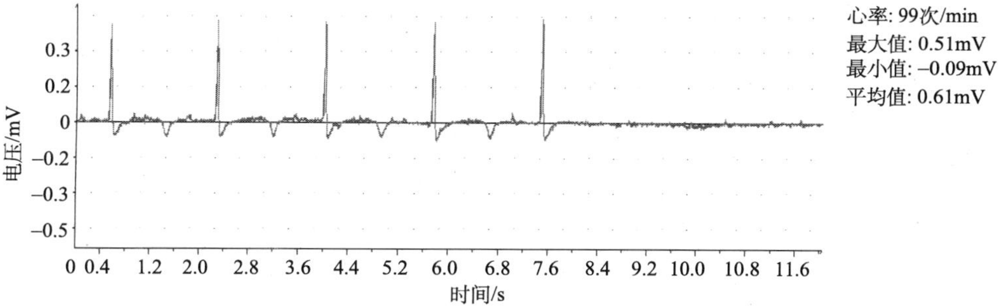

图 6.6.4　正常心脏及剪除后心搏描记

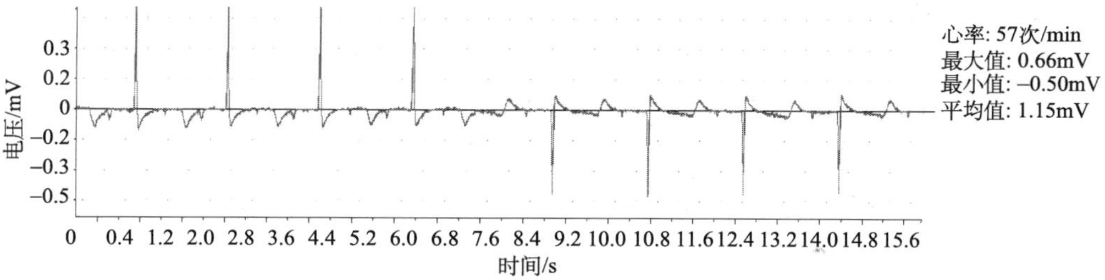

图 6.6.5　离体心脏回置及倒置心电描记

从蛙腿钉上取下鳄鱼夹夹住培养皿边缘并接触任氏液，将心脏置入培养皿内，显示屏上显示出心电波形；改变心脏位置，波形也发生变化（图 6.6.6）。

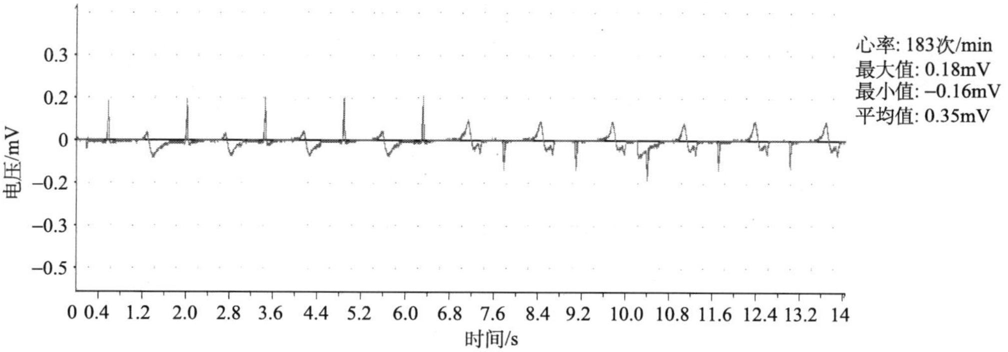

图 6.6.6　离体心脏于任氏液中正置与倒置心电描记

【思考题】

1. 斯氏第一结扎后，房室搏动发生什么变化？此实验结果表明什么？

2. 斯氏第二结扎后，房室搏动频率有何不同？实验结果表明什么？

3. 观察并分析心搏曲线各波形成的原因。

实验 6.7　蛙类心脏的神经支配

【实验目的】

1. 通过本实验了解蟾蜍心脏的神经支配，观察迷走交感神经干对心脏活动的影响。

2. 观察心室在收缩活动的不同时期对额外刺激的反应。

3. 了解心肌的生理特征。

4. 通过实验阐述心肌产生期外收缩的条件与代偿间歇出现的机制。

【实验原理】

蟾蜍的心脏受迷走神经和交感神经的双重支配。它们的迷走神经和颈交感神经混合成一个神经干，称迷走交感神经干。在正常情况下迷走神经兴奋时，心脏搏动减弱减慢，交感神经兴奋时，心脏搏动增强增快。由于迷走神经的兴奋性较高，因而低频、低强度电刺激迷走交感干时，多产生迷走效应；高频、高强度刺激时，易产生交感效应；中等频率和强度的刺激，往往表现为先迷走后交感的双重效应。若在心脏处滴加阿托品，可封闭迷走神经对心脏的影响，而表现为单纯的交感效应。

心肌的机能特性之一是具有较长的不应期，整个收缩期和舒张早期都是有效不应期。在心室收缩期给以任何刺激，心室都不发生反应。在心室舒张期给以单个阈上刺激，则产生一次正常节律以外的收缩反应，称为期外（期前）收缩。当静脉窦传来的节律性兴奋恰好落在期外（期前）收缩的收缩期时，心室不再发生反应，需待静脉窦传来下一次兴奋才会收缩。因此，在期外（期前）收缩之后，就会出现较长时间的间歇期，成为代偿间歇。

【材料、试剂和器具】

1. 材料

蟾蜍（或蛙）。

2. 试剂

任氏液（1L 溶液）：6.5g NaCl，0.14g KCl，0.12g $CaCl_2$，0.20g $NaHCO_3$，0.01g NaH_2PO_4，2.00g 葡萄糖，1%阿托品。

3. 器具

BL-420E＋生物机能实验系统、张力传感器、保护电极、双针形露丝刺激电极、金冠剪、手术剪、手术镊、玻璃分针、蛙板、支架、双凹夹、蛙心夹、培养皿（或小烧杯）、滴管、纱布、棉线等。

【实验程序】

（1）取蟾蜍一只，双毁髓后背位固定在蛙板上，在一侧下颌角与前肢之间剪开皮肤，分离深部的结缔组织后，可以看到一条长形的提肩胛肌（图 6.7.1A、B），切断此肌即能看到一血管神经束，其中含有皮动脉、颈静脉和迷走交感神经干，该神经干包含出入脊髓的迷走神经和从第 4 交感神经节发出的交感神经。分开血管神经束，用玻璃分针提起迷走交感干，穿线备用（图 6.7.1C、D）。

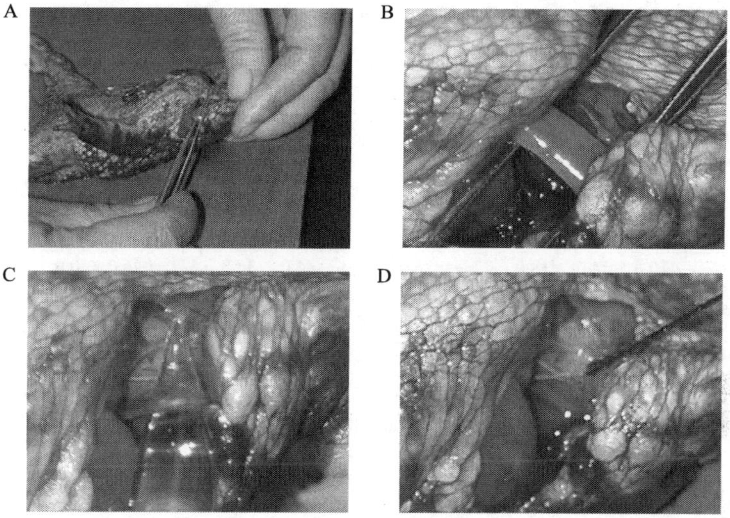

图 6.7.1　心脏神经支配实验

（2）自剑突剪开胸骨柄，暴露心脏，剪开心包膜，用蛙心夹夹住心尖，连接张力传感器，将保护电极仔细地安放在迷走交感神经干上。

（3）按上次实验方法暴露心脏，并记录心搏曲线。将刺激电极安放在心室外壁，使之既不影响心搏又能同心室紧密接触。刺激电极与刺激输出端相连。

【结果与分析】

（1）开启计算机采集系统，调节扫描速度，描记一段正常心搏曲线，然后用连续脉冲刺激迷走交感神经干 10s，观察和记录心搏活动的变化（图 6.7.2）。

（2）在静脉窦和心房部位加 1%阿托品溶液 2～3 滴。5min 后，再用原刺激强度刺激神经干，观察并记录心搏活动的变化。这是由于阿托品封闭迷走神经对心脏

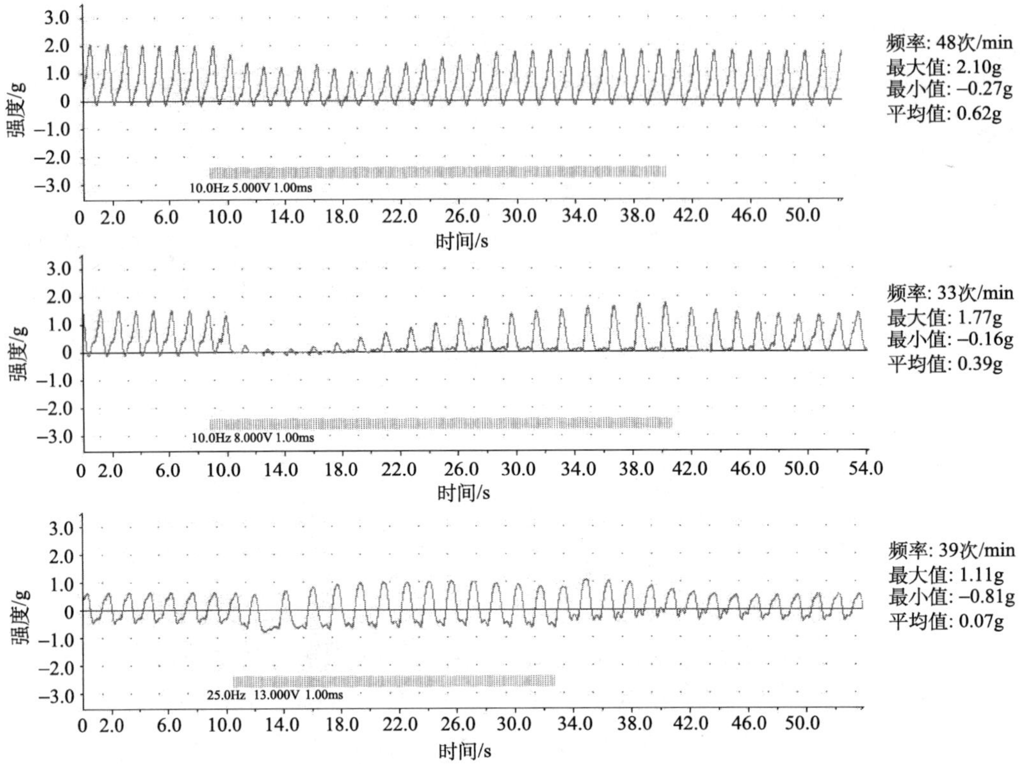

图 6.7.2　蛙类心脏神经支配

的作用，迷走效应不会出现，而表现单纯的交感效应（图 6.7.3）。

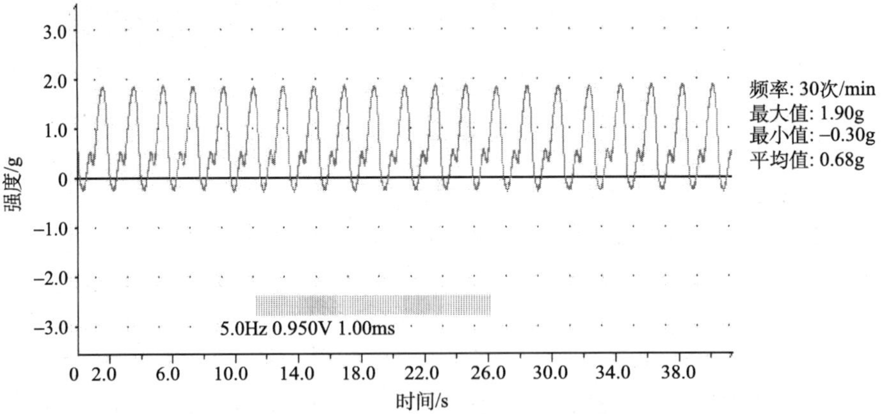

图 6.7.3　阿托品封闭迷走神经后对心脏的影响

（3）选择能引起心室发生期外收缩的刺激强度（于心室舒张期调试），分别与心室收缩期和舒张期的早、中、晚给予单个刺激（注意：此即前后要有三四个正常心搏曲线作对照，不可连续输出两个刺激）。观察心搏曲线有无变化。重复并肯定实验结果。

（4）同上法，加大刺激强度，观察心室肌对额外刺激的反应（图 6.7.4）。

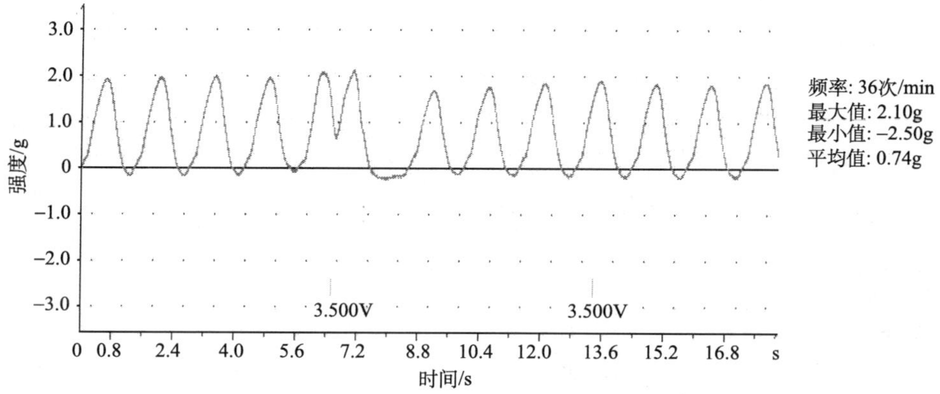

图 6.7.4　期外收缩与代偿间歇

【注意事项】

（1）神经周围的组织液需用棉球吸干，以防短路或电流扩散。

（2）每次刺激的时间不能过长，两次刺激之间必须间隔 3～5min，以防损伤神经。

（3）需常用任氏液湿润神经和心脏，以防组织干燥而失去生理机能。

（4）交感神经和迷走神经的效应往往随季节、气温、和动物个体而变化，在实验过程中需灵活处理。

【思考题】

1. 刺激迷走交感神经干时，为什么只显示出迷走效应？在心脏滴加阿托品，心搏为什么会发生改变？分析其作用机制。

2. 实验结果同骨骼肌比较，表明心肌的什么特性？

3. 心肌的不应期长有何生理意义？

4. 本实验不能用连续刺激，为什么？与心室收缩期或舒张期的早、中、晚分别给予刺激的实验设计思路是什么？

第七章　细胞的生命活动与调节

各种各样的生物都有一个共同点，即都由细胞组成。所以研究细胞的生命活动对于研究生物的生长发育有重要的意义。本章围绕细胞的生命活动展开，主要包括细胞异源互补，质膜蛋白的膜泡运输分选，植物细胞的内吞作用及细胞器的观察，植物细胞的程序性死亡诱导和观察，动物细胞通过有丝分裂的增殖，流式细胞仪的操作等。通过本章的学习，希望学生能掌握细胞的各种生命活动的特点。

本章的内容涉及多项诺贝尔奖内容，包括2013年诺贝尔生理学或医学奖授予了James E. Rothman、Randy W. Schekman和Thomas C. Südhof 3位科学家，以奖励他们发现调节膜泡运输的分子机制（for their discoveries of machinery regulating vesicle traffic, a major transport system in our cells)；2009年诺贝尔生理学或医学奖授予了Leland H. Hartwell、Tim Hunt和Sir Paul Nurse 3位科学家，以奖励他们发现有丝分裂细胞周期调控的关键因子（for their discoveries of key regulators of the cell cycle)；2002年诺贝尔生理学或医学奖授予了Sydney Brenner、H. Robert Horvitz和John E. Sulston以奖励他们发现了器官发育及程序性死亡的调控机制（for their discoveries concerning genetic regulation of organ development and programmed cell death)。作者在诺贝尔奖理论的指导下，努力将科研成果转化为本科生的实验教学，尽量使细胞生物学理论课程与实验操作的水平距离拉近。这部分的内容比较适合学生的开放实验。

实验7.1　酵母异源功能互补的功能鉴定

【实验目的】

1. 学习酵母的乙酸锂转化方法。
2. 了解异源功能互补在离子转运蛋白功能鉴定的应用。

【实验原理】

1. 酵母细胞的异源功能互补概述

Davidson和Niswander利用缺少天冬氨酸转氨甲酰酶的大肠杆菌*pyrB*突变体成功筛选到了仓鼠的天冬氨酸转氨甲酰酶的cDNA。利用这一原理，人们获得了多种持家基因的编码序列。至今，用大肠杆菌的异源互补法已分离得到的基因有玉米*PEP*（phosphoenol pyruvate carboxylase)，玉米的*GS*（glutamine synthetase)，豌豆的*GS*和豌豆的*P5CR*（Δ1-pyrroline-5-carboxylate reductase）及编码脂肪、碳水化合物、核酸和维生素代谢中相关代谢酶的基因。

然而，有些真核细胞的蛋白质需要翻译后加工，不能应用大肠杆菌异源互补法进行鉴定。为解决不能对植物基因进行蛋白质翻译后加工修饰的问题，人们发展应用了酵母突变体的异源互补法。这种方法的筛选效率比抗体或杂交高2～3倍，尤其是对那些非常不容易被纯化或不稳定的蛋白质（如膜蛋白等），更是如此。酵母功能互补法的基本原理是：将外源cDNA或cDNA文库转化到该突变株中后，外源cDNA若能够表达某种与此缺陷型功能互补的蛋白质，即可恢复该突变株的生长或显著提高某些生理指标，因而作者据此可筛选得到新的cDNA克隆或验证某外源cDNA的功能。在筛选cDNA文库和鉴定基因功能的过程中，酵母突变体转化后阳性克隆的筛选利用的是酵母突变体本身的营养缺陷的标记。应用酵母异源互补法分离与鉴定的植物基因的例子很多，其中有拟南芥和苹果小金海棠的Fe(Ⅱ)转运蛋白基因 *AtIRT1* 和 *MxIRT1*，西红柿的铁离子转运蛋白cDNAs（*LeIRT1*，*LeIRT2*），Fe(Ⅲ) 螯合物还原酶基因 *FRO2*，拟南芥菜的 NH^4-转运蛋白，玉米三价铁-螯合物转运体-YS1（yellow stripe1）基因等。另外在研究钾离子通道蛋白方面结合定点诱变、随机诱变等对通道蛋白的结构及功能均作出很好的遗传分析。

2. 酵母细胞铁吸收的相关蛋白质和调控

酵母首先通过Fe(Ⅲ)螯合物还原酶将环境中的Fe(Ⅲ)还原为Fe(Ⅱ)，从而完成铁的转运。Fre1p是细胞质膜上的还原酶，负责质膜表面的Fe(Ⅲ)的还原。*fre1* 突变体中，*FRE2* 基因编码的蛋白质也可完成该还原过程。酵母基因组中的同源基因（*FRE3-FRE7*）里，仅Fre3p和Fre7p参与Fe(Ⅲ)-铁载体复合物的还原。铁营养充足的条件下，由 *FET4* 基因编码的质膜低亲和铁吸收系统负责 Fe^{2+} 的吸收。在缺铁胁迫的条件下，由Fet3p和Ftr1p构成的高亲和铁吸收系统会被诱导表达。Fet3p为一依赖铜离子的多铜氧化酶，是一具有一个跨膜结构域的膜蛋白，其氧化催化位点位于细胞膜表面。Ftr1p为一含有REGLE基序的质膜蛋白，是高亲和系统的质膜渗透性酶。高亲和系统的转运模型认为质膜表面的 Fe^{2+} 首先被Fet3p氧化为 Fe^{3+}，Fe^{3+} 结合到Ftr1p引起其构象变化从而将 Fe^{3+} 转运至胞内。Fet3p和Ftr1p与在胞内的C端靠近质膜一侧的氨基酸残基存在相互作用，两者以复合物的形式运送至质膜并发挥功能。除高、低亲和吸收系统外，NRAMP家族作为一个有广泛离子吸收范围的基因家族，在酵母中也有发现。其中锰的转运蛋白Smf1p-Smf3p则属于该家族的成员。其中Smf1p是位于质膜主要的锰转运蛋白，在一定条件下，该蛋白质也可转运铁。

除以上的转运系统外，由于多铜氧化酶对铜的需要，酵母对铁的吸收还与铜的吸收相关。这包括铜的转运蛋白Ctr1p、Ctr3p，铜的分子伴侣Atx1p和Ccc2p等蛋白质（图7.1.1）。

缺铁胁迫时，铁离子主要由高亲和系统来转运。高亲和系统，由 *FET3* 和

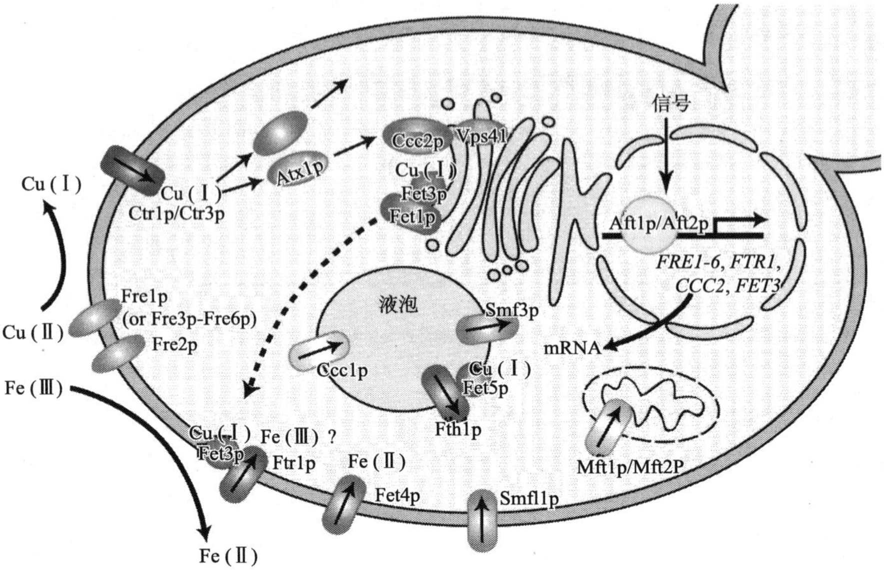

图 7.1.1　酿酒酵母细胞的铁转运机制

FTR1 编码。*FET3* 编码一种多铜氧化酶，FET3p 和 Ftr1p 负责 Fe(Ⅱ)的跨膜运输。Ftr1p 和 Fet3p 复合物的装配需要铜，主要由 P 型 ATPase Ccc2p 和分子伴侣 Atx1p 将 Cu（Ⅰ）传递给 Fet3p，Fet3p 荷载铜的过程还需要有功能的V-ATPase 和氯离子通道 Gef1p 的参与。缺铁胁迫时，铁离子主要由高亲和系统来转运：①转录因子 Aft1p/Aft2p 接受外界信号并启动高亲和系统大部分基因的表达；②质膜上三价铁还原酶基因 *FRE* 产物还原 Fe(Ⅲ)为 Fe(Ⅱ)；③铜转运体 Ctr1p 将 Cu(Ⅰ)交给铜的分子伴侣 Atx1p，只有缺铁条件下 Atx1p 才将 Cu(Ⅰ)再交给 Ccc2p；④Ccc2p将 Cu(Ⅰ)交给多铜氧化酶 Fet3p 并在高尔基体内与铁转运体 Ftr1p 组装成复合体；⑤在Vps41p 的帮助下，Fet3p-Ftr1p 由高尔基体分选到质膜上，吸收转运三价铁。在低亲和系统中，*FET4* 基因编码 Fe(Ⅱ)转运蛋白。在线粒体膜上，mft1p 和 Mft2p 负责铁向线粒体的转运。由胞内向液泡转运铁依赖由 *CCC1* 基因编码的转运蛋白。从液泡向胞内的转运则依赖于 Fth1p/Fet5p 复合体。在缺铁胁迫下，Smf3p 也可以从液泡向胞质转运铁。液泡和线粒体会如图 7.1.1 所示的相应蛋白完成铁原子的转运。详细如下：线粒体是血红素和 Fe-S 簇合成的场所。Mft1p 和 Mft2p 负责铁向线粒体的转运，以供给血红素和 Fe-S 簇的形成。酵母细胞内不存在铁蛋白，因而酵母内的铁主要储存在液泡里，由胞内向液泡转运铁依赖由 CCC1 基因编码的转运蛋白，而从液泡向胞内的转运则依赖于 Fth1p/Fet5p 复合体。*FTH1* 编码液泡膜蛋白，与质膜上的 Ftr1p 高亲和铁吸收系统中的渗透酶类似，Fth1p 也属于一种渗透性酶。Fet5p 和质膜上的多铜氧化酶 Fet3p

类似，它与 Fth1p 形成复合物完成铁由液泡向胞质的转运。在缺铁胁迫下，Smf3p 也可以从液泡向胞质转运铁。

3. 本实验的背景

当铁吸收的低亲和系统 FET4 和高亲和系统 FET3-FTR1 的相关基因被突变后（如 *fet3fet4* 双突变体），突变酵母在极限（缺铁）培养基中不能生长，但当外源基因转入后，若其表达可以弥补铁吸收缺陷，便说明该基因有转运铁的功能。

MxIRT1 是小金海棠根中克隆到的金属离子转运蛋白，若其具有转运铁的功能则能恢复酵母铁吸收突变株 *fet3fet4* 在缺铁培养基上的生长。如果该基因具有转运其他金属离子的能力，还可恢复锰或锌离子吸收突变株 *smf1* 或 *zrt1zrt2* 在缺少锰或锌离子培养条件下的生长。若该基因可转运重金属离子，还可提高酵母细胞对重金属离子的敏感性，如镉。本实验可根据此原理设计相关实验，鉴定 *MxIRT1* 基因的金属离子转运功能。

【材料、试剂和器具】

1. 材料

酵母突变株 DEY1453（*MAT α/MAT 2 ade2/+ can1/can1 his3/his3 leu2/leu2 trp1/trp1 ura3/ura3 fet3-2∷HIS3/fet3-2∷HIS3 fet4-1∷LUE2/fet4-1∷LUE2*）（*fet3fet4* 铁吸收双突变体）。

酵母表达载体 pYES2-MxIRT1，以及空载体 pYES2.0 作为对照质粒。

2. 试剂

1）酵母转化系统试剂盒或转化试剂　同实验 4.1。

2）金属离子螯合剂　铁离子螯合剂，Ferrizin 或 BPDS：Bathophenanthrolinedisulfonic acid disodium salt（SIGMA B1375 相对分子质量 536.49）。

3）培养基

（1）YPAD 液体培养基（见实验 4.1）。

（2）筛选转化子用 SD-Ura 培养基（葡萄糖为碳源）（见实验 4.1）。

（3）转化子摇培用 SD-Ura 液体培养基（葡萄糖为碳源，见实验 4.1）。

（4）功能鉴定用 SD-Ura 培养基（半乳糖为碳源）。

在 SD-Ura 培养基的基础上，加入相应的金属离子或金属离子的螯合剂，观察不同转化子培养物在不同金属离子浓度培养基上的生长情况。

金属离子的溶液如 EDTA-Fe_2 可配制成母液，如终浓度为 5μmol/L、10μmol/L、20μmol/L、50μmol/L 的金属离子可配制成 50mmol/L 的母液，过滤灭菌后于倒平板前加入。金属离子螯合物也可根据需要配制成相应母液，过滤灭菌。BPDS 的参考工作浓度为 5～50μmol/L。

3. 器具

恒温培养箱、恒温摇床、恒温水浴锅、离心机、三角瓶、培养皿、微量取样器、1mL 枪头、50mL 大离心管、1.5mL 小离心管、封口膜、pH 试纸、牙签或接种环、小滤器、注射器、涂布器等。

【实验程序】

1. 技术路线

以酵母金属转运系统突变株的互补实验为例。分别在含有铁螯合剂 BPDS 或不同金属离子浓度的营养缺陷固体培养基 SD-Ura（半乳糖为碳源）上划线验证功能恢复（未转化突变体作为对照），或者观察系列浓度梯度细胞悬液点在平板上的长势。

目的基因克隆

↓

导入酵母表达载体 (pYES2)

↓

乙酸锂法转化营养缺陷型酵母突变株

↓

营养缺陷培养基筛选阳性转化株系

↓

酵母突变株互补实验观察 (如营养缺陷型金属转运系统突变株DEY1453、zrt1zrt1、smf1等)

2. 乙酸锂转化

乙酸锂转化同实验 4.1。

【结果与分析】

分别记录不同转化子筛选功能鉴定培养基上的生长情况，并分析其原因（Eckhardt et al.，2001；Vert et al.，2001）。转化子的功能验证如下。

分别将转化子划线接种到含有铁螯合剂 BPDS 或不同金属离子浓度的 SD-Ura 固体培养基（半乳糖为碳源）上，进行功能验证；实验也可用 SD-Ura（葡萄糖为碳源）的液体培养基摇培，以系列浓度梯度稀释细胞并将细胞悬液点在平板上观察长势。实验过程中用分光光度计法和细胞计数法测定细胞浓度，以保证转有目的基因的转化子和作为负对照的空载体转化子细胞浓度的一致。平板划线或细胞悬液点板模式如图 7.1.2 所示。

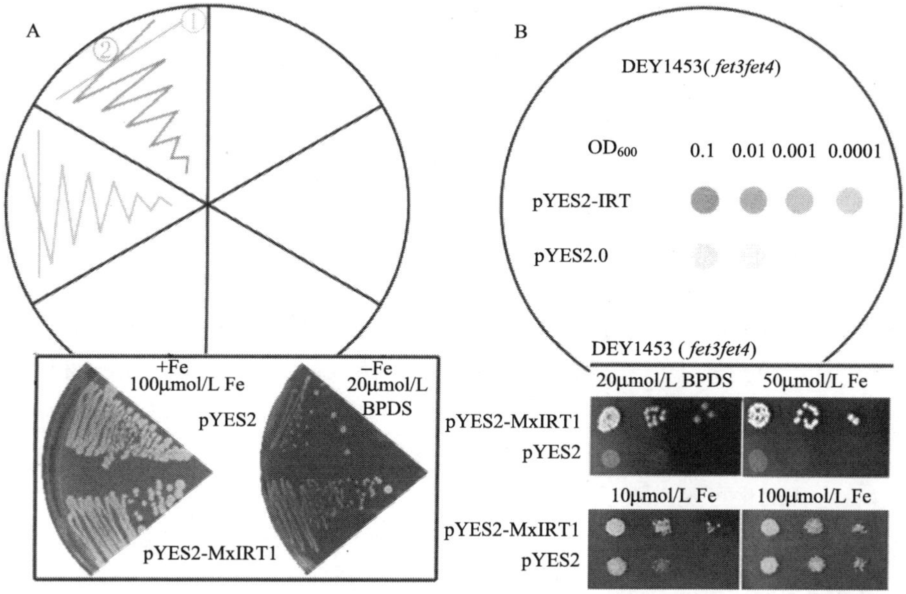

图 7.1.2　划线和点板法的异源互补实验

A. 上图为划线模式图；下图为实验结果：培养基中铁浓度及螯合剂浓度分别为 100μmol/L Fe 和 20μmol/L BPDS（－Fe）；B. 上图为点板模式图，下图为实验结果：培养基中螯合剂浓度及铁浓度分别为 20μmol/L BPDS（－Fe）、5μmol/L Fe、10μmol/L Fe、100μmol/L Fe

【思考题】

1. 试述异源互补法的原理及其在分子细胞生物学中的应用。

2. 欲开展植物液泡金属离子转运蛋白的功能研究，利用异源功能互补的原理需要哪些实验材料和实验设计？

3. 针对细胞对离子吸收的特点和途径，除异源功能互补的实验结果外还应该开展哪些实验进一步说明转运蛋白的转运功能？

实验 7.2　质膜蛋白分选的膜泡运输观察

【实验目的】

1. 学习植物细胞原生质体双基因的转化方法。

2. 观察质膜蛋白的膜泡运输和质膜的定位。

【实验原理】

1. 质膜蛋白膜泡分选概述

蛋白质的分选有翻译后转运和共翻译转运两种类型。质膜蛋白的分选属于后者。首先在细胞质基质开始启动质膜蛋白的合成，通过跨膜转运进入内质网膜，在糙面内质网合成后通过COPⅡ膜泡转运至高尔基体，最终通过膜泡运输的方式分选至质膜。

2. GFP 和 mCherry 的特性

荧光蛋白能特异地“点亮”生物分子或细胞，并显示出生物分子的活动情况，从而有助于人们揭示这些分子或细胞的活动规律及本质（杨杰等，2010）。

1992 年绿色荧光蛋白（green fluorescent protein，GFP）基因从水母体内被克隆，它是一种能够自身催化形成生色团结构，并在蓝光或紫外光的激发下发出荧光的报告基因。目前的研究表明，GFP 能在多种生物，如细菌、酵母、植物及哺乳动物中表达且产生可见荧光，因此有着很高的应用价值。GFP 之所以能产生绿色荧光是由于其蛋白质分子多肽链内含有特殊的生色团结构，即第 65～67 位氨基酸 Ser-Tyr-Gly 链，它们可自身环化在氧气的参与下与周围其他 3 个氨基酸形成六肽生色团。晶体结构分析表明，GFP 分子为致密管状，由周围 11 个 β 折叠片围绕中央一个 α 螺旋构成，其生色团即包含在该中央 α 螺旋结构中（图 7.2.1）。GFP 蛋白非常稳定，其光谱特性一般不受变化的溶液的影响。所以它用于生物技术具备以下优点：①GFP 发出荧光不需要外加任何底物或共作用因子，仅用蓝光或紫外光照射即可激发荧光，所以检测非常方便，用显微镜、荧光计、荧光激活细胞分选仪等就可以实现；②GFP荧光稳定且没有物种特异性，在原核、酵母、植物及动物细胞中都获得了成功表达；③GFP 基因序列较短，可以与其他基因一起构建到载体上进行转化而不至于因为质粒过大而影响转化效率；④GFP 的基因表达产物对生活细胞基本上没有毒害作用，不会影响细胞的正常生长及功能。鉴于 GFP 在生物医学领域的重要贡献，GFP 的发现及应用研究的 3 位科学家 Osamu Shimomura、Martin Chalfie 和 Roger Y. Tsien 获得 2008 年诺贝尔化学奖，其中包括发明多色荧光蛋白标记技术的美国华裔科学家钱永健（Roger Y. Tsien）。

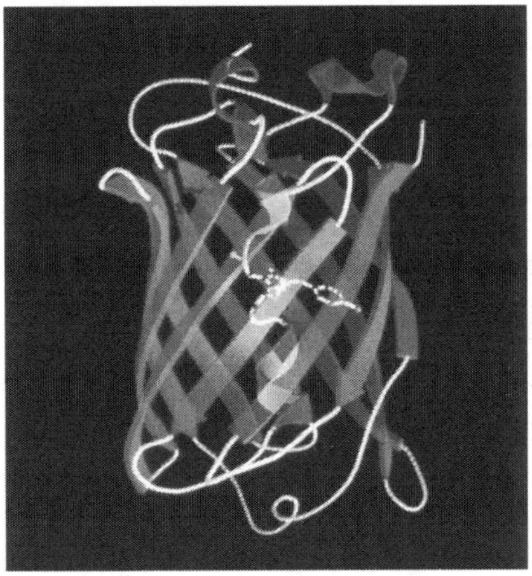

图 7.2.1　GFP 的三维结构
（Brejc et al.，1997）

目前，绿光区荧光蛋白也有较多的突变体，但 EGFP 是最常用的，因为 EGFP 除了高亮度外，还有很好的光稳定性。

mCherry 是红色荧光蛋白，以水果命名的荧光蛋白表现出成熟快、单体特性好，已被广泛应用。

3. *GFP* 和 *mCherry* 用作亚细胞定位标记

利用 *GFP*（或 *mCherry*）的荧光特性对某一蛋白质的 N 或 C 端进行标记，然后借助荧光显微镜或激光扫描共聚焦显微镜便可对标记的蛋白质进行细胞内活体观察。标记过程是利用常规的 DNA 重组技术将 *GFP*（或 *mCherry*）基因与目的蛋白质基因的编码区连接形成一个单一的融合基因表达载体，然后将这一重组表达载体导入细胞，使融合蛋白得到瞬时或稳定表达，通过检测这些 *GFP*（或 *mCherry*）的荧光来测定这些蛋白质的位置。另外 *GFP*（或 *mCherry*）也大量用于各种细胞器的标记，包括细胞骨架、细胞分泌及膜泡转运、质膜、细胞核、中心体、过氧化物酶体、线粒体、叶绿体和高尔基体等（Domlnlc et al.，2005）。利用这一技术，也可以测定某些细胞的分布和生长状况，尤其是一些透明的动物和植物组织内特定细胞和生长化合物的分布情况（表 7.2.1）。

表 7.2.1　荧光蛋白的性质

名称	激发峰/nm	发射峰/nm	消光系数 L/(mol·cm)	量子产率	聚合形式
EGFP	488	507	56 000	0.6	单体
mCherry	587	610	72 000	0.2	单体

4. 本实验背景

将 COPⅡ衣被蛋白 OsSec24 和 OsPMA2（PM-ATPase）（一种质膜蛋白）编码基因的 cDNA 全长构建到植物表达载体 pBI221 上，将 *OsSec24* 基因的终止子去掉并与绿色荧光蛋白基因 *GFP* 融合，将 *OsPMA2* 基因的终止子去掉并与红色荧光蛋白 mCherry 融合。将双基因转入水稻原生质体中，带有 GFP 的质膜融合蛋白 OsSec24-GFP 就可以根据膜蛋白的共翻译转运机制，通过内膜系统的膜泡（vesicle）运输。以 OsSec24 为例，将 PMA2 定位到质膜上，并且通过在荧光显微镜或激光扫描共聚焦显微镜中看到在 22～25h mCherry 和 GFP 荧光共定位，可以观察 OsPMA2 膜泡的分选过程（图 7.2.2）。

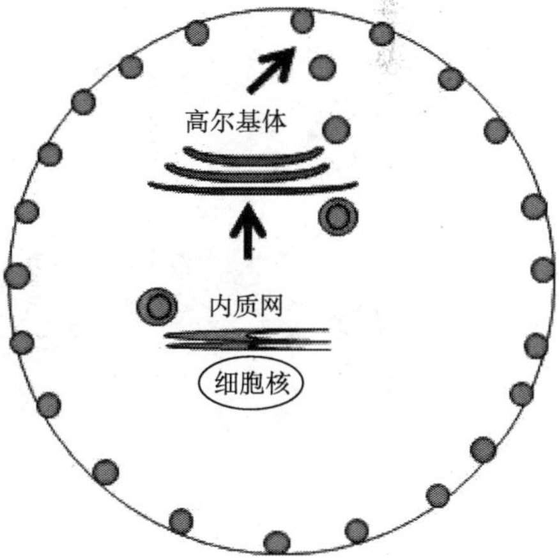

图 7.2.2　原生质体内 OsSec24 与 PMA2 在激光扫描共聚焦显微镜下共定位示意图（见彩图）

绿色为 pBI221-OsSec24-GFP 表达出来的 OsSEC24，红色为 pBI221-OsPMA2-mCherry 表达出来的 OsPMA2

【材料、试剂和器具】

1. 材料

水稻悬浮细胞，重组的植物表达载体 pBI221-OsSec24-GFP、pBI221-OsPMA2-mCherry。

2. 试剂

试剂和转化子筛选培养基同实验 4.4。

3. 器具

恒温培养箱、恒温摇床、恒温水浴锅、离心机、三角瓶、培养皿、微量取样器、1mL 枪头、50mL 大离心管、1.5mL 小离心管、封口膜、pH 试纸、牙签或接种环、小滤器、载玻片、盖玻片等。

【实验程序】

（1）原生质体的转化，见实验 4.4。

（2）转化体的荧光显微镜和激光扫描共聚焦显微镜观察。

【结果与分析】

记录实验结果并解释图 7.2.3 表现的 OsSec24 和 OsPMA2 的定位情况。

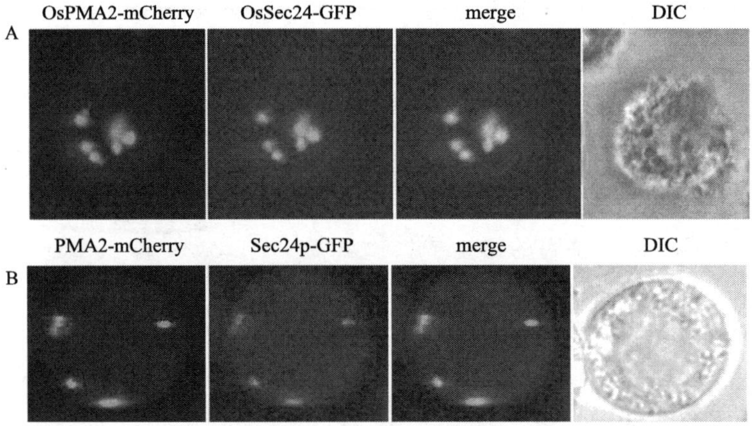

图 7.2.3　在激光扫描共聚焦显微镜下观察 OsSec24-GFP 融合蛋白和 OsPMA2-mCherry 融合蛋白的实时定位结果（Leica SP2，630×）（见彩图）

A. 植物表达载体 pBI221-OsSec24-GFP 瞬时转化水稻原生质体，16～20h 在激光扫描共聚焦显微镜下可观察到 OsSec24-GFP 融合蛋白（绿色）定位在细胞质中（图为转基因 20h）；B. 植物表达载体 pBI221-OsSec24-GFP 和 pBIN20-OsPMA2-mCherry 瞬时转化水稻原生质体，23～25h 在激光扫描共聚焦显微镜下可观察到 OsSec24-GFP 融合蛋白（绿色）和 OsPM2-mCherry 融合蛋白（红色）共定位在细胞质中（图为转基因 24.5h）

根据中心法则：DNA ⟶ RNA ⟶ 蛋白质，推论出：*OsSec24* 和 *OsPMA2* 在细胞核中被转录成 mRNA，之后在内质网的核糖体中分别表达成 OsSec24 和 H^+-ATPase（由 *OsPMA2* 表达而成），OsSec24 是 COPⅡ的膜泡衣被蛋白，它包裹着 H^+-ATPase，进入到高尔基体中，最终把 H^+-ATPase 转运到细胞质膜上。

人们从激光扫描共聚焦显微镜下观察到 H^+-ATPase 定位在细胞质膜上，后续可以通过蛋白质水平的实验验证 H^+-ATPase 是否会出现在细胞质膜层，若出现，则说明 H^+-ATPase 确实定位在细胞质膜上。

【思考题】

1. 细胞质膜蛋白是通过什么方式运往细胞质膜的？

2. 怎样根据本实验的结果揭示 PM-ATPase 蛋白质水平的变化？应该开展哪些后续研究？

实验 7.3　植物细胞胞吞作用及内膜系统的荧光显微镜观察

【实验目的】

1. 掌握荧光染料 FM4-64 观察植物细胞内吞作用的方法。

2. 观察和掌握细胞内膜系统的分布。

【实验原理】

快速生长的植物细胞，例如，花粉管细胞、植物根尖细胞和活跃分裂的悬浮细胞，物质运输与交换活动非常活跃。一方面细胞伸长生长所需要的物质分别在内质网（如蛋白质、脂类）和高尔基体（细胞壁的一些组分，如果胶、半纤维素）合成，通过分泌膜泡的运输，在细胞的特定区域内发生胞吐作用，促进新的细胞膜和细胞壁的生长；另一方面，细胞通过胞吞作用还可以将细胞外的一些特定的生物大分子，如激素、生长因子和营养物质（铁转运蛋白/铁）等摄取到细胞内。在整个胞吞作用（endocytosis）中，必须有能量的保证，膜泡形成过程中的小 GTP 结合蛋白、运输过程中的细胞骨架及相应的马达蛋白，以及膜融合过程中 Rab 蛋白等行使功能时均发生 GTP 或 ATP 的水解反应。

细胞内膜系统（endomembrane system）包括：内质网（endoplasmic reticulum，ER）、高尔基体（Golgi complex）、胞内体（endosome）、溶酶体（lysosome）、分泌膜泡（vesicle）、液泡（vacuole）等。这些细胞器在结构、功能和发生上是相互关联的动态整体。研究内膜系统的方法有电镜技术、放射自显影技术、GFP 标记荧光技术和相关基因的突变技术等。这里选用一种比上述技术都简便的荧光显微观察方法（Parton et al.，2003）。

FM4-64[*N*-(3-trienthylammomiumpropyl)4-(P-diethylaminophenylhexatrienyl)]是

一种吡啶二溴化物，属于水溶性的苯乙烯类复合物，用于质膜和膜泡等的各类研究。常用的染料有 FM4-64（Ex558nm/Em734nm）。FM 类染料对细胞无毒性作用，使用方便。它与质膜及内膜细胞器特异结合后发出高强度的荧光。FM4-64 由一条亲脂的尾部和一个带正电荷的头部经双键相连而成（图 7.3.1）。该染料能通过扩散作用自由通过植物细胞壁，亲脂尾部的存在又使得 FM4-64 可以插入质膜的脂双层外小叶中，但头部正电荷的存在阻止其进一步穿越脂双层，因此需要借助细胞内吞作用才能进入活细胞内。FM4-64 在水相中没有荧光，只有插入脂质生物膜后才显示较强的荧光，当质膜被 FM4-64 染色，并通过内吞作用形成的膜泡与内膜系统细胞器融合后仍可发出荧光，故利用这种荧光探针能够对细胞的内吞过程进行有效标记，根据该染料的荧光强度和位置，可以准确跟踪细胞内吞作用的整个动态过程。

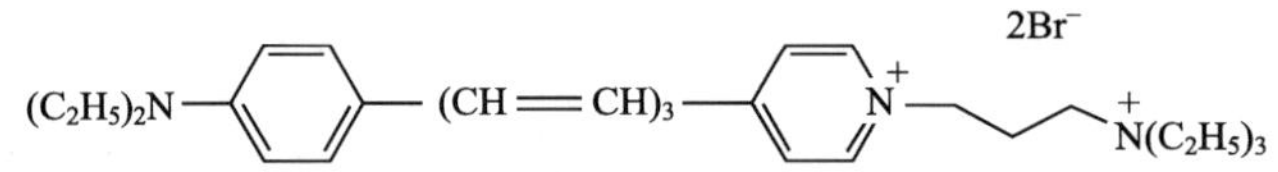

图 7.3.1 FM4-64 的分子构型图

FM4-64 的分子式为 $C_{30}H_{45}Br_2N_3$，相对分子质量为 607.515，其分子构型图如图 7.3.1 所示。

ER Tracker Blue-White DPX 染剂是一种活细胞内质网的 Dapoxyl 染料，它的主要成分是格列本脲，是一种糖尿病患者每日降低血糖的药物，被用于研究胰腺 B-细胞活性和胰岛素分泌。ER Tracker 很容易通过细胞壁和质膜，然后连接 ATP-敏感的 K^+ 通道的磺脲受体，这个受体主要位于 ER 上。其激发波长为 374nm；发射波长为 430～640nm。

分子式为 $C_{26}H_{21}F_5N_4O_4S$，相对分子质量为 580.53，其分子构型图如图 7.3.2 所示。

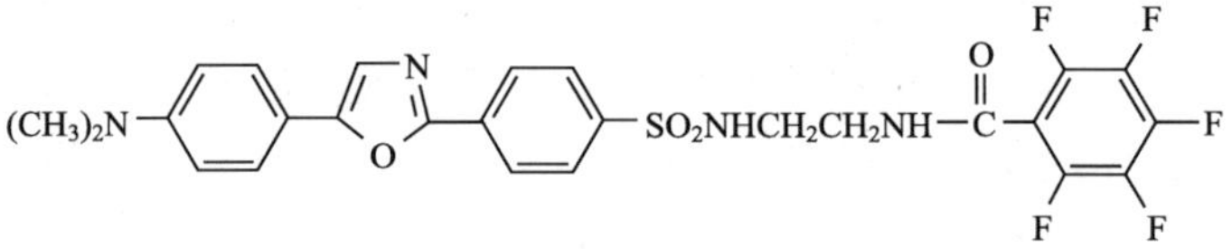

图 7.3.2 ER Tracker Blue-White DPX 的分子构型图

【材料、试剂和器具】

1. 材料

正常生长的烟草悬浮细胞或水稻悬浮细胞（非极性生长，生长速度慢）。

2. 试剂

（1）烟草悬浮细胞培养基（1L）：MS（519）4.43g，蔗糖 30g，2,4-D 0.6mg。

（2）水稻悬浮细胞培养基（1L）：MS（519）4.43g，蔗糖 30g，2,4-D 2mg。

（3）百合花粉管萌发培养基：10%蔗糖，0.01%硝酸钙，0.01%硼酸。

（4）500μg/mL 的 FM4-64 储备液：将 100μg FM4-64 粉末溶于 20μL 的 DMSO 及 180μL 去离子水中，分装并置－20℃保存备用。

（5）500μmol/L 叠氮化钠（剧毒）。

（6）0.5mg/mL 的山梨醇。

（7）1mmol/L ER Tracker Blue-White DPX 染料。

3. 器具

荧光显微镜或激光扫描共聚焦显微镜、培养皿等。

【实验程序】

（1）取 3 个荧光或激光扫描共聚焦显微镜专用培养皿，分别编号①、②、③。

（2）向培养皿①中加入 199μL 含悬浮细胞的培养液和 1μL FM4-64。

（3）置荧光或激光扫描共聚焦显微镜下观察培养皿①中的荧光分布。

（4）观察①的同时，其他组员往培养皿②中加入 159μL 含悬浮细胞培养液和 40μL 山梨醇，以及往培养皿③中加入 195μL 含悬浮细胞培养液和 4μL NaN_3。

（5）培养皿①观察完毕后，再向其中加入 1μL ER Tracker Blue-White DPX 染料，室温孵育10～15min。

（6）分别向培养皿②、③中加入 1μL FM4-64，观察培养皿②中的荧光分布，以及培养皿③中的荧光分布。

（7）最后再次观察培养皿①中 FM4-64、ER Tracker Blue-White DPX 染料双染下的荧光分布。

【结果与分析】

（1）FM4-64 刚开始标记在烟草悬浮细胞的质膜上（5min），随着时间的延长（5～30min），红色染料进入细胞内膜系统中（图 7.3.3）。

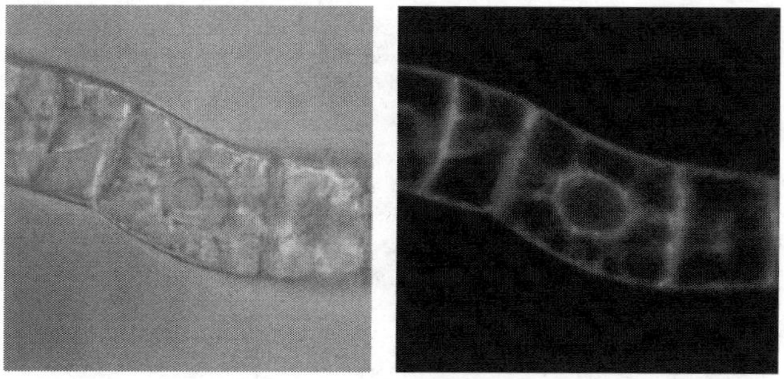

图 7.3.3　FM4-64 对内膜系统的染色（630×）

（2）叠氮化钠（呼吸链抑制剂）处理烟草悬浮细胞后，能抑制细胞的内吞作用，因此，FM4-64 不能通过内吞作用进入的细胞内（图 7.3.4）。

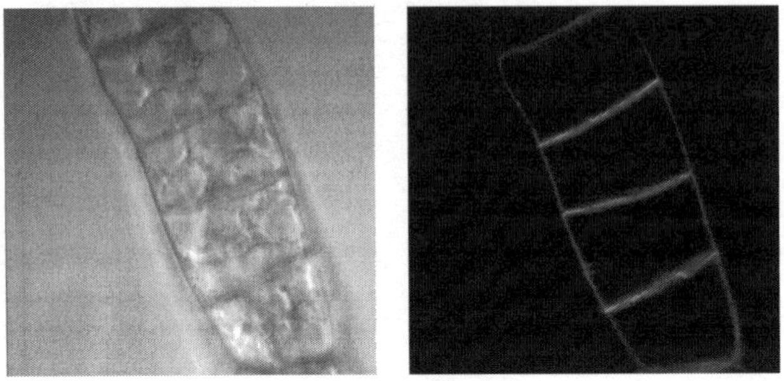

图 7.3.4　叠氮化钠对内吞作用的抑制作用（630×）

（3）用山梨醇处理烟草悬浮细胞 10min，使之发生质壁分离，FM4-64 只能染上质膜，而细胞壁及细胞其他部位不着色（图 7.3.5）。

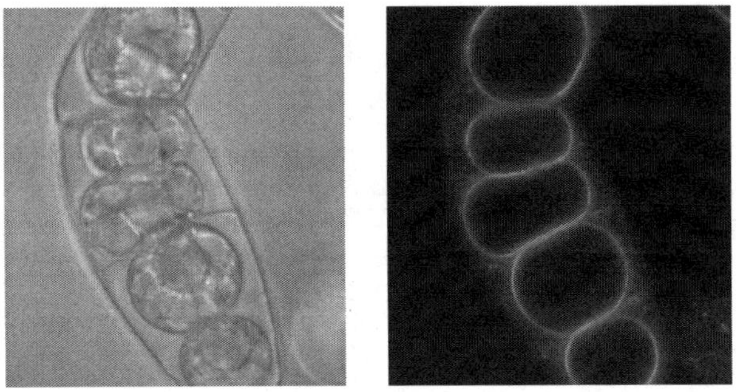

图 7.3.5　质壁分离证明，FM4-64 不能染细胞壁（630×）

（4）FM4-64 和 ER Tracker Blue-White DPX 染料双染色的水稻悬浮细胞，注意两种染色的叠加图像中质膜呈红色，细胞核外围 ER 和胞质中的 ER 呈蓝色，叠加的内膜系统为粉色（图 7.3.6）。

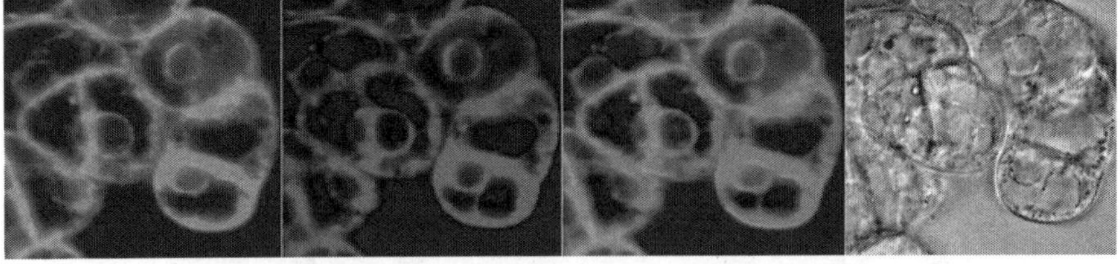

FM4-64染色　　ER Blue-White染色　　合图　　DIC

图 7.3.6　双染色观察胞内的内膜系统细胞器（630×）

【注意事项】

需要比较老一些的水稻悬浮细胞（10d 左右），太嫩的质壁分离不明显。

【思考题】

1. 为什么 FM4-64 染料可以用于细胞内吞作用的研究？

2. 经叠氮化钠、山梨醇预处理的样品与直接进行 FM4-64 染色的样品，其荧光的分布有何不同，为什么？

3. 请指出你能观察和分辨出的细胞内膜系统的成分。

实验 7.4　HeLa 细胞有丝分裂的形态观察

【实验目的】

1. 学习免疫荧光的染色方法。

2. 掌握 HeLa 细胞有丝分裂各个时期的形态特征。

【实验原理】

有丝分裂（mitosis），是真核细胞分裂产生体细胞的过程，由 W. Fleming 于 1882 年首次发现于动物及 E. Strasburger 于 1880 年发现于植物。特点是有纺锤体染色体出现，子染色体被平均分配到子细胞，这种分裂方式普遍见于高等动、植物体。有丝分裂分为间期（interphase）和分裂期，后者又分为分裂前期（prophase）、中期（metaphase）、早后期（early anaphase）、晚后期（late anaphase）、末期（telophase），以及胞质分裂期（cytokinesis）。纺锤丝（spindle fiber）在中期开始形成，当染色体整齐排列在中期板上时，纺锤丝开始牵拉姐妹染色单体，使其在后期分离。本实验将用抗 α-tubulin 的抗体与 DAPI 染 DNA 结合观察有丝分裂过程中 HeLa 细胞纺锤丝的变化。

【材料、试剂和器具】

1. 材料

HeLa 细胞。

2. 试剂

PBS、DAPI、抗 α-tubulin 抗体、二抗、PBST、甲醇、抗荧光淬灭封片液（anti-fade）、指甲油、BSA。

3. 器具

6 孔盘、载玻片、盖玻片、荧光显微镜等。

【实验程序】

(1) 提前一天把盖玻片置于 6 孔盘中，在上面接种 HeLa 细胞（参见实验 4.2）。

(2) 第二天上午，用冰甲醇固定细胞，室温 5min。

(3) 随后用含 2% BSA 的 PBST 封闭，室温 30min。

(4) 加入 1∶5000 倍稀释的一抗，抗 α-tubulin 的抗体染色 45～60min。

(5) 用 PBST 洗两次，然后用 0.1% PBST 洗 3 次，每次 3min。

(6) 用 1∶500 倍稀释的二抗，染色 30min。

(7) 用 PBST 洗两次，然后用 0.1% PBST 洗 3 次，每次 3min。

(8) 用 200μL 的 DAPI（1μg/mL）染 DNA，3min。

(9) 用 PBS 洗 5min。

(10) 最后加 10μL 的抗荧光淬灭封片液，用指甲油封片。

【实验结果】

实验结果如图 7.4.1 所示。

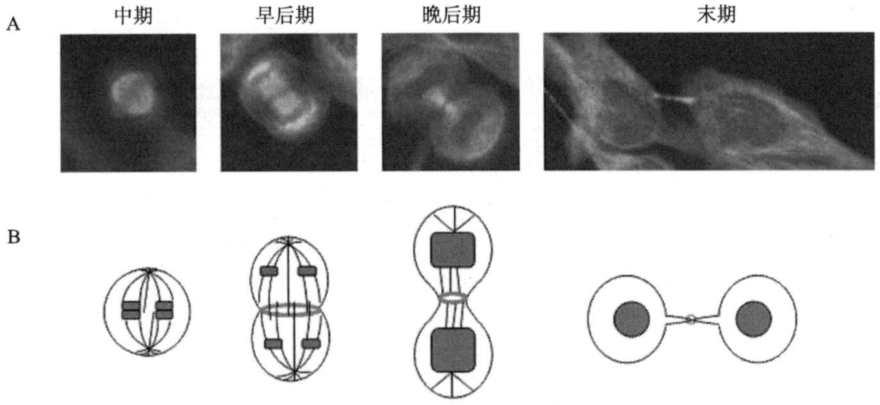

图 7.4.1　HeLa 细胞有丝分裂不同时期纺锤丝的特征定位（Li et al.，2010）（见彩图）

A. 有丝分裂过程中，荧光显微镜下纺锤体（绿色）和 DNA（蓝色）的动态变化；B. 有丝分裂器的动态变化示意图；蓝色，DAPI 染 DNA；绿色，染 α-tubulin

【思考题】

1. HeLa 细胞有丝分裂不同时期纺锤丝的特征定位？
2. 用含 2% BSA 的 PBST 封闭的作用是什么？

实验 7.5　植物细胞程序性死亡的诱导和梯状 DNA 的观察

【实验目的】

1. 了解植物细胞程序性死亡（PCD）的概念和动植物不同类型 PCD 的差别。
2. 掌握植物细胞 PCD 诱导和观察的基本方法。
3. 观察植物细胞程序性死亡过程中形成的梯状 DNA。

【实验原理】

细胞死亡作为生物体的一种常见现象，在动物细胞中有 3 种方式：凋亡（apoptosis）、自噬（autophagy）和坏死（necrosis）。前两种类型属于细胞程序性死亡（programmed cell death，PCD）。细胞的 PCD 大体特征主要包括：细胞染色质凝集并边缘化、细胞质皱缩、内质网膨胀、膜成泡（membrane blebbing）及 DNA 片段化而形成梯状 DNA（DNA ladder）。

相对来说，人们对植物细胞程序性死亡（PCD）了解很少。目前可依据液泡膜破裂后是否在细胞质中发生快速降解将 PCD 分为两个大类。第一类为自溶性（autolytic）PCD，此类与液泡中水解酶的释放有关，在液泡破裂后，导致细胞质的快速清除。第二类为非自溶（non-autolytic）PCD，即液泡膜破裂但是没有出现快速的细胞质的清除（Eric et al.，2001；Wouter，2011）。目前鉴定细胞的 PCD 类型，还是以细胞形态学为主。其标准见表 7.5.1。

表 7.5.1　动、植物细胞各类 PCD 的主要形态学标准比较（Wouter，2011）

		定义标准	其他标准
动物细胞	凋亡	凋亡小体，或者在细胞表面的水泡 感染病原体后在其他细胞中的降解	染色质浓缩，细胞核破裂
	自噬	自噬小体、自溶酶体和小的促进细胞溶解的液泡数目的增加	自我标记信号　自噬信号
	坏死	没有上面的定义的标准	细胞膨胀，细胞器膨胀，质膜破裂
植物细胞	自溶	植物膜破裂之后对细胞质的快速清理	染色质浓缩，液泡体积增加（细胞质体积减小）
	非自溶	没有对细胞质的快速清理	需要 Ca^{2+} 的内流，细胞质皱缩，细胞器膨胀，小泡增多但体积不增加

本实验以洋葱内表皮细胞为实验材料，观察和统计 $CaCl_2$ 诱发产生的 PCD 细胞中核染色质的凝集（condensation）、趋边化（margination）、产生 PCD 小泡等形态学上的变化。

【材料、试剂和器具】

1. 材料

洋葱内表皮。

2. 试剂

（1）100mmol/L 和 500mmol/L 的 $CaCl_2$。

（2）改良苯酚品红染色先配母液 A 和母液 B。

母液 A：称取 3g 碱性品红，溶于 100mL 的 70%乙醇中（此液可长期保存）。

母液 B：取母液 A 10mL，加入 90mL 的 5%石炭酸水溶液（2 周内使用）。

苯酚品红染色液：取母液 B 45mL，加入 6mL 冰醋酸和 6mL 37%的甲醛。

改良苯酚品红染色：苯酚品红染色液 2～10mL，加入 90～98mL 45%的乙酸和 1.8g 山梨醇。此染液初配好时，颜色较浅，放置 2 周后，染色能力显著增强，在室温下不产生沉淀而较稳定。

（3）1% 的琼脂糖凝胶。

（4）2×CTAB buffer：2%（*W/V*）CTAB、100mmol/L Tris-HCl（pH 8.0）、20mmol/L EDTA、1.4mol/L NaCl、1% PVP。

（5）氯仿∶异戊醇（24∶1）。

3. 器具

光学显微镜、电泳仪、电泳槽等。

【实验程序】

1. 取样

撕取洋葱内表皮。

2. 细胞程序性死亡的诱导

（1）高浓度 Ca^{2+} 的处理：0.1mol/L $CaCl_2$ 处理材料 2h 左右或 0.5mol/L 处理材料 10min。

（2）对照实验：撕取洋葱内表皮，置于磷酸缓冲液中 2h。

3. 形态学观察

用改良苯酚染液，分别对实验组和对照组 3 种样品染色 30min，洗去表面染料，放在载玻片并压片；在显微镜下观察细胞形态并拍照。

4. 细胞 PCD 计数

对实验组细胞和对照进行 PCD 率统计。随机选取 5 个视野，统计总细胞数和 PCD 细胞数（以细胞核染色质出现明显的边缘化凝集为标志），计算细胞凋亡率（%）=（凋亡细胞数/总细胞数）×100%（表 7.5.2）。

表 7.5.2　实验结果

处理	计数/个	PCD 百分率/%
正对照		
0.1mol/L $CaCl_2$（2h）		
0.5mol/L $CaCl_2$（10min）		

5. 基因组 DNA 的提取

提取基因组 DNA（方法参见实验 3.6），并进行 1% 琼脂糖凝胶电泳的检测。

【结果与分析】

1. 形态学变化

在光镜下可以观察到高钙诱导的细胞凋亡现象为：细胞核内染色体出现明显的聚集、玫瑰样细胞核质和凋亡小体（李昊文等，2006），见图 7.5.1。

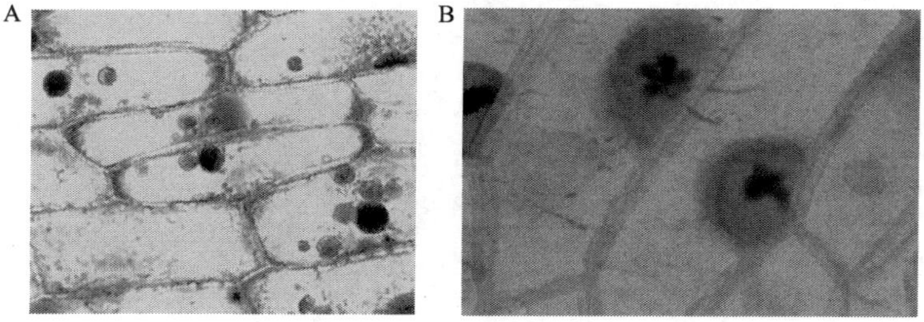

图 7.5.1　高钙诱导的细胞 PCD 现象（400×）
A. 胞质小泡增多；B. 玫瑰样细胞核质

2. 细胞 PCD 统计

细胞 PCD 统计见表 7.5.3。

表 7.5.3　PCD 计数

类型	细胞总数/个	PCD 细胞数/个	PCD 细胞数/细胞总数	平均数/个	标准差	PCD 百分率
CK	128	20	0.1563	0.1728	0.0179	17.28%±1.79%
	135	23	0.1704			
	146	28	0.1918			
100mmol/L $CaCl_2$	116	31	0.2672	0.2550	0.0325	25.5%±3.25%
	118	33	0.2797			
	110	24	0.2182			

续表

类型	细胞总数/个	PCD细胞数/个	PCD细胞数/细胞总数	平均数/个	标准差	PCD百分率
500mmol/L $CaCl_2$	160	72	0.450	0.4137	0.0392	41.37%±3.92%
	171	66	0.386			
	121	49	0.405			

注：PCD百分率（%）＝PCD细胞数/总细胞数×100%

3. 琼脂糖凝胶电泳结果

经细胞程序性死亡诱导的细胞，分别提取总DNA。然后经1%的琼脂糖凝胶电泳，在紫外投射仪上观察。经不同浓度高盐处理细胞的DNA出现了不同断裂程度的梯状DNA（图7.5.2）。

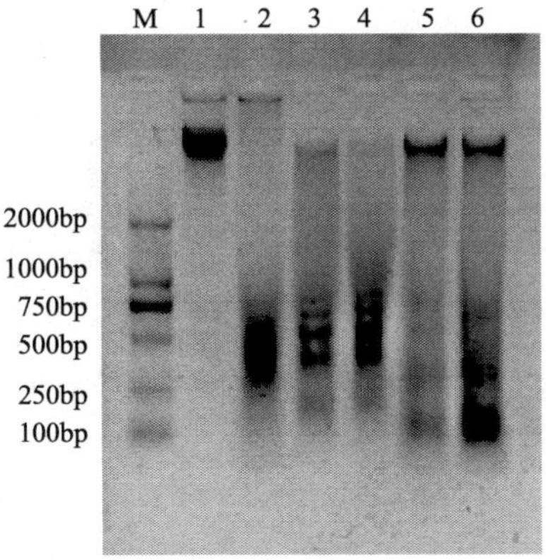

图7.5.2　不同处理的细胞DNA电泳图谱

M. DNA标准分子质量；1. 未经处理的细胞（正对照）；2. 煮沸5min处理的细胞（负对照）；3. 0.1mol/L NaCl处理10h；4. 0.1mol/L $CaCl_2$处理10h；5. 0.5mol/L NaCl处理10h；6. 0.5mol/L $CaCl_2$处理10h

【思考题】

1. 请思考动、植物细胞PCD在形态上的区别？

2. 试问钙离子处理的实验结果（图7.5.1）说明了什么？你如何进行下一步的研究工作？

实验7.6　流式细胞仪观察细胞周期

【实验目的】

1. 了解流式细胞仪研究细胞周期的方法。

2. 了解使用流式细胞仪分选目的细胞的方法。

【实验原理】

流式细胞术（flow cytometer）是一种对悬在液体中的微粒进行计数、检测和分选的技术，主要是利用光学和电子装置对于单个细胞、单个颗粒的物理学和化学的特征同时进行多参数的分析。利用此技术进行细胞分析的仪器称为流式细胞仪。流式细胞仪的分选工作示意图如图 7.6.1 所示。

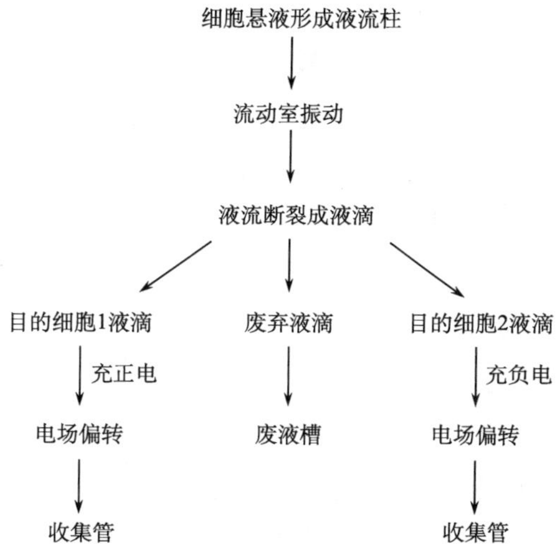

图 7.6.1　流式细胞仪分选的基本流程

流式细胞仪的基本工作原理是各种细胞（或者其他颗粒）混在一起的样品运送到流动检测池，然后被周围的鞘液所包绕，混合的样品被分成单个细胞，单个细胞通过光束时，颗粒的各种参数被检测器捕获。每一个直径在 0.2～150μm 悬浮的细胞通过光束时都会以某种特定的方式对光进行散射，由散射光的角度和强弱得出的前向光散射参数和侧向光散射参数可以评估细胞的直径和复杂度。细胞本身的或者附加到细胞上的荧光物质被激光激发后的光信号被检测器捕获可以得到细胞的特异性信息。散射信息和荧光信息的结合可以阐明单个细胞的物理和化学的特征。

含待分选目的微粒的液滴经过计算机的精确计算后加上不同数量的正负电荷，然后在电偏转板的作用下进入不同的收集管，废液则直接进入废液槽。目前的仪器可以进行 4 路分选，即可以同时分选富集不同的 4 种微粒。本实验通过分选 G_2/M 期的植物细胞学习流式细胞仪的分选（图 7.6.2）。

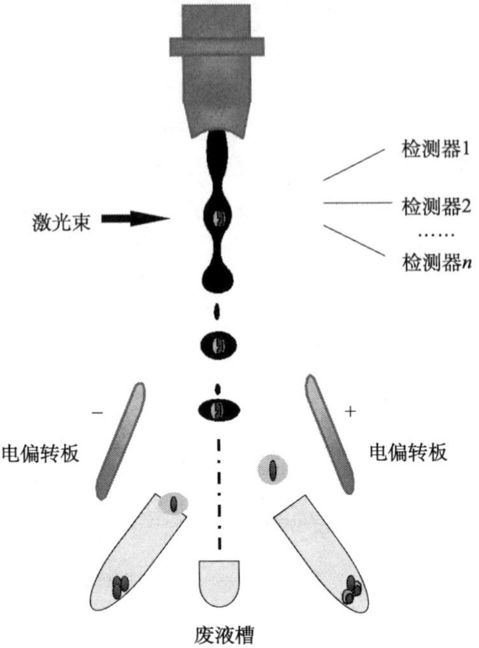

图 7.6.2　流式细胞仪分选原理示意图

【材料、试剂和器具】

1. 材料

哥伦比亚野生型拟南芥（*Arabidopsis thaliana* Columbia-0）；拟南芥转基因植株 *Wer*∷*GFP* 材料（Masucci et al.，1996；Lee and Schiefelbein，1999）。

2. 试剂

MS 盐（Sigma M5519）、纤维素酶（Sigma C1709）、果胶酶（Sigma P3026）。

3. 器具

激光扫描共聚焦显微镜、流式细胞仪等。

【实验程序】

1. 植物材料的培养

拟南芥种子用 10%次氯酸钠消毒 10min，无菌水冲洗 5 次，4℃避光春化 3d，播种在 1/2 MS 培养基上萌发，22℃光照培养 5d，光照周期为 16h 光/8h 暗。

2. 原生质体的制备

根据 Birnbaum 报道的方法制备根尖原生质体。在小培养皿中加入酶解缓冲液（1.5%纤维素酶，0.1%果胶酶，600mmol/L 甘露醇，2mmol/L $MgCl_2$，0.1%

BSA，2mmol/L $CaCl_2$，2mmol/L MES，10mmol/L KCl，pH 5.5)，用刀片切取拟南芥根尖（约 1cm）放入酶解缓冲液中，在水平摇床上以 85r/min 的转速摇晃，25℃避光酶解 60min。然后将酶解混合物转入离心管中，4℃，350*g* 离心 5min 收集细胞，除去上清液，加入 1mL 的等渗缓冲液（600mmol/L 甘露醇，2mmol/L $MgCl_2$，0.1% BSA，2mmol/L $CaCl_2$，2mmol/L MES，10mmol/L KCl，pH 5.5）重悬，70μm 孔径的滤网和 40μm 孔径的滤网各过滤一次，镜检观察细胞的完整性。

3. 细胞分选

用流式细胞仪分选原生质体中带 GFP 的细胞。100μm 喷嘴，488nm 蓝光激发，鞘液压力为 20psi①。以野生型拟南芥根尖原生质体作阴性对照建立分选门，分选门的确定基于以下几个原则：完整的原生质体具有较高的前向角（FSC）和侧向角（SSC）比值；相对于阴性对照，GFP 阳性细胞在绿光通道（发射光峰值约为 530nm）有强烈的发射光。细胞直接分选至 RNA buffer 中（Qiagen RTL buffer），混匀立刻冻存于－80℃（Birnbaum et al.，2003）。

【结果与分析】

Wer 启动子具有组织专一性，仅在根的表皮层细胞中具有活性（Lee and Schiefelbein，1999；Birnbaum et al.，2005）。因此，在拟南芥 *Wer*∷*GFP* 转基因植株中，绿色荧光蛋白（GFP）应该仅在根的表皮层细胞中表达。拟南芥幼苗经 PI（propidium iodide）染色后利用激光扫描共聚焦显微镜进行观察，绿色荧光仅出现在转基因植株 *Wer*∷*GFP* 的根表皮层细胞中（图 7.6.3A），而野生型拟南芥初生根无绿色荧光（图 7.6.3B）。

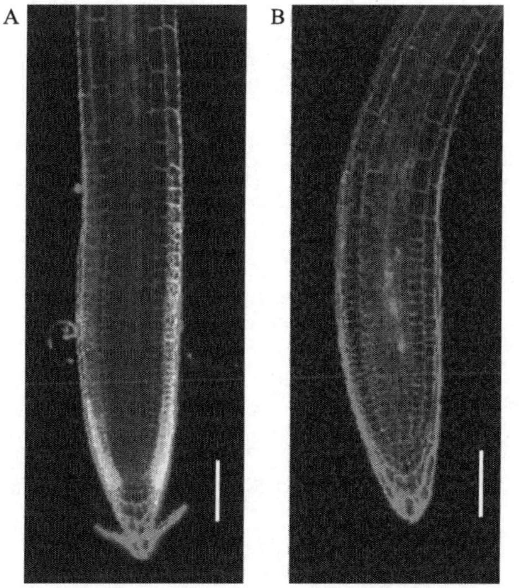

图 7.6.3　生长 5d 的拟南芥幼苗初生根激光扫描共聚焦显微图

A. 转基因拟南芥 *Wer*∷*GFP* 初生根激光扫描共聚焦显微镜观察结果，GFP 荧光只存在于根尖表皮细胞中；B. 野生型拟南芥初生根激光扫描共聚焦显微镜观察结果，无 GFP 荧光。标尺为 80μm

以野生型拟南芥根尖原生质体作为阴性对照确定分选门，采用绿色荧光通道（GFP channel）和橙色荧光通道（orange channel）双参数分析。如图 7.6.4A 所示，横轴 GFP 表示绿色荧光强度，纵轴橙色自

① 1psi＝6.895×10^3Pa

发荧光强度表示橙色荧光强度。野生型拟南芥根尖原生质体不含 GFP 蛋白，在 488nm 蓝光的激发下调整电压参数使其自发绿色荧光和自发橙色荧光的强度近似相等，整体图形沿对角线分布（图 7.6.4A）。在相同参数下，表达 GFP 的细胞在 488nm 激光激发下呈现绿色，因此该细胞的绿色荧光强度明显强于橙色荧光，即分选门 P1 所选细胞（图 7.6.4B），这些细胞为 GFP 阳性细胞，即所需的根表皮层细胞。

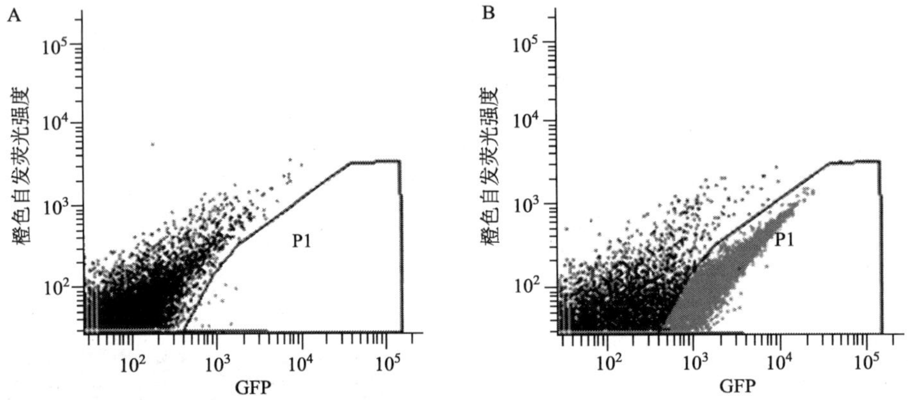

图 7.6.4　FASC 分选散点图

纵坐标为原生质体的自发橙色荧光，横坐标为绿色荧光。A. 野生型拟南芥原生质体双参数分析，说明野生型拟南芥细胞自发荧光，在绿色荧光通道和橙色荧光通道有近似相等的荧光强度；B. *Wer*∷*GFP* 原生质体双参数分析，说明 *Wer*∷*GFP* 转基因植物分选门 P1 中的细胞散射出的绿色荧光远大于橙色荧光，这些细胞即 GFP 阳性细胞

【思考题】

1. 流式细胞仪的基本原理。
2. 思考流式细胞仪在其他方面的应用。

第八章　细胞生物学综合探究实验

探究式教学指教学过程在教师的启发诱导下，以学生独立自主学习和合作讨论为前提，以现行教材为基本探究内容，为学生提供充分自由表达、质疑、讨论、探究问题的机会。通过学生个人、小组等多种解释难疑的尝试活动，将所学知识应用于解决实际问题中。探究式教学模式的实施和研究在高校实验教学中的不断深入，逐渐成为“创新人才培养”的重要环节之一。

设计实验课题根据建构主义学习的教学原则，教师应充分尊重学生的自学能力，让学生在理论课程、已有实验操作能力的基础上发现问题、分析问题并解决问题。教学模式的程序应该为：教学过程由教师给出特定情境，把握学生实验课题的难度，使每个学生参与思考、操作，并按照“实验—假说—推理—实验—理论（新）”的学科发展方式解决设立的问题。

教师作为探究式课堂教学的导师，其任务是调动学生的积极性，促使他们自己去获取知识、发展能力，做到自己能发现问题、提出问题、分析问题、解决问题。学生作为探究式课堂学习的主人，自然是根据教师提供的条件，明确探究的目标，思考探究的问题，掌握探究乃至科学研究的方法。因此，探究式课堂教学是教师和学生双方都参与的活动，他们分别以导师（教学主体）和主人（学习主体）的身份进入探究式课堂。

实验 8.1　细胞生物学综合探究实验设计举例

【实施实验方案】

1. 给出情境，提出实验问题

发明创造过程是提出问题和解决问题的过程，其中正确提出问题就是创新。而探究式教学开展第一程序，就是引导学生发现问题、提出问题。第二章所列举的 10 个实验是从基础实验中筛选出来经过精心的教学设计编写的。和个体生命活动受复杂的环境影响一样，细胞的生命活动受到严格的调控和各种因素的影响。

在蛋白质分选、基因的翻译后修饰和 GFP 分子实验中，质膜蛋白质的分选和膜泡运输作为细胞生物学研究的热点，如何能看到质膜蛋白的分选路径是一个非常容易提出的问题。教师可引导学生根据已有的背景知识提出相关问题。问题可大可小，教师可根据实验室条件、实验材料因地制宜地控制课题的大小，开展研究过程。例如，教师可引导学生“想象我们追逐着萤火虫的飞行轨迹，想象着夜间的灯光，我们是否可以给我们的研究目标蛋白质标记上与可视荧光一样的标记吗?”因此，蛋白质与GFP的融合、融合蛋白的表达、荧光显微镜观察蛋白质的定位、蛋白质丰度受哪些因素的影响，乃至蛋白质丰度的研究方法等多个问题均可以成为实验的小课题。教师根据课时和教学安排等和学生一起开展“科学研究”过程。小课题可以变成结合分子构建、表达、细胞水平观察、蛋白质水平检测的综合实验，也可以由不同的小组分别完成。

2. 猜想、假设、设计实验方案

猜想、假设是探究式教学的一个重要特征，是问题提出的一个延续。探究式教学中，是在根据教学内容和要求创设的情境中，通过观察和实验、联想和想象，进行科学猜想和假设。这是感悟创新过程，培养学生创新思维的过程。在不同的小课题内容下，教师可根据课题的具体情况提出相关假设。有些内容有既定的答案，有些课题的结果未知。这都需要设计严谨、细致的技术路线和分析实验方法可行性后开始实施。课题的方案可以由学生根据阅读的材料或相关文献自行提出，教师把关。例如，在观察到绿色荧光的定位发生变化之后，蛋白丰度是否也会发生变化。假设蛋白丰度会发生变化，验证这一假设又如何开展实验验证，应该设计怎样的方案?

学生可以先选择实验材料：酵母或植物悬浮细胞或干细胞。

参考相关的实验，如“基因克隆”、细胞的培养、基因的转化、荧光显微镜的使用等。

(1) 选取质膜蛋白::GFP的重组质粒(可由学生自行完成，也可由教师提供)。

(2) 培养酵母或农杆菌并侵染原生质体或干细胞或HeLa细胞。

(3) 通过培养、表达、显微镜观察，以及蛋白质水平的Western检测等来完成实验方案的设计并细化实验程序。

3. 实验实施

实验实施是探究式教学过程中最重要的一环。实验实施就是在学生提出问题和进行合理猜想基础上，通过实际操作、实践活动并归纳出规律或结论。这一过程，学生在教师指导下开展实验研究，实验课程或依课时设置或开放直至完成课题的内容。在探究性实验中，教师则更偏重于场外指导式的“教练”作用，让学生在自身体验中学习如何做研究。教师与学生在实验教学中，知识、技能传授与探索相结合，并最大限度地调动学生自主学习，激发求知欲和创造性。例如，在学生遇到问题的时候，应指导学生通过查阅文献，摸索实验条件完成实验，而不是交给学生简单的实验方法。

4. 效果评价

教学的效果评价过程是实验教学的环节之一。以往的基础实验多注重于实验报告的审阅，忽略了学生态度、能力提高方面的评价体系。对于探究性的实验，学生参与的课堂不仅是以操作为主的传统实验，而是以开放性实验课题为依托，包括立题、科研、协作、讨论、写作等多方面的小型的科学研究过程。学生评价则应根据选题意义、实验方案、实施过程、实验结果与分析、学生收获、小组协作和答辩情况等多个角度予以考虑。对于该部分的成绩，应该性价比较高。

学生开展探究性质的题目，可参考以下几种。

（1）不同细胞、不同细胞周期、不同药物处理对细胞骨架的影响。

（2）结合分子实验观察 GFP 融合蛋白的诱导及定位，研究蛋白丰度变化等。

（3）不同医用药物、杀虫剂对神经传导速度的影响使学生深入了解离子通道、神经生物电、信号转导方面的作用。

（4）应用不同的酵母突变株开展离子转运的研究，重金属离子在不同酵母突变株中的敏感程度及耐受性。

（5）内吞作用的影响因素；膜泡运输抑制剂对内吞的影响；不同突变体对内吞作用的影响以了解相关基因在内吞作用中的作用。

（6）结合细胞凋亡的研究方法，开展不同因素诱导细胞凋亡的条件和机制。

（7）不同激素、不同突变体对细胞周期的影响。

实验 8.2　植物细胞探究性实验设计方案举例

叶绿体是藻类和植物进行光合作用的细胞器。虽然叶绿体中含有 DNA，但是其只能编码 100 个左右的功能蛋白质；然而研究发现，叶绿体要行使完整的功能需要上千个蛋白质参与其中。研究发现大量核基因组编码的蛋白质在其 N 端有一段序列具有叶绿体定位的引导作用。那么，现有一个 FtsZ1 蛋白，生物信息学预测其 N 端 69 个氨基酸可能是叶绿体信号肽序列，请结合研究蛋白质在细胞中定位分析的综合方法，设计实验解决如下问题。

（1）在光学显微镜下，检测高等植物中哪些组织中含有叶绿体、不同组织中叶绿体的形态和数目有何差异？

（2）叶绿体含有叶绿素，会产生自发荧光，请问如何检测自发荧光，会是什么颜色？

（3）根据叶绿体的自发荧光特点，如何证明该 FtsZ1 蛋白 N 端的 69 个氨基酸是否具有叶绿体定位的功能？

（4）如何获得 FtsZ1 完整蛋白质的细胞定位特点？

实验 8.3　动物细胞探究性实验设计方案举例

某同学对生物学研究很感兴趣，故正在读大三的他主动联系了自己学院的一位教授，表明自己热爱科学，打算在该实验室从事一点研究工作。该教授很支持他，遂给他一个课题，让他利用自己已经学过的知识，综合细胞生物学、分子生物学、生物化学等多种不同学科技术来设计一系列实验来对该课题进行研究。作为同样热爱科学的你，如果你接到这个课题，你会如何设计实验来完成这项任务呢？

教授给他的课题是：通过遗传筛选，发现一个突变体影响干细胞的发育，而进一步的研究发现该突变体的突变基因编码的蛋白质可能定位于内质网。现打算请你证实如下问题。

（1）该突变体中各种细胞器的结构、数量和形状等是否发生变化？

（2）如何克隆该基因？

（3）证实是否是该基因突变导致该突变体的缺陷表型？

（4）从该基因编码蛋白质可以得出什么信息？如它含有何种结构域？这些结构域的可能功能是什么？

（5）该基因在不同组织中的表达情况如何？

（6）该基因在生物个体的不同发育阶段表达情况如何？

（7）该基因编码蛋白质的亚细胞定位情况？

（8）该基因编码的蛋白质是如何发挥作用的？

实验 8.4　基因实验设计方案举例

综合设计实验是学生在学习基本理论和相关实验技术的基础上独立设计完成给定的研究课题的一种综合实践，通常需要完成文献的查询、研究技术路线的设计、实验安排、经费预算等过程，旨在培养学生的综合实验技能和创新能力，推动自主学习和研究性学习。

基因克隆的研究课题主要涉及目的基因的克隆及其功能分析，因此本部分在简要介绍基因克隆技术的基础上，给出一个综合设计实验的例子。

1. 基因克隆理论

基因克隆是在 DNA 水平上操纵基因的一门技术：将基因插入病毒、质粒或其他能自我复制的 DNA 载体分子，构成遗传物质的新组合，导入大肠杆菌、酿酒酵母、动植物细胞中，最终实现基因的复制乃至表达。不同于其他理论课程，基因克隆更偏重于技术设计理念。

一般地，基因克隆的流程可以概括为“分”、“切”、“连”、“转”、“筛”和“表”等 6 个阶段，以上过程涉及一系列的分子生物学技术，如载体 DNA 制备、各种工具酶的使用、体外重组、导入宿主细胞技术和重组子筛选技术等（图 8.4.1）。

（1）“分”：首先分离生物有机体基因组 DNA 或逆转录获得 cDNA，或通过 PCR 或 RT-PCR 技术直接获得目的基因 DNA，同时从含有载体 DNA 分子的宿主菌种中分离载体 DNA 分子，如质粒、YAC、噬菌体 DNA 等。

（2）“切”：采用适当的限制酶同时对载体和目的基因 DNA 进行消化，以获得匹配末端。

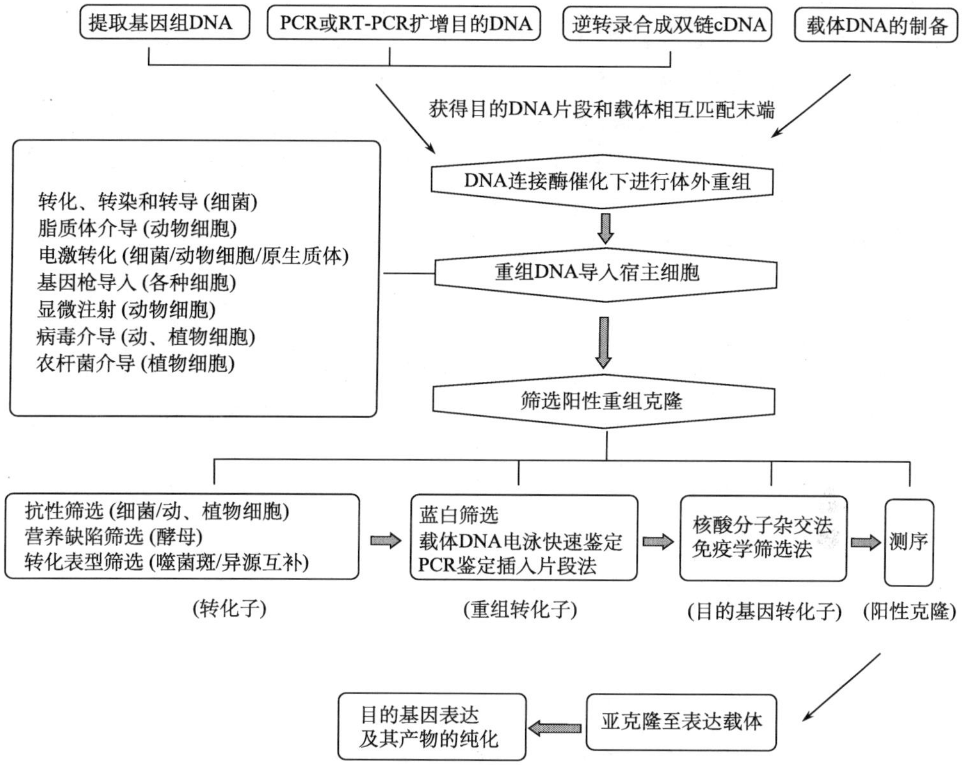

图 8.4.1　基因克隆技术流程示意图

（3）“连”：将上述获得带有匹配末端的目的基因 DNA 片段和载体分子通过 DNA 连接酶催化形成重组 DNA 分子。

（4）“转”：将重组 DNA 分子采用物理、化学或生物媒体介导等方法转移到适当的受体细胞。

（5）“筛”：从大量的细胞繁殖群体中，采用抗性筛选、核酸分子杂交、PCR 扩增和免疫学筛选等方法获得含有重组 DNA 分子的细胞克隆，最终测序确认。

（6）“表”：将测序正确的目的基因 DNA 亚克隆至适当的表达载体中，导入寄主细胞进行表达。

常用的克隆体系有质粒/噬菌体载体-大肠杆菌、质粒/YAC-酿酒酵母、质粒(病毒)-动物细胞、质粒/病毒-植物原生质体和农杆菌-植物细胞等。

2. 设计实例

实验技术路线的设计好坏取决于设计者坚固的基础理论知识和扎实的基本实验技能。技术策略设计如果“纸上谈兵”就会有多种选择，从而产生“条条大路通罗马”的结果，因此设计者应根据具体的实验设备条件和实验人员的技术经验选择适合通向“罗马”的道路，选择的原则为便捷、经济、实用。以在大肠杆菌表达拟南

芥热激蛋白基因 *HSP17.4-CIII*（*At1g54050*）为实例进行说明。

设计整体思路为：首先获得该基因的 ORF，然后将其克隆至大肠杆菌表达载体上，最后导入大肠杆菌实现该基因的表达。具体如下。

由于该基因序列已知，通过互联网（http://www.arabidopsis.org）可以得到该基因的序列及其基因结构特征（图 8.4.2）：该基因含有两个内含子，而编码区位于第 2 和第 3 外显子。为了获得该基因的 ORF，应通过 RT-PCR 技术获得其编码区而不能通过基因组的 PCR 获得。RT-PCR 引物设计时应考虑后续表达的需要。本例中选择 pGEX1（图 8.4.3）作为后续表达载体，鉴于在 *HSP17.4-CIII* 的 ORF 中无 *Bam*HⅠ和 *Eco*RⅠ位点，因此在正义引物添加 *Bam*HⅠ位点而反义引物添加 *Eco*RⅠ位点，最终实现定向克隆。在设计引物时应注意去除 *HSP17.4-CIII* 的终止密码子，并且能与 pGEX1 载体中的 GST 蛋白正确融合。

```
  1 CCATACTATC AAATCGAAGA AGAGGAAGAT CCAATTGGAA AGGGTTATCC
 51 TAATTCCCAG GTAATGATCC TATTCTCTGT ATCGATCTTT TCCTGGAAAA
101 TTTCAGAATT GTTGATTTTT TTAACTGTTT TGTTTTCTGG CAGTCATTGA
151 TCGGAGAAGA TGAGTGCTGT TGCGATTAAC CACTTTTTTG GCTTACCGGA
201 GGCGATCGAG AAGCTAATTC TCCCGATTTC TCGTTCCGGC GAAAGTAATA
251 ACGAGAGTCG TGGAAGAGGA AGTAGCAATA ATATCCCAAT AGACATTTTG
301 GAATCTCCCA AAGAATACAT ATTTTATCTC GATATCCCCG GAATTTCAAA
351 ATCAGATATC CAGGTATTGA TATAATCCCA TAGAAATGTT GAATTGTTTA
401 TGAAATTAGG GTTTTTTTTT TAATTTAATT TATGATTTGG GGGTTTTGGT
451 GGGAAATTAG GTTACAGTGG AGGAAGAGAG GACTTTAGTG ATAAAGAGTA
501 ATGGGAAGAG GAAGAGAGAT GATGATGAGA GTGAAGAAGG GTCTAAGTAT
551 ATTAGACTCG AGAGGAGACT TGCTCAGAAT TTGGTTAAGA AGTTCCGGTT
601 ACCAGAAGAT GCTGATATGG CTTCTGTAAC GGCTAAATAT CAAGAAGGTG
651 TTTTGACAGT TGTTATCAAG AAGCTACCGC CACAGCCGCC GAAACCTAAG
701 ACTGTTCAAA TCGCTGTTTC TTGAGTAGTT TCTGTGTTTT GTTTTTGTGT
751 GTGTTTGTTT TCTAGTTTGT AATTTTTCTG TGTTTGGATA AAAAGACTCT
801 GTTTCTTTTA TGTGTTCTCT TGTCGAAATT TTGAAATTGA AGAAATAAAT
851 AGGTTTAGCC
```

图 8.4.2　拟南芥菜 *HSP17.4-CIII* 基因组 DNA 序列（*At1g54050*）及其结构参数

1 号外显子 . 1～60；1 号内含子 . 61～143；2 号外显子 . 144～363；2 号内含子 . 364～460；3 号外显子 . 461～860；开放阅读框 . 160～724

（1）为了获得 RT-PCR 的成功，需要将目的基因诱导表达以增强其 mRNA 积累，如在本例中可以通过热激处理来增强 *HSP17.4-CIII* 的表达，而处理条件需要查询相关文献最终确认。RT-PCR 产物可以 T-A 克隆后测序最终确认。选取序列完全正确或虽不完全正确但并不影响氨基酸序列的克隆。从阳性重组质粒 *Bam*HⅠ/*Eco*RⅠ双酶切获得目的基因，然后亚克隆至 pGEX 1 的 *Bam*HⅠ/*Eco*RⅠ位点。

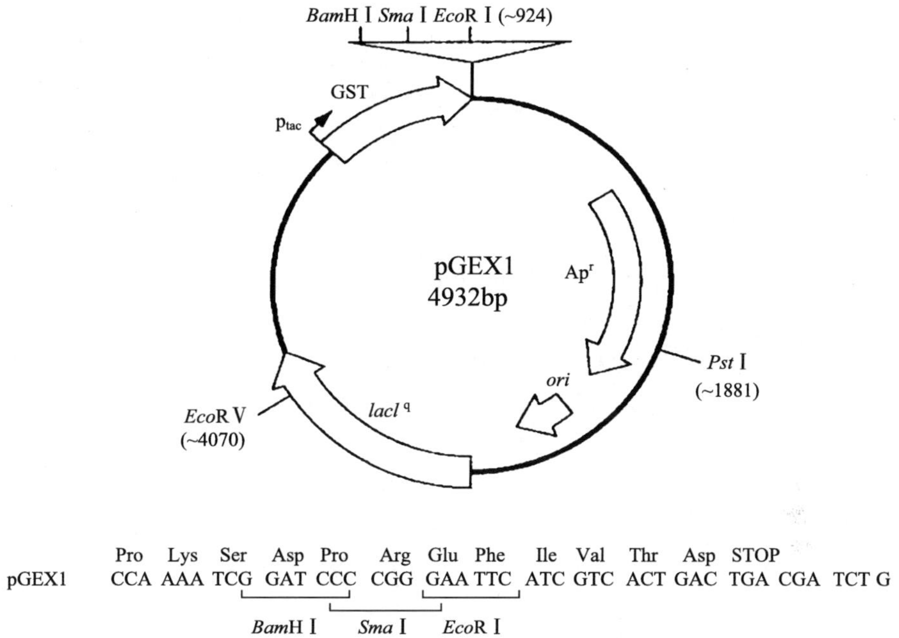

图 8.4.3　pGEX1 表达载体质粒图谱

pGEX1 是一种融合蛋白表达载体，将克隆基因表达成与 GST 相融合的蛋白质。lac 阻遏蛋白与 PLac 启动子结合，阻抑 GST 融合蛋白的表达，经 IPTG 诱导后发生脱阻抑作用使 GST 融合蛋白得以表达。可将目的基因插入位于 *GST* 基因末端的多克隆位点处

（2）将重组表达载体 pGEX1-HSP17.4-CIII 导入大肠杆菌并筛选阳性菌落。通过实验确定 IPTG 诱导 GST-HSP17.4-CIII 融合蛋白表达的最佳条件，最后通过谷胱甘肽-琼脂糖亲和层析进行纯化。

【延伸阅读】

1. www.ibiology.org（美国 ASCB 组织细胞生物学的权威人物讲解各研究领域，包括细胞周期、跨膜结构域蛋白、细胞骨架、神经生物学等）。

2. www.pbs.org/wgbh/nova/cancer/cells.html（关于 Dr. Judah Folkman 的癌症研究的视频）。

3. vcell.ndsu.nodak.edu/animations（细胞生物学的视频）。

4. nobelprize.org/（诺贝尔奖的官方网站）。

5. www.pbs.org/wgbh/nova/sciencenow/archive/subject-bioscience.html（美国 PBS 电视台关于生命科学的最新进展的科普视频）。

6. www.ascb.org（美国细胞生物学学会网站）。

7. www.aacr.org（美国癌症研究学会网站）。

主要参考文献

奥斯伯 F，金斯顿 R E，布伦特 R，等. 1998. 精编分子生物学实验指南. 颜子颖，王海林译. 北京：科学出版社

才丽平，赵金茹，林庶茹，等. 2003. 水通道蛋白研究进展. 解剖科学进展，9（2）：167-170

费一楠，张钊，张飞雄. 2008 . 烟草悬浮细胞细胞核及核骨架中存在有肌动蛋白和肌球蛋白的证据. 首都师范大学学报（自然科学版），29（1）：55-60

付洪兰. 2004. 使用电子显微镜技术. 北京：高等教育出版社

韩旭东，王益民，刘彦强，等. 2011. 膜片钳技术原理及在中药研究中的应用. 实验研究，14（4）:1-3

洪剑明，黄勤妮，邱泽生，等. 1995. 玉米根细胞质膜硝酸还原酶的研究. 植物学报，37（12）：927-933

李昊文，李鹏，印莉萍. 2006. 离子胁迫诱导洋葱鳞茎内表皮细胞凋亡. 生物技术通报，（1）：69-72

李素文. 2001. 细胞生物学实验指导. 北京：高等教育出版社

马建岗. 2001. 基因工程学原理. 西安：西安交通大学出版社

祁晓廷，柴小清，刘靖，等. 2006. 改造地高辛标记 DNA 和检测试剂盒用于凝胶阻滞实验的新方法. 遗传，28：721-725

孙鑫博，代小梅，王怡杰，等. 2010. 植物细胞程序性死亡研究进展. 生物技术通报，（11）：1-5

王家政，范明. 2000. 蛋白质技术手册. 北京：科学出版社

王金发. 2004. 细胞生物学. 北京：科学出版社

吴乃虎. 2001. 基因工程原理. 北京：科学出版社

徐承水，党本元. 1995. 现代细胞生物学技术. 青岛：青岛海洋大学出版社

杨杰，张智红，骆清铭. 2010. 荧光蛋白研究进展. 生物物理学报，1126（11）：1025-1035

叶子，黄聪聪，于荣. 2012. 保卫细胞微管骨架参与蛋白丝氨酸/苏氨酸磷酸化调节的气孔运动. 中国农业科学，45（21）：4351-4360

印莉萍. 2006. 非损伤性扫描离子选择电极技术及其在高等植物研究中的应用. 自然科学进展，16（3）：262-266

印莉萍，祁晓廷，李鹏. 2005. 细胞分子生物学技术教程. 3 版. 北京：科学出版社

Alberts B，Johnson A，Lewis J，et al. 2008. Molecular Biology of the Cell. 8th edition. UAS：Garland Science（GS），Taylor and Francis Group

Ausubel F M，Brent R，Kingston R E，et al. 2002. Current Protocols in Molecular Biology. USA：John Wiley & Sons Inc.

Bajorath J，Saenger W，Pai G P. 1988. Antolysis and inhibition of proteinase K，a subtilisin-related serine proteinase isolated from the fungus *Tritirachium album* Limber. Biochim

Biophys Acta, 954 (2): 176-182

Birnbaum K, Jung J W, Wang J Y, et al. 2005. Cell type-specific expression profiling in plants via cell sorting of protoplasts from fluorescent reporter lines. Nature Methods, 2: 615-619

Birnbaum K, Shasha D E, Wang J Y, et al. 2003. A gene expression map of the *Arabidopsis* root. Science, 302: 1956-1960

Bonifacino J S. 2001. Current Protocols in Cell Biology. USA: Wiley Online Library

Brejc K, Sixma T K, Kitts P A, et al. 1997. Structural basis for dual excitation and photoisomerization of the *Aequorea victoria* green fluorescent protein. Proc Natl Acad Sci USA, 94 (6): 2306-2311

Burke D. 2000. Methods in Yeast Genetics. New York: Cold Spring Harbor Laboratory Press

Clough S J, Bent A F. 1998. Floral dip: a simplified method for *Agrobacterium*-mediated thransformation of *Arabidopsis thaliana*. Plant J, 16 (6): 735-743

Denhardt D T. 1966. A membrane-filter technique for the detection of complementary DNA. Biochem Biophys Res Commum, 23 (5): 641-646

Domlnlc H, Danny Schlldknegt S, Ineke B, et al. 2005. Contribution of the endoplasmic reticulum to peroxisome formation. Cell, 122: 85-95

Douglas P, Zhong J, Ye R, et al. 2010. Protein phosphatase 6 interacts with the DNA-dependent protein kinase catalytic subunit and dephosphorylates gamma-H2AX. MCB, 30 (6): 1368-1381

Eckhardt U, Marques A M, Buckhout T J. 2001. Two iron-regulated cation transporters from tomato complement metal uptake-deficient yeast mutants. Plant Mol Biol, 45: 437-448

Eric L, Naohiro K, Michael L. 2001. Programmed cell death, mitochondria and the plant hypersensitive response. Nature, 411: 848-853

Karp G. 2007. Cell and Molecular Biology: Concept and Experiments. 5th edition. New York: John Wiley and Sons Inc.

Kasuga M, Liu Q, Miura S, et al. 1999. Improving plant drought, salt, and freezing tolerance by gene transfer of a single stress-inducible transcription factor. Nature Biotechnology, 17: 287-291

Knepper M A, Nielden S. 2004. Peter Agre, 2003 Nobel Prize Winner in Chemistry. J Am Soc Nephrol, 15: 1093-1095

Lee M M, Schiefelbein J. 1999. WEREWOLF, a MYB-related protein in *Arabidopsis*, is a position-dependent regulator of epidermal cell patterning. Cell, 99: 473-483

Li J, Wang J, Jiao H, et al. 2010. Cytokinesis and cancer: polo loves ROCK 'n' Rho (A), J Genet Genomics, 7 (3): 159-172

Li Y M, Zhao Y Q. 1996. Practical Protocols in Molecular Biology. New York: Science Press Beijing

Masucci J D, Rerie W G, Foreman D R, et al. 1996. The homeobox gene GLABRA2 is required for position-dependent cell differentiation in the root epidermis of *Arabidopsis thaliana*. Development, 122: 1253-1260

Neher E. 1991. Ion channels for communication between and within cells. EMBO J, 11 (5): 1672-1679

Palmgren M G, Askerlund P, Fredrikson K, et al. 1990. Sealed inside-out and right-side-out plasma membrane vesicles. Plant Physiol, 92: 871-880

Parton R M, Fischer-Parton S, Trewavas A J, et al. 2003. Pollen tubes exhibit regular periodic membrane trafficking events in the absence of apical extension. J Cell Sci, 116: 2707-2719

Preston G M, Jung J S, Gugginoll W B, et al. 1993. The mercury-sensitive residue at Cysteine 189 in the CHIP28 water channel. The Journal of Biological Chemistry, 268 (1): 17-20

Pringle J R, Roach J R, Jones E W. 1997. The Molecular and Cellular Biology of the Yeast Saccharomyces: Cell Cycles and Cell Biology. New York: Cold Spring Harbor Laboratory Press

Sakmann B. 1991. Elementary steps in synaptic transmission revealed by currents through single ion channels. EMBO J, 11 (6): 2002-2016

Sambrook J, Russell D W. 2002. Molecular Cloning: a Laboratory Manual. 3rd edition. New York: Cold Spring Harbor Laboratory Press

Sankara Rao K, Prakash A H. 1996. A simple method of the isolation of plant protoplasts. J Biosci, 20 (5): 645-655

Schaumburg C S, Tan M. 2006. Arginine-dependent gene regulation via the ArgR repressor is species specific in chlamydia. J Bacteriol, 188 (3): 919-927

Scherer W F, Syverton J T, Gey G O, et al. 1953. Studies on the propagation *in vitro* of poliomyelitis viruses. Ⅳ. Viral multiplication in a stable strain of human malignant epithelial cells (strain HeLa) derived from an epidermoid carcinoma of the cervix. J Exp Med, 97 (5): 695-710

Schneider I. 1972. Cell lines derived from late embryonic stages of *Drosophila melanogaster*. J Embryol Exp Morphol, 27: 353-365

Sheng X Y, Dong X L, Zhang S S, et al. 2010. Mitochondrial dynamics and its responds to proteasome defection during *Picea wilsonii* pollen tube development. Cell Biochem Funct, 28: 420-425

Singh L, Jones K W. 1984. The use of heparin as a simple sost-effective means of controlling background in nucleic acid hybridization procedures. Nucleic Acids Res, 12 (14): 5627-5638

Tartaf K D, Hobbs C A. 1988. New cloning vectors and techniques for easy and rapid restriction mapping. Gene, 67 (2): 169-182

Turner P C, McLennan A G, Bates A D, et al. 2003. 分子生物学（影印版). 北京：科学出版社

Verbavatz J M, Brown D, Saboli I, et al. 1993. Tetrameric assembly of CHIP28 water channels in liposomes and cell membranes: a freeze-fracture study. The Journal of CeU Biology, 123 (3): 605-618

Vert G, Briat J F, Curie C. 2001. *Arabidopsis IRT2* gene encodes a root-periphery transporter. Plant J, 26: 181-189

Wouter G D. 2011. Classes of programmed cell death in plants, compared to those in animals. Journal of Experimental Botany, 62 (14): 4749-4761

Xu Y, Sun T, Yin L P. 2006. Application of non-invasive microsensing system to simultaneously measure both H^+ and O_2 fluxes around the pollen tube. Journal of Integrative Plant Biology, 48 (7): 1-5

附　　录

一、有关核酸的常用数据

（一）常用核酸的长度与相对分子质量

核酸	核苷酸数/个	M_r
人 DNA	48 502（双链环状）	-3.0×10^7
PBR322	4 363（双链）	2.8×10^6
28S rRNA	4 800	1.6×10^6
23S rRNA	3 700	1.2×10^6
18S rRNA	1 900	6.1×10^5
19S rRNA	1 700	5.5×10^5
5S rRNA	120	3.6×10^4
tRNA（大肠杆菌）	75	2.5×10^4

（二）常用核酸蛋白换算数据

1. 质量换算

$1\mu g=10^{-6}g$

$1ng=10^{-9}g$

$1pg=10^{-12}g$

$1fg=10^{-15}g$

2. 分光光度换算

$1A_{260nm}$双链 DNA＝50μg/mL

$1A_{260nm}$单链 DNA＝33μg/mL

$1A_{260nm}$单链 RNA＝40μg/mL

3. DNA 摩尔换算

1μg 1000bp DNA＝1.52pmol＝3.03pmol

1μg pBR322 DNA＝0.36pmol

1pmol 1000bp DNA＝0.66μg

1pmol pBR322＝2.8μg

1kb 双链 DNA(钠盐)＝6.6×10^5

1kb 单链 DNA(钠盐)$=3.3\times10^5$

1kb 单链 RNA(钠盐)$=3.4\times10^5$

脱氧核糖核苷的平均 $M_r=324.5$

4. 蛋白质摩尔换算

100pmol M_r100 000 蛋白质＝10μg

100pmol M_r50 000 蛋白质＝5μg

100pmol M_r10 000 蛋白质＝1μg

氨基酸的平均 $M_r=126.7$

5. 蛋白质/DNA 换算

1kb DNA＝333 个氨基酸编码容量$=3.7\times10^4 M_r$ 蛋白质

10 000M_r 蛋白质＝270bp DNA

30 000M_r 蛋白质＝810bp DNA

50 000M_r 蛋白质＝1.35kb DNA

100 000M_r 蛋白质＝2.7kb DNA

（三）DNA 在溶液中的浓度

双链 DNA（50μg/mL）	分子/mL	每毫升摩尔数	摩尔浓度	末端的摩尔浓度
λ 噬菌体	9.78×10^{11}	2.8×10^{6}	11.62nmol/L	3.24nmol/L
pBR322	1.09×10^{13}	1.81×10^{-12}	18.1nmol/L	36.2nmol/L
pUC18/pUC19	1.77×10^{13}	2.94×10^{-12}	29.4nmol/L	58.8nmol/L
DNA 片段（1kb）	4.74×10^{13}	7.87×10^{-12}	78.7nmol/L	157.4nmol/L
8 核苷酸对双链接头	5.92×10^{15}	9.83×10^{-12}	9.83μmol/L	19.7μmol/L

含有 50μg/mL 双链 DNA 的溶液在 260nm 波长处的吸光值为 1，即 $A_{260nm}=1$ 相当于 50μg/mL 双链 DNA（含有 40μg/mL 单链 DNA 的溶液在 260nm 波长下的吸光值为 1，即 $A_{260nm}=1$ 相当于 40μg/mL 单链 DNA）。

这些数值系在设定 DNA 中每个核苷酸的相对分子质量为 660 的前提下推算出来的。

二、酶类

（一）溶菌酶

用水配制成 50mg/mL 的溶菌酶溶液，分装成小份并保存于－20℃。每一小份一经使用后即丢弃。

（二）蛋白质水解酶

蛋白质水解酶类

名称	储备液	储存温度	反应浓度	反应缓冲液	温度	预处理
链霉蛋白酶*	20mg/mL（溶于水）	−20℃	1mg/mL	0.01mol/L（pH 7.8）Tris 0.01mol/L EDTA 0.5% SDS	37℃	自消化**
蛋白酶K***	20mg/mL（溶于水）	−20℃	50μg/mL	0.01mol/L（pH 7.8）Tris 0.005mol/L EDTA 0.5% SDS	37～56℃	无需预处理

* 链霉蛋白酶是从链球菌（*Streptomyces griseus*）中分离到的一种丝氨酸蛋白酶和酸性蛋白酶的混合物

** 自消化可消除DNA酶和RNA酶的污染，经自消化的链霉蛋白酶的配制方法如下：把该酶的粉末溶解于10mmol/L（pH 7.5）Tris-HCl、10mmol/L氯化钠中，配成20mg/mL浓度，于37℃温育1h。经自消化的链霉蛋白酶分装成小份放在密封试管中，保存于−20℃

*** 蛋白酶K是一种枯草蛋白酶类的高活性蛋白酶，从林伯氏白色念球菌（*Tritirachium album* Limber）这一霉菌中纯化得到。该酶有两个Ca^{2+}结合位点，它们离酶的活性中心有一定距离，与催化机制并无直接关系。然而，如果从该酶中除去Ca^{2+}，由于出现远程结构的变化，催化活性将丧失80%左右（Bajorath et al.，1988），但其剩余活性通常已足以降解在一般情况下污染核酸制品的蛋白质。所以，蛋白酶K消化过程中通常加入EDTA（以抑制依赖于Mg^{2+}的核酸的作用）。但是，如果要消化对蛋白酶K具有较强耐受性的蛋白质，如角蛋白一类，则可能需要使用含有1mmol/L Ca^{2+}而不含EDTA的缓冲液。在消化完毕后，纯化核酸前要加入EDTA（pH 8.0）至终浓度为2mmol/L，以螯合Ca^{2+}

（三）无DNA酶的RNA酶

将胰RNA酶（RNA酶A）溶于10mmol/L Tris-HCl（pH 7.5）、15mmol/L氯化钠中，配成10mg/mL的浓度，于100℃加热15min，缓慢冷却至室温，分装成小份保存于−20℃。

三、缓冲液

（一）常用缓冲液

1. TE

1）pH 7.4

10mmol/L Tris-HCl（pH 7.4）

1mmol/L　EDTA（pH 8.0）

2）pH7.6

10mmol/L Tris-HCl（pH 7.6）

1mmol/L EDTA（pH 8.0）

3) pH 8.0

10mmol/L Tris-HCl (pH 8.0)

1mmol/L EDTA (pH 8.0)

2. STE (又称 TEN)

0.1mol/L　氯化钠

10mmol/L Tris-HCl (pH 8.0)

1mmol/L EDTA (pH 8.0)

3. STET

0.1mol/L 氯化钠

10mmol/L Tris-HCl (pH 8.0)

1mmol/L EDTA (pH 8.0)

5% Triton X-100

4. TNT

10mmol/L Tris-HCl (pH 8.0)

150mmol/L 氯化钠

0.05% Tween-20

(二) 电泳缓冲液

常用的电泳缓冲液

缓冲液	使用液	浓储备液 (100mL)
Tris-乙酸 (TAE)	1×：0.04mol/L Tris-乙酸 0.001mol/L EDTA	50×：242g Tris 碱、57.1mL 冰醋酸、100mL 0.5mol/L EDTA (pH 8.0)
Tris-磷酸 (TPE)	1×：0.09mol/L Tris-磷酸 0.002mol/L EDTA	10×：108g Tris 碱、15.5mL 85%磷酸 (1.679g/mL)、40mL 0.5mol/L EDTA (pH 8.0)
Tris-硼酸 (TBE)*	0.5×：0.045mol/L Tris-硼酸 0.001mol/L EDTA	5×：54g Tris 碱、27.5g 硼酸、20mL 0.5mol/L EDTA (pH 8.0)
碱性缓冲液**	1×：50mmol/L 氢氧化钠 1mmol/L EDTA	1×：5mL 10mol/L 氢氧化钠、2mL 0.5mol/L EDTA (pH 8.0)
Tris-甘氨酸***	1×：25mmol/L Tris、250mmol/L 甘氨酸、0.1%SDS	5×：15.1g Tris 碱、94g 苷氨酸 (电泳级)、50mL 10% SDS (电泳级)

*TBE 浓溶液长时间存放后会形成沉淀物，为避免这一问题，可在室温下用玻璃瓶保存 5×溶液，出现沉淀后则予以废弃

以往都以 1×TBE 作为使用液 (即 1∶5 稀释浓储备液) 进行琼脂糖凝胶电泳。但 0.5×的使用液已具备足够的缓冲容量。目前几乎所有的琼脂糖凝胶电泳都以 1∶10 稀释的储备液作为使用液

进行聚丙烯酰胺凝胶电泳使用的 1×TBE，是琼脂糖凝胶电泳时使用液浓度的 2 倍。聚丙烯酰胺凝胶垂直槽的缓冲液槽较小，故通过缓冲液的电流量通常较大，需要使用 1×TBE 以提供足够的缓冲容量

** 碱性电泳缓冲液应现用现配

*** Tris-甘氨酸缓冲液用于 SDS-聚丙烯酰胺凝胶电泳

（三）常用的凝胶加样缓冲液

缓冲液类型	6×缓冲液	储存温度/℃
(1)	0.25%溴酚蓝、0.25%二甲苯青 FF、40%（W/V）蔗糖水溶液	4
(2)	0.25%溴酚蓝、0.25%二甲苯青 FF、15%聚蔗糖（Ficoll）(400 型) 水溶液	室温
(3)	0.25%溴酚蓝、0.25%二甲苯青 FF、30%甘油水溶液	4
(4)	0.25%溴酚蓝、40%（W/V）蔗糖水溶液	4
(5)	碱性加样缓冲液 300mmol/L 氢氧化钠、6mmol/L EDTA、18%聚蔗糖（Ficoll）(400 型；Pharmacia) 水溶液、0.15%溴甲酚绿、0.25%二甲苯青 FF	4

使用以上凝胶加样缓冲液的目的有三：增大样品密度，以确保 DNA 均匀进入样品孔内；使样品呈现颜色，从而使加样操作更为便利；含有在电场中以预知速率向阳极泳动的染料。溴酚蓝在琼脂糖凝胶中移动的速率约为二甲苯青 FF 的 2.2 倍，而与琼脂糖浓度无关。以 0.5×TBE 作为电泳液时，溴酚蓝在琼脂糖中的泳动速率约与长 300bp 的双链线状 DNA 相同，而二甲苯青 FF 的泳动则与长 4kb 的双链线状 DNA 相同。在琼脂糖浓度为 0.5%～1.4%，这些对应关系受凝胶浓度变化的影响并不显著。

对于碱性凝胶应当使用溴甲酚绿作为示踪染料，因为在 pH 条件下其显色较溴酚蓝更为鲜明。

（四）测序凝胶加样缓冲液

98%去离子甲酰胺	0.025%二甲苯青 FF
10mmol/L EDTA（pH 8.0）	0.025%溴酚蓝

甲酰胺：许多批号的试剂级甲酰胺，其纯度符合使用要求，无需再进行处理。不过，一旦略呈黄色，则应在磁力搅拌器上将甲酰胺与 Dowex XG8 混合床树脂共同搅拌 1h 进行去离子处理，并用 Whatman 1 号滤纸过滤 2 次。去离子甲酰胺分装成小份，充氮存于－70℃。有的公司出售经过蒸馏并充氮包装的甲酰胺，用前不必纯化。

四、与 DNA 凝胶电泳有关的数据

（一）琼脂糖凝胶浓度与线性 DNA 的分辨范围

凝胶浓度/%	线性 DNA 长度/bp
0.5	1 000 ～30 000

续表

凝胶浓度/%	线性 DNA 长度/bp
0.7	800～12 000
1.0	500～10 000
1.2	400～7 000
1.5	200～3 000
2.0	50～2 000

（二）聚丙烯酰胺凝胶对 DNA 的分辨范围

聚丙烯酰胺 [(W/V)*]/%	分辨范围
3.5	100～2000
5.0	80～500
8.0	60～400
12.0	40～200
15.0	25～150
20.0	6～100

* 其中含有 N,N'-亚甲基双丙烯酰胺，浓度为丙烯酰胺的 1/30

（三）染料在非变性聚丙烯酰胺凝胶的迁移速度

凝胶浓度/%	溴酚蓝/bp	二甲苯青 FF/bp
3.5	100	460
5.0	65	260
8.0	45	160
12.0	20	70
15.0	15	60
20.0	12	45

（四）染料在变性聚丙烯酰胺凝胶的迁移速度

凝胶浓度/%	溴酚蓝/bp	二甲苯青 FF/bp
5.0	35	140
6.0	26	106
8.0	19	75
10.0	12	55
20.0	8	28

五、细菌培养基和抗生素

（一）液体培养基

1. LB 培养基（Luria-Bertani 培养基）

配制每升培养基，应在 950mL 去离子水中加入：

细菌培养用胰化蛋白胨（bacto-tryptone）	10g
细菌培养用酵母提取物（bacto-yeast extract）	5g
NaCl	10g

摇动容器直至溶质完全溶解，用 5mol/L NaOH（约 0.2mL）调 pH 至 7.0，加入去离子水至总体积为 1L，在 1.034×10^5 Pa 高压下蒸汽灭菌 20min。

2. NZCYM 培养基

配制每升培养基，应在 950mL 去离子水中加入：

NZ 胺（NZ amine，酪蛋白酶促水解物）	10g
NaCl	5g
细菌培养用酵母提取物	5g
酪蛋白氨基酸（casamino acid）	1g
$MgSO_4\cdot7H_2O$	2g

摇动容器直至溶质完全溶解，用 5mol/L NaOH（约 0.2mL）调 pH 至 7.0，加入去离子水至总体积为 1L，在 1.034×10^5 Pa 高压下蒸汽灭菌 20min。

3. NZYM 培养基

NZYM 培养基除不含酪蛋白氨基酸外，其他成分与 NZCYM 培养基成分相同。

4. NZM 培养基

NZM 培养基除不含酵母提取物外，其他成分与 NZYM 培养基成分相同。

5. 高浓度肉汤（Tartof and Hobbs，1988）

配制每升高浓度肉汤，应在 900mL 去离子水中加入：

细菌培养用胰化蛋白胨	12g
细菌培养用酵母提取物	24g
甘油	4mL

摇动容器直至溶质完全溶解，在 1.034×10^5 Pa 高压下蒸汽灭菌 20min，然后使该溶液降温至 60℃ 或 60℃ 以下，再加入 100mL 经灭菌的（0.17mol/L）KH_2PO_4-（0.72mol/L）K_2HPO_4（该磷酸盐缓冲液的配方：在 90mL 的去离子水中溶解 2.31g KH_2PO_4 和 12.54g K_2HPO_4，然后加入去离子水至总体积为 100mL，在 1.034×10^5 Pa 高压下蒸汽灭菌 20min）。

6. SOB 培养基

配制每升培养基，应在 950mL 去离子水中加入：

细菌培养用胰化蛋白胨	20g
细菌培养用酵母提取物	5g
NaCl	0.5g

摇动容器直至溶质完全溶解，然后加入 10mL 250mmol/L KCl，用 5mol/L NaOH（约 0.2mL）调 pH 至 7.0，加入去离子水至总体积为 1L，在 1.034×10^5 Pa 高压下蒸汽灭菌 20min。

该溶液在使用前加入 5mL 灭菌的 2mol/L $MgCl_2$ 溶液。

7. SOC 培养基

SOC 培养基除含有 20mmol/L 葡萄糖外，其余成分与 SOB 培养基相同。SOB 培养基经高压灭菌后，降温至 60℃或 60℃以下，然后加入 20mL 经除菌的 1mol/L 葡萄糖溶液。

8. 2×YT 培养基

配制每升培养基，应在 900mL 去离子水中加入：

细菌培养用胰化酶蛋白胨	16g
细菌培养用酵母提取物	10g
氯化钠	5g

摇动容器直至溶质完全溶解，用 5mol/L 氢氧化钠调节 pH 至 7.0，加入去离子水至总体积为 1L，在 1.034×10^5 Pa 高压下蒸汽灭菌 20min。

9. M9 培养基

配制每升培养基，应在 750mL 去离子水（冷却至 50℃或 50℃以下）中加入：

5×M9 盐溶液	200mL
灭菌的去离子水至 1L	
适当碳源的 20%溶液（如 20%葡萄糖）	20mL

如有必要，可在 M9 培养基中补加含有适当种类的氨基酸的储备液。

5×M9 盐溶液的配制：(在去离子水中溶解下列盐类至终体积为 1L)

磷酸二氢钠·$7H_2O$	64g
磷酸二氢钾	15g
氯化钠	2.5g
氯化铵	5.0g

把上述溶液分成 200mL/份，在 1.034×10^5 Pa 高压下蒸汽灭菌 15min。

10. YEB 培养基（土壤农杆菌培养基）

在去离子水中溶解下列盐类至终体积为 1L：

牛肉膏	5g
胰蛋白胨	5g
蔗糖	5g
$MgSO_4$	2mmol/L

调 pH 至 7.2，1.034×10^5 Pa 高压下蒸汽灭菌 15min。

（二）含有琼脂或琼脂糖的培养基

先按上述配方配制液体培养基，临高压灭菌前加入下列试剂中的一份：

细菌培养用琼脂（bacto-agar）	15g/L（铺制平板用）
细菌培养用琼脂	7g/L（配制顶层琼脂用）
琼脂糖	15g/L（铺制平板用）
琼脂糖	7g/L（配制顶层琼脂糖用）

在 1.034×10^5 Pa 高压下蒸汽灭菌 20min。从高压灭菌器中取出培养基时应轻轻旋动以使溶解的琼脂或琼脂糖能均匀分布于整个培养基溶液中。必须注意的是，此时培养基溶液可能过热，旋动液体会发生暴沸。应使培养基降温至 50℃，方可加入不耐热的物质（如抗生素）。为避免产生气泡，混匀培养基时应采取旋动的方式，然后可直接从烧瓶中倾出培养基铺制平板。90mm 直径的培养皿需 30～50mL 培养基。如果平板上的培养基有气泡形成，可在琼脂或琼脂糖凝结前用本生灯烧灼培养基表面以除去之。按设定的颜色记号在相应的平板边缘做标记，以区别不同的培养平板（如两条红杠表示 LB-氨苄青霉素平板，一条黑杠表示 LB 平板等）。

培养基完全凝结后，应倒置平皿并储存于 4℃备用。使用前 1～2h 应取出储存的平皿。如果平板是新鲜制备的，在 37℃温育时会“发汗”，并会产生细菌克隆或噬菌体噬斑在平板表面扩散而增加交叉污染的机会。为了避免这一问题，可以拭去平皿内部的冷凝水，并把平皿倒置于 37℃温育数小时再使用，也可快速甩一下平皿盖以除去冷凝水。为尽可能减少污染的机会，除去盖上的水滴时应把开盖的平皿倒置握在手上。

（三）酵母培养基

1. 酿酒（芽殖）酵母的培养基

（1）40%（*W/V*）葡萄糖储备液（20×）：称取 40g 葡萄糖（glucose）溶于 90mL 蒸馏水中，50～60℃水浴可加速溶解过程，最终定容至 100mL。121℃、15min 高压灭菌，冷却后 4℃保存（葡萄糖直接加入培养基灭菌会造成葡萄糖碳化，培养基略变褐色，对酵母培养会略有影响）。

（2）YPD（YPED）液体培养基（用于酵母菌摇培，100mL）配制如下。

YPD（YPED）液体培养基	100mL
细菌培养用蛋白胨	2g
细菌培养用酵母提取物	1g
葡萄糖储备液（终浓度为每 100mL 培养基中含 2g 葡萄糖）	5mL

加 ddH_2O 至 90mL，调 pH 至 5～6，定容至 95mL，高温灭菌（121℃，15min）。待温度降至 55℃时，加入 5mL 预热（至少室温放置 30min）无菌的 40%葡萄糖储备液。

（3）YPD（YPED）固体培养基（可用于保菌或平板培养，100mL）：在 YPD 液体培养基的营养物中加入 2g 琼脂粉，加 ddH_2O 至 90mL，调 pH 至 5.8，定容至 95mL，高温灭菌（121℃，15min）。待温度降至 55℃时，加入 5mL 预热（至少室温放置 30min）无菌的 40%葡萄糖储备液。

（4）YPAD 培养基（可用于保菌或培养营养缺陷菌株，100mL）：在 YPD 液体培养基中加入硫酸腺嘌呤（adenine hemisulfate salt，腺嘌呤半硫酸盐）40mg，琼脂粉 2g（液体培养基不加）。加 ddH_2O 至 90mL，调 pH 至 5.8（液体调至 5～6），定容至 95mL，高温灭菌（121℃，15min）。待温度降至 55℃时，加入 5mL 预热（至少室温放置 30min）无菌的 40%葡萄糖储备液。

该培养基可用于酵母菌培养或 4～6 个月的短暂保菌或酵母培养。菌种保藏需分装培养基至试管，灭菌后倾斜放置形成斜面，穿刺保菌试管可不放置斜面。每支试管依大小可加入 3～5mL 培养基（先分装后灭菌可造成葡萄糖部分碳化，培养基略变褐色，对酵母培养会略有影响）。

2. 非洲粟酒裂殖酵母的培养基

YE 培养基	100mL
细菌培养用蛋白胨	0.5g
细菌培养用琼脂	2g
葡萄糖（配成 40% dextrose 储备液单独灭菌，4℃保存）	2g

加 ddH_2O 至 90mL，调 pH 至 5～6，定容至 95mL，高温灭菌（121℃，15min）。待温度降至 55℃时，加入 5mL 预热（至少室温放置 30min）无菌的 40%葡萄糖储备液。

（四）保存培养基

细菌可以在穿刺培养物中保存两年之久或在含甘油的培养物中无限期保存。

1. 穿刺培养物

使用容量为 2～3mL 并带有螺口旋盖和橡皮垫圈的玻璃小瓶，加入相当于约 2/3 容量的熔化 LB 琼脂，旋上盖子但并不拧紧，在 1.034×10^5 Pa 高压下蒸汽灭菌 20min。从高压蒸汽灭菌器中取出玻璃试管，冷却至室温后拧紧盖子，放室温保存备用。

保存细菌时，用一灭菌的接种针挑取分散良好的单菌落，把针穿过琼脂直达瓶底数次，盖上瓶盖并予拧紧，在瓶身和瓶盖上均做好标记，室温下存放于暗处（更加广为接受的做法是：将瓶盖放松，在适当温度下培养过夜，然后拧紧瓶盖并加封 Parafilm 膜，于室温或于 4℃避光保存）。

2. 含甘油的培养物

1）*在液体培养基中生长的细菌培养物*　取用灭菌的接种针刮拭冻结的培养物表面，然后立即把黏附在接种针上的细菌划于含适当抗生素的 LB 琼脂平板表面，冻干保存的菌种管重置于－70℃，而琼脂平板于 37℃培养过夜。

2）*在琼脂平板上生长的细菌培养物*　从琼脂平板表面刮下细菌放入装有 2mL LB 的无菌试管内，再加入等量的含有 30％灭菌甘油的 LB 培养基，振荡混合物使甘油完全分布均匀后，分装于试管中按上述方法冰冻保存。

这一方法可用于保护在质粒载体上建立的 cDNA 文库。

（五）抗生素

抗生素	储备液		工作浓度	
	浓度	保存温度	严紧型质粒	松弛型质粒
氨苄青霉素	50mg/mL（溶于水）	－20℃	20μg/mL	60μg/mL
羧苄青霉素	50mg/mL（溶于水）	－20℃	20μg/mL	60μg/mL
氯霉素	34mg/mL（溶于乙醇）	－20℃	25μg/mL	170μg/mL
卡那霉素	10mg/mL（溶于水）	－20℃	10μg/mL	50μg/mL
链霉素	10mg/mL（溶于水）	－20℃	10μg/mL	50μg/mL
四环素*	5mg/mL（溶于乙醇）	－20℃	10μg/mL	50μg/mL

注：以水为溶剂的抗生素储备液应通过 0.22μm 滤器过滤除菌，以乙醇为溶剂的抗生素溶液无需除菌处理，所有抗生素溶液均应放于不透光的容器中保存

* 镁离子是四环素的拮抗剂，四环素抗性菌的筛选应使用不含镁盐的培养基（如 LB 培养基）

（六）用于噬菌体操作的溶液

1. 麦芽糖

麦芽糖是编码 λ 噬菌体受体的基因（*lamB*）的诱导物，培养用于铺制噬菌体平板的细菌时，通常在培养基中加入麦芽糖。每 100mL 培养基中加入 1mL 20％的无菌麦芽糖溶液。

20％的麦芽糖无菌储备液制备方法为：麦芽糖 20g 加水至 100mL，用 0.22μm 滤器过滤除菌后保存于室温。

2. SM

这一缓冲液用于 λ 噬菌体原种的保存和稀释。

每升含：

NaCl	5.8g

$MgSO_4 \cdot 7H_2O$	2g
1mol/L Tris-HCl（pH 7.5）	50mL
2%明胶溶液（gelatin）	5mL

在 1.034×10^5 Pa 高压下蒸汽灭菌 20min，溶液冷却后分成 50mL 小份，加水至 1L 储存于无菌容器中。SM 可于室温无限期地保存。

2%明胶溶液的配制：把 2g 明胶溶于终体积为 100mL 的水中，在 1.034×10^5 Pa 高压下蒸汽灭菌 20min。

3. TM

每升含：

$MgSO_4 \cdot 7H_2O$	2g
1mol/L Tris-HCl（pH 7.5）	50mL

加水至 1L，在 1.034×10^5 Pa 高压下蒸汽灭菌 20min，溶液冷却后分成 50mL 小份，加水至 1L 储存于无菌容器中。TM 可于室温无限期地保存。

对于长期的 λ 噬菌体原种，尤其是经过氯化铯纯化的 λ 噬菌体，有时不妨在稀释液中加入 50mmol/L 氯化钠和 0.01%明胶。

4. λ 噬菌体稀释液

1mol/L Tris-HCl（pH 7.5）	10mL
$MgSO_4 \cdot 7H_2O$	2g

加水至 1L

在 1.034×10^5 Pa 高压下蒸汽灭菌 20min，溶液冷却后分成 50 小份，储存于无菌器中。该稀释液可在室温下无限期地保存。

对于长期保存的 λ 噬菌体原种，尤其是经过氯化铯纯化的噬菌体，有时不妨在稀释液中加入 50mmol/L 氯化钠和 0.01%明胶。

六、杂交试验中用于降低背景的封闭剂

（一）Denhardt 试剂

Northern 杂交
使用 RNA 探针的杂交
单拷贝序列的 Southern 杂交
将 DNA 固定于尼龙膜上的杂交

Denhardt 试剂（Denhardt，1966）：通常配制成 50× 储备液，过滤后保存于 −20℃，可将该储备液 10 倍稀释于预杂交液（常为含有 0.5% SDS 和 100μg/mL 经变性并被打断的鲑精 DNA 的 6×SSC 或 6×SSPE）中。50×Denhardt 液中含 5g 聚蔗糖（Ficoll，400 型）、5g 聚乙烯吡咯烷酮和 5g 牛血清蛋白（组分Ⅴ），加水至终体积为 500mL。

（二）BLOTTO

Grunstein-Hogness 杂交

Benton-Davis 杂交

除单拷贝序列 Souther 杂交以外的所有 Southern 杂交

斑点印迹（点渍法）

1× BLOTTO（牛乳转移技术优化液，bovine lacto transfer technique optimizer）是含 5%脱脂奶粉和 0.02%叠氮钠的水溶液，应保存于 4℃。使用前可用预杂交液稀释 25 倍。BLOTTO 不应与高浓度的 SDS 并用，因为后者会导致牛奶中的蛋白质析出。如果杂交背景不合要求，可在杂交液中加入 NP-40 至终浓度为 1%。BLOTTO 不能用作 Northern 杂交的封闭剂，因为这一封闭剂中可能含有 RNA 酶，其活性之高使人无法接受。

注意：叠氮钠有毒性，取时需戴手套小心操作。含叠氮钠的溶液应予以标记。

（三）肝素

Southern 杂交

原位杂交

肝素（从猪中提取的二级产品或相当等级的产品）用 4×SSPE 或 4×SSC 溶解配制成 50mg/mL 的浓度，保存于 4℃。肝素在含有葡聚糖硫酸酯的杂交液中用作封闭剂的浓度为 500μg/mL，在不含有葡聚糖硫酸酯的杂交液中的浓度为 50μg/mL（Singh and Jones，1984）。

经变性并被打断的鲑精 DNA（Sigma，Ⅲ型，钠盐）溶解于水配制成 10mg/mL 的浓度，必要时于室温磁力搅拌 2～4h 助溶。把溶液中 NaCl 的浓度调至 0.1mol/L，并用酚和酚∶氯仿各抽提 1 次，回收水相。使 DNA 溶液快速通过 17 号皮下注射针头 12 次，以剪切 DNA，加入 2 倍体积用冰预冷的乙醇沉淀 DNA。离心回收 DNA 并重溶于水，配制成 10mg/mL 的浓度，测定溶液的 A_{260nm}值并计算出精确的 DNA 浓度，然后煮沸 10min，分装成小份保存于－20℃。临用前置沸水 10min 然后迅速在冰域中骤冷。预杂交液中应含有 100μg/mL 经变性并被打断的鲑精 DNA。

七、分子生物学有毒试剂的净化处理和安全使用

（一）溴化乙锭溶液（即浓度＞0.5mg/mL 的溴化乙锭溶液）的净化处理

注意：溴化乙锭是强诱变剂，并有中性毒性，取用含有这一染料的溶液时务必戴手套，这些溶液经使用后应按下面介绍的方法之一进行净化处理。

1. 方法Ⅰ

用沙门氏菌-微粒体测活性降低法表明，本法可使溴化乙锭的诱变活性降低至

原来的1/200左右。①加入足量的水使溴化乙锭的浓度降低至0.5mg/mL以下。②在所得溶液中加入0.2倍体积新配制的5%次磷酸和0.12倍体积新配制的0.5mol/L亚硝酸钠，小心混匀。切记：检测该溶液的pH应小于3.0。市售次磷酸一般为50%溶液，具有腐蚀性，应小心操作，必须现用现稀释。亚硝酸钠溶液（0.5mol/L）应用水溶解34.5g亚硝酸钠并定容至终体积500mL，现用现配。③于室温温育24h后，加入大大过量的1mol/L碳酸氢钠。至此该溶液可予丢弃。

2. 方法Ⅱ

用沙门氏菌-微粒体测定法检查，经用本方法处理后，可使溴化乙锭的诱变活性降低至原来的1/3000左右。但也有报道，在用净化溶液处理的“空白”样品中，偶尔有一些仍具有诱变活性。①加入足量的水使溴化乙锭的浓度降低至0.5mg/mL以下。②加入1倍体积的0.5mol/L高锰酸钾，小心混匀后再加1倍体积的2.5mol/L盐酸。小心混匀，于室温放置数小时。③加入1倍体积的2.5mol/L氢氧化钠，小心混匀后可丢弃该溶液。

（二）溴化乙锭稀溶液（如含有0.5μg/mL溴化乙锭的电解缓冲液）的净化处理

1. 方法Ⅰ

①每100mL溶液中加入29g Amberlite XAD-16，这是一种非离子型多聚吸附剂。②于室温放置12h，不时摇动。③用Whatman 1号滤纸过滤溶液，丢弃滤液。④用塑料袋封装滤纸和Amberlite树脂，作为有害物质予以丢弃。

2. 方法Ⅱ

①每100mL溶液中加入100mg粉状活性炭。②于室温放置1h，不时摇动。③用Whatman 1号滤纸过滤溶液，丢弃滤液。④用塑料袋封装滤纸和活性炭，作为有害物质予以丢弃。

注意：①用次氯酸（漂白剂）处理溴化乙锭稀溶液并不可取。用沙门氏菌-微粒体测定法检验，这样处理可使溴化乙锭的诱变活性降低至原来的1/1000左右，但溴化乙锭却转化成一种在微粒体存在的情况下具有诱变活性的化合物。②溴化乙锭在262℃分解，在标准条件进行焚化后不可能再有危害性。③ Amberlite XAD-16或活性炭可用于净化被溴化乙锭污染的物体表面。

（三）苯酚

苯酚具有杀菌消毒作用。纯酚为白色，熔点为41，氧化后变成粉红色。它一旦吸入或经皮肤吸收会造成头痛、恶心、虚脱、呼吸困难乃至死亡。被酚腐蚀的皮肤出现白色软化区，开始不疼（因酚有麻醉作用），后有灼热感。它能被皮肤迅速吸收，应用水冲洗而不用乙醇。

（四）氯仿和异戊醇

氯仿对光敏感，应放在棕色瓶中。不要把氯仿和丙酮混合。强碱与之混合会发生一系列爆炸。异戊醇蒸汽有毒。

（五）DEPC

DEPC 能使 RNase 失活，并与氨形成一种强烈致癌物——尿烷，故操作时应小心，因为其会与体内的氨起反应，并且会刺激眼睛、黏膜和皮肤。DEPC 在纯水中会迅速分解成乙醇和二氧化碳，放置过夜或加热 15min 即已无害。

（六）羟甲基汞

羟甲基汞极毒，具挥发性，高浓度在通风橱中操作，低浓度则不用。

（七）放射性物质

操作时要小心，减少一切不必要的辐射。β 粒子撞击目标产生韧致辐射，韧致辐射量与所选的屏蔽物的密度成正比，因此第一层防护物应为低密度物质，如塑料，第二层用高密度物质如铅盒吸收散发的韧致辐射。人体最大 ^{32}P 承受力为 30μCi①，但骨组织为 10μCi。

（八）丙烯酰胺

神经毒素，经皮肤吸收，其作用能积累。在称量粉末状丙烯酰胺和 N,N'-甲叉双丙烯酰胺时应戴手套和口罩，处理时也应一直戴手套，虽然聚丙烯酰胺是无毒的，但仍需小心，因为有可能有微量未聚合的丙烯酰胺。

（九）苯甲基磺酰氟（PMSF）

对呼吸道、眼睛、黏膜和皮肤有极大破坏作用，如吸入肺，喝下或通过皮肤吸收可以致命。若污染即用大量水冲洗，丢掉污染的衣服。PMSF 在水溶液中失活，随 pH 上升而失活加快。20μm PMSF 的 pH 为 8.0，半衰期为 35min。

---

① $1Ci=3.7\times10^{10}Bq$